编 委 会

国际展望丛书 ●○ 世界经济与发展合作

太平洋联盟研究
基于区域组织生态理论

黄放放 / 著

THE STUDY ON PACIFIC ALLIANCE

From the Perspective
of Organizational
Ecological Regionalism

格致出版社 上海人民出版社

丛书总序

　　2018 年是非常独特的一年，它是第一次世界大战结束 100 周年，是 2008 年国际金融危机和世界经济危机爆发 10 周年，同时也是中国开启改革开放进程 40 周年。我们站在这个特殊的历史时点上抚今思昔，放眼未来，更深切地感受到世界正经历百年未有之大变局。世界政治经济中融合的力量和分化的力量此起彼伏、相互激荡，世界正进入不稳定和不确定加剧的新时期。国际秩序何去何从是摆在我们面前的时代之问和时代之困。其中，当前世界格局调整中的三个趋势最为显著，也最具破坏性。

　　第一，大国之间的战略不稳定正在加剧。一方面，美国与中国、俄罗斯之间的地缘政治竞争进一步加深。美国特朗普政府加大与俄罗斯在欧洲、中东等地区以及核导军控等领域的战略博弈，甚至局部达到冷战结束以来最严峻的状态。美国对华政策也发生了重大调整，首次明确将中国定位为美国主要的战略竞争对手。特别是 2018 年 10 月 4 日美国副总统彭斯所发表的美国对华政策演讲，通篇充斥着类似 40 年前冷战高峰时期美国前总统里根对苏联的指责，令许多中国人震惊和困惑。人们不禁要问：美国难道已决意要对中国实施全面遏制？世界是否将因此而被拉进一场新的冷战？

另一方面，除了华盛顿同北京和莫斯科之间的关系愈加紧张外，近年来大西洋关系也因为在诸如伊朗核协议、北约军费分担、全球气候变化等议题上龃龉不断而备受冲击，尽管尚未危及大西洋联盟的根本，但双方疏离感明显增加。大国关系历来是国际格局的基石，大国关系的不稳定和不确定正深刻影响着未来国际格局和国际秩序的走向。

第二，基于多边主义的全球治理正遭遇"失能和失势"的危机。以规则、协商和平等原则为基础的多边主义及全球治理机制运行正遭遇前所未有的挑战。2018年初以来，美国对其主要贸易伙伴，包括中国和它的一些传统盟友发起关税战，全世界的目光都聚焦于不断升级的国际贸易冲突。美国特朗普政府坚持所谓"美国优先"原则，为获取美国利益的最大化，几乎肆无忌惮地对贸易伙伴采取包括关税战在内的霸凌政策，甚少顾及这些单边主义和保护主义的做法对国际贸易体制和全球供应链稳定的破坏。随着贸易保护主义和国际贸易摩擦的不断升级，以世界贸易组织为核心的，基于开放、规则的国际多边贸易体系的完整性受到空前挑战，世界贸易组织自身也逼近"何去何从"的临界点。与此同时，自从特朗普政府宣布美国退出《巴黎协定》后，全球气候治理机制的有效运行也面临严重阻碍。冷战结束以来，基于多边主义的规则和机制已经成为国际秩序稳定的重要基石，也是国际社会的共识。美国曾是现有国际秩序的重要建设者和维护者，如今正日益成为影响国际秩序的最大的不稳定力量。

第三，认同政治的浪潮正扑面而来。在经济全球化席卷世界多年后，许多发达国家和发展中国家中重新勃兴的民粹主义、保护主义和本土主义思潮和运动都带有不同程度的反全球化和反全球主义的认同意识，正深刻影响政府的决策和行为。这些反全球化和反全球主义指向的思潮和运动，都与当前世界经济以及各国国内经济社会演进过程中存在的发展赤字、治理赤字、改革赤字密切相关。在一些欧美发达国家，这些思潮和认同政治的发展已经演变成一种新的族群主义（neo-tribalism）认同的泛滥，其突出的政治理念是排斥外来移民、戒惧国际贸易、敌视所谓"外来者"对"自我"生活方式和价值观念的冲击，包括外来的物流、人流以及思想流。这种认同政治的强化不仅进一步加深了这些国家社会内部的分裂和政治极化的态势，还外溢到国际经济、国际政治和外交领域里，加剧了世界政治中所谓"我们"与"他者"之间的身份认同的对立。

综合上述三大趋势，我们不禁要问：当今世界是否将不可避免地走向大分化？如何有效管理国际秩序演变过程中融合的力量和分化的力量之间的张力？国际社会的各利益攸关方能否通过集体努力来共同遏制这种紧张的加剧甚至失控？对上述问题恐怕没有简单和既成的答案。但有一点是肯定的，国际社会迫切需要共同努力，通过构建新的国际共识和拓展共同利益，来缓解大分化的压力。

首先，国际社会需要共同努力，阻止冷战的幽灵从历史的废墟中死灰复燃。历史学家和国际关系学者已经对人类历史上无数次大国之间对抗冲突的案例进行了梳理，其中包括不少因决策者的战略失误而导致的悲剧，并总结出不少经验教训。这些教训包括彼此误判对方的战略意图；彼此错误处理相互之间的"安全困境"；忽视国际关系中"自我实现预言"的效应，即一国出于国内政治考虑及转嫁国内矛盾，营造所谓"外部敌人意象"，从而导致国际关系尤其是大国关系不断恶化。如今，美国及西方世界中的部分人士继续沉溺在赢得冷战的记忆中，甚至幻想着通过挑起又一场所谓对华新冷战从而使得美国重新强大。我们能否真正吸取过去的历史教训，拒绝冷战的诱惑，避免大国对抗的陷阱？

其次，国际社会应该加强合作，遏制单边主义对多边主义的侵蚀，同时更积极地推动多边主义国际机制的改革，不断完善全球治理。当前，对全球化的不满明显增加，对基于多边主义的全球治理的失望也日益增长。如何在维护国家主权（包括经济发展利益和国家安全利益）与共同推动有效的全球治理之间形成更可持续的平衡关系，是全球化和全球治理面临的重大挑战。但同样显而易见的一点是，对于我们这样一个联系紧密、相互依存不断加深的世界而言，面对越来越多的全球问题，单边主义绝不是好兆头。实行单边主义对单个国家而言也许有其吸引力，但由此产生的问题将远多于其想解决的问题。全球问题需要全球解决方案，合作应对是唯一出路。

最后，国际社会需要创新思维，推动构建新的集体意识和认知共识。当前关于世界政治和经济发展的国际话语结构中，主流的叙事方式和分析框架依然是基于权力政治（power politics）的逻辑和认同政治（identity politics）的逻辑。尽管上述叙事逻辑依然具有一定的解释力和影响力，但已经无法涵盖当今世界政治和经济的发展现状和未来的演变方向。我们需要构建一种新的叙事方式和分析框架，我暂且称之为"发展政治"（development politics）的逻辑，从而能更全面地把握世界发展的内在动力及其发展方向。

从历史发展的宏观角度看，无论是全球化的发展还是国际秩序的演变，都将同当前非西方世界的新一轮现代化进程与西方世界正在进行的后现代的再平衡进程的走势密切关联。包括中国、印度在内的新兴经济体在前一个进程中扮演着关键的角色，而美国和欧洲等在后一个进程中扮演着关键角色。

就前一个进程而言，冷战结束以来，大规模的现代化进程席卷了非西方世界。到 21 世纪的第二个十年结束之际，广大的发展中国家，包括人口最多的中国和印度，以及东南亚、拉丁美洲和非洲，已经基本完成了现代化的初步阶段，即从低收入国家向中等收入国家的过渡。根据世界银行报告的数据，在世界银行 189 个成员国中，有将近 40 个国家是发达经济体；在 150 个发展中国家中，有 108 个国家已进入中等收入阶段，即所谓的中等收入国家。它们的总人口超过 55 亿人，约占全球 GDP 的 1/3。这其中约有 40 个国家是中高收入国家。

今天，越来越多的发展中国家正在现代化的初级阶段基础上集聚力量，开启向中高级现代化迈进的新征程。这一进程在人类历史上是前所未有的。如果新一轮现代化取得成功，意味着未来 20—30 年时间里，在西方世界之外的超过 40 亿的人口将成为中产阶级，这是人类发展历史上空前的现代化，因为其所涉及的人口规模、地域范围和历史意义都远远超过前两个世纪的世界现代化进程。与此同时，非西方世界的新一轮现代化进程正面临着前所未有的挑战和困难。发展中世界面临的共同挑战是能否在不发生重大动荡的情况下步入更为先进的现代化阶段。从发展中国家国内角度看，这方面的主要问题包括国家现代化治理能力的全面提升，包括经济、政治和社会等结构的不断完善。来自外部的挑战主要是，由西方主导的现有的国际体系是否能够容忍和容纳非西方国家的集体崛起。

与此相对应的是，西方世界作为一个现代化向后现代阶段转型的整体，在冷战后新一轮经济全球化和科技进步浪潮的席卷下，其经济、政治和社会结构正面临着日益增多的内部发展和治理的转型压力，进入了我所称的"后现代化的再平衡时期"。其中一个突出的表征是，在许多西方发达国家，秉持开放、包容和竞争原则的全球主义、精英主义的力量，同基于保护和注重平等的地方主义、民粹主义的力量之间出现了日益严重的对立，他们分别代表了所谓"经济全球化和科技进步的受益者"同"经济全球化和科技进步的受害者"之间的分化和对立，加剧了西方内部的社会经济断层和政治极化的态势，并且正在加速反噬由西方发达国家开启的经济全球化的进程。因此，作为一个整体，西方世界迫切需要同时对自身国内治理和推动国际（全球）治理注入新的动力。就其内部经济、政治、社会等治理而言，西方世界应该通过自身的改革，提升其体制支持内部包容、普惠以及均衡发展的能力，以此保持自身政治、经济和社会体系的稳定，从而能够协调所谓全球主义和精英主义同本土主义和民粹主义之间日益对立的关系。就其与非西方世界的关系而言，西方世界特别是其领导力量应该认识到世界现代化进程的历史意义，尤其是非西方世界群体崛起的历史意义，通过不断完善内部体制和扩大现有国际体系的包容程度，来推进整个世界现代化和世界和平繁荣的进程。

因此，当非西方世界的新一轮现代化进程与西方世界的后现代转型进程相遇时，两者究竟是以包容、稳定、合作的方式互动，还是以排他、对抗、混乱的方式互动，将对世界政治的未来走向产生深远的影响。换言之，未来世界究竟走向大融合还是大分化，将在很大程度上取决于发达国家的后现代转型和发展中国家的现代化发展能否都取得成功，并且相互之间以何种方式互动。

因此，国际社会比以往任何时候都更需要凝聚新的共识，在未知的海洋中同舟共济。如何审视和研究当今世界政治经济格局的转变和发展趋势，对于研究者而言是挑战也是使命。上海国际问题研究院推出的"国际展望丛书"，正是为此目的。同时，也借此庆祝我院成立60周年。

陈东晓

2018 年 10 月

目　录

附录

绪　论

2011 年 4 月 28 日，智利、哥伦比亚、墨西哥和秘鲁四国成立太平洋联盟（Alianza del Pacífico，AP）。经过 11 年的发展，联盟已经成为拉美地区最重要的次地区合作组织之一。联盟的四个成员国人口总和逾 2 亿，国内生产总值约占整个拉美和加勒比地区的 38％，对外贸易额和吸引外国直接投资额则分别占拉美和加勒比地区的 50％和 45％。[1]联盟自成立以来保持了较高的组织活跃度，截至 2022 年年底，它已成功举办 16 届首脑峰会。联盟的迅速发展引起了国际社会的关注，截至 2022 年年底，共有 63 个国家成为其观察员国，其中包括中国、美国、日本、英国、西班牙、澳大利亚等全球和地区大国。联盟还先后将哥斯达黎加、巴拿马和厄瓜多尔确立为候选成员国，并推动加拿大、澳大利亚、新西兰、新加坡和韩国成为联系国，以进一步扩大其影响力。

一、 国内外研究现状与文献综述

太平洋联盟因其在拉美地区的重要性及其在国际舞台上的活跃表现，立刻受到了研究者的关注，相关成果相继问世。

---

[1] "¿Qué es la Alianza del Pacífico?"，https://alianzapacifico.net/que-es-la-alianza/，2022-12-27.

（一）国外研究文献

国外对太平洋联盟的研究以应用类居多，智库和基金会的论文集和研究报告是最早一批研究成果，这些研究重在分析联盟的形成原因、特点及影响。比如，由美洲开发银行（IBD）与拉丁美洲研究集团（CIEPLAN）联合资助、亚历杭德罗·福克斯利（Alejandro Foxley）和帕特里西奥·梅勒（Patricio Meller）主编的《太平洋联盟：拉美一体化进程》（*Alianza del Pacífico：En el Proceso de Integración Latinoamerica*，2014）收录了相关专家的10篇学术论文，对拉美一体化进程的背景与挑战、不同国家对联盟的看法等进行了梳理和探讨，该论文集特别收录了巴西和阿根廷等非联盟成员国的专家对联盟与拉美一体化进程关系的思考与研究；哥伦比亚高级行政学院（CESA）和智利发展大学联合资助、伊莎贝尔·罗德里格斯·阿兰达（Isabel Rodríguez Aranda）和埃德加·维埃拉·波萨达（Edgar Vieira Posada）主编的《太平洋联盟的愿景与机遇》（*Perspectivas y Oportunidades de la Alianza del Pacífico*，2015）主要聚焦于太平洋联盟取得的成就，并着重探讨了智利和秘鲁等各国为此所作的特别贡献；秘鲁天主教大学国际研究所（IDEI）与阿登纳基金会资助、法比安·诺瓦克（Fabián Novak）和桑德拉·纳米哈斯（Sandra Namihas）合著的研究报告《太平洋联盟：一体化的形势、愿景和建议》（*Alianza del Pacífico：Situación，Perspectivas y Propuestas para su Consolidación*，2015）主要分析了联盟成立的背景及其在五大支柱领域（货物、服务、投资、资本、人员的自由流动）的发展情况，并简单介绍了联盟与亚太、欧盟和美国的关系，分析了它与拉美其他（次）区域性国际组织的联系。

此后，一些学者关于太平洋联盟的专著和论文也相继发表，对其作了更为深入的研究。比如，爱德华多·帕斯特拉纳·比埃尔瓦（Eduardo Pastrana Buelva）的著作《面向地区项目和全球转型的太平洋联盟》（*La Alianza del Pacífico de cara a los Proyectos Regionales y las Transformaciones Globales*，2015）对联盟作了较为详细的介绍，对其四个成员国在联盟中的定位作了分析，并梳理了联盟与其他一体化组织和主要大国的关系；由阿图罗·奥罗佩萨·加西亚（Arturo Oropeza García）和阿莉西亚·普亚纳·穆蒂斯（Alicia Puyana Mutis）主编的论文集《太平洋联盟：全球新秩序中的工业重要性与愿景》（*La Alianza del Pacífico：Relevancia Industrial y Perspectivas en el Nuevo Orden Global*，2017）以拉美工业化为关注点，深入探讨了联盟在拉美整个工业生产体系中的作用，同时通过研究四个成员国在工业和经济结构的互补性，探究了联盟生产一体化的潜在可能；由约翰·E.斯皮兰（John F. Spillan）和尼古拉斯·维尔齐（Nicholas Virzi）合著的《太平洋联盟中的商机：智利、秘鲁、哥伦比亚和墨西哥的经济崛起》（*Business Opportunities in the Pacific Alliance：The Economic Rise of Chile，Peru，Colombia，and Mexico*，2017）从现代经济史的角度出发，分别对智利、秘鲁、哥伦比亚和墨西哥在联盟中的经济利益进行了分析，全面探讨了什么是联盟以及为什么它能够成为一个促进整个拉丁美洲经济发展、就业机会和生活质量的强大贸易实体，并指出联盟的特点：创新贸易方式、结果导向性跨界活动方式、同业协议（agreement among peers）、共享商业前景、固有的开放性、区域一体化的动态模式、与亚洲达成过渡性协议所带来的巨大利益、对现行协议的推进；由哈维利耶纳大学（哥伦比亚）何塞·U.莫拉·莫拉（José U. Mora Mora）和玛丽亚·伊莎贝尔·奥索里奥-卡瓦列罗（María Isabel Osorio-Caballero）教授主编的论文集《太平洋联盟：对拉美的新挑战和影响》（*Alianza del Pacífico：Nuevos Retos e Implicaciones para Latinoamérica*，2017）探讨了联盟与南方共同市场（MERCOSUR）是否能融合发展的问题以及对联盟各领域的发展和挑战进行探究，主要涉及资本、物流、人员流动（移民）等领域的互通整合；联合国大学区域主义系列出版的论文集《优先贸易协定世界中的太平洋联盟：比较区域主义的经验》（*The Pacific Alliance in a World of Preferential Trade Agreements：Lessons in Comparative Regionalism*，2019）主要对联盟的核心制度作了较为细致的研究，涉及联盟在服务贸易、国际投资、电子商务、知识产权、争端解决机制等领域的运行原则，是迄今对联盟研究最为全面的一本论著。

（二）国内研究文献

太平洋联盟成立之初，国内普遍对它比较陌生，所以相关研究以介绍为主，简单描述了其成立的原因、组织机制、对地缘政治和国际经济的影响及其未来发展前景等问题，如陈志阳的《拉美和亚太区域经济合作新动向：太平洋联盟成立之探析》（《拉丁美洲研究》2012 年第 6 期），贺双荣的《太平洋联盟的建立、发展及其地缘政治影响》（《拉丁美洲研究》2013 年第 1 期），于筱芳的《太平洋联盟：拉丁美洲一体化的新军》（《拉丁美洲研究》2014 年第 1 期），刘均胜、沈铭辉的《太平洋联盟：深度一体化的一次尝试》（《亚太经济》2014 年第 2 期），柴瑜、孔帅的《太平洋联盟：拉美区域经济一体化的新发展》（《南开学报（哲学社会科学版）2014 年第 4 期》），张芯瑜的《拉美区域经济一体化的新星：太平洋联盟》（《西南科技大学学报》（哲学社会科学版）2014 年第 5 期），张慧琳的《"太平洋联盟"异军突起》（《世界知识》2016 年第 24 期），楼项飞的《太平洋联盟：运行特点与发展前景》（《国际问题研究》2017 年第 4 期）。

除了介绍太平洋联盟外，一些中国学者还重点研究了中国和联盟的关系，特别是双方在经贸领域的合作。比如，李仁方的《从市场共享到产业融合：中国与太平洋联盟的经贸合作》[《西南科技大学学报》（哲学社会科学版）2016 年第 3 期]、李超的《论中国加入太平洋联盟的经济必要性》（外交学院硕士毕业论文，2016 年）、黄放放的《太平洋联盟与中国的经贸关系——回顾与展望》（《国际展望》2019 年第 3 期）。

综观国内外既有研究成果，可以发现，目前太平洋联盟研究基本涵盖了联盟的成立背景、发展历史、合作成果、制度规则、对外关系、发展前景和机制影响等方方面面，在广度上已总体实现了全覆盖，然而既有研究大多停留在描述层面，理论深度略显不足。正因为此，晚近的一些联盟研究都在加强研究深度上下了功夫。比如由芦思姮和李慧的两篇论文在理论化水平上较以往的研究有了明显提升：芦思姮用新制度经济学的理论来解释联盟兴起的外部动因和内部约束，李慧则从国内政治生态的角度来解释联盟的发展进程。[1]外国研究同样如此。比如，阿维里亚纳天主教大学（哥伦比亚）、阿登纳基金会（德国）和圣地亚哥卡利大学（哥伦比亚）联合出版的论文集《太平洋联盟：神话与现实》（*Alianza del Pacífico：Mitos y Realidades*，2014）收录了以区域主义、区域间主义、双区域主义等作为理论框架的学术论文。[2]由此可见，太平洋联盟研究正在朝着更加理论化、系统化的方向发展。

二、 进一步研究的意义与仍待研究的问题

虽然太平洋联盟研究正在尝试拓展理论深度，但我们还是要思考，从中国对外政策的角度出发，深化太平洋联盟研究的意义何在？是否仍有待进一步研究的问题？

（一）研究意义

太平洋联盟不仅是拉美区域一体化的最新成果，还是世界区域主义发展进程中的一部分，体现了区域贸易协定的最新实践、规则和理念，因此，研究该联盟具有较强的理论和现实意义。

1. 理论意义

研究太平洋联盟有助于发展和丰富区域主义理论。区域主义是当前国际形势的重要趋势之一，区域性国际组织已然成为国际体系中重要的行为

---

[1] 参见芦思姮：《论太平洋联盟兴起的外部动因与内部约束——基于新制度经济学视角》，《西南科技大学学报》（哲学社会科学版）2017 年第 4 期；李慧：《论政治生态的变迁对拉美一体化进程的影响——以美洲玻利瓦尔联盟和太平洋联盟为例》，《西南科技大学学报》（哲学社会科学版）2017 年第 5 期。

[2] Eduardo Pastrana Buelvas y Hubert Gehring eds.，*La Alianza del Pacífico：Mitos y Reali-dades*，Fundación Konrad Adenauer，KAS，Colombia，Cali：Editorial Universidad Santiago de Cali，2014.

体。[1]第二次世界大战结束后，现代意义上的区域性国际组织开始涌现，1951 年欧洲煤钢共同体成立，1963 年非洲统一组织成立，1967 年东南亚国家联盟成立。冷战结束后，世界格局发生了深刻的变化，区域主义迎来了新一轮发展浪潮。如今，反全球化、逆全球化思潮有所抬头，区域化的发展势头也因而受到了一些冲击，但即便如此，区域主义的发展也没有因此陷入停滞。比如《全面与进步跨太平洋伙伴关系协定》（CPTPP）的成立，《综合经济与贸易协定》（CETA）在加拿大和欧盟之间临时生效，《美墨加协定》（USMCA）的达成对北美自由贸易区（NAFTA）经贸规则作出重大修改，《区域全面经济伙伴关系协定》（RCEP）正式生效，中非合作论坛运行良好等，这些事实都证明区域主义依然保持着蓬勃的生机。作为全球化和区域化的缩影，拉美方兴未艾的区域主义实践为研究者提供了丰富的案例，而太平洋联盟正是这个宏大进程中的最新成果之一。

任何区域主义实践的创新，都为区域主义理论的创新创造了条件和机会。鉴于学术界尚未系统地总结拉美丰富的区域主义实践经验，因而通过对太平洋联盟的研究，同时结合对其他拉美一体化组织发展的分析，可以为区域主义理论的新发展找到一个很好的切入口。事实上，以联盟为对象开展研究，进而对区域一体化理论的创新做一点贡献也是本书的研究目的之一。

2. 现实意义

在当下，研究太平洋联盟对中国外交实践来说至少有两方面的现实意义。第一，这有助于进一步把握区域合作的逻辑。随着改革开放的深入，中国正以更加积极的姿态参与世界事务，形成了全球、区域和双边层面全方位、立体式的外交格局。在区域层面，鉴于中国的实力和地位以及国际社会对中国的期待，中国日益重视地区规则构建，创造更多的区域公共产品。然而，毋庸讳言，中国主动引领地区合作尚处于起步阶段，经验积累还不够丰富，能够参与区域性国际组织事务的人才储备仍显不足。因此，深入研究包括太平洋联盟在内的各种区域合作安排，总结其成功的经验或

---

［1］杨洁勉等：《大体系：多极多体的新组合》，天津人民出版社 2008 年版，第 423 页。

失败的教训，对于中国未来参与引领区域合作大有裨益。

第二，研究太平洋联盟有助于为提升中拉整体合作添砖加瓦。随着中国-拉共体论坛的成功启航，中国与拉美关系迎来了新的历史机遇，相关贸易、投资、人员流动在可预见的未来都将呈上升态势。可以说，拉美目前在中国外交战略中的地位正在逐渐上升。[1]但是，中拉整体合作中依然存在一些不确定因素，比如拉美国家多变的政治环境可能令拉共体的地位和作用受到削弱，进而对其与中国的合作造成不利影响。因此，中拉整体合作必须建构在全方位、多层次、立体式的基础之上。联盟是拉美最具活力的次区域性合作组织，中国与它加强合作和沟通将为中拉整体合作注入新的动力。虽然中国与太平洋联盟有相向而行的动力和理由，但问题是如何促进双方加强合作？对于中国来说，首先要做的就是加强对联盟的研究，了解其成立背景、运作机制和未来发展，这样才能了解对方的需求和期待，找准双方的利益交汇点。

（二）尚待研究的问题

总体而言，太平洋联盟研究尚处于起步阶段，尽管已有不少成果问世，但仍有许多值得进一步探究的问题。[2]综合既有文献，关于联盟至少有以下四个问题需要进一步研究。

第一，联盟成立的深层背景是什么？在联盟成立之前，拉美地区已经建立了许多区域和次区域性国际组织，而智利、哥伦比亚、墨西哥和秘鲁这四个国家也各自加入了其中的一些组织。在这种背景下，上述四国为什么还要建立一个新的组织？此外，在联盟成立之前，四个成员国相互之

---

[1]　江时学：《构建中国与拉美命运共同体路径思考》，《国际问题研究》2018 年第 2 期。

[2]　在最新的一本关于 AP 的论文集中，克雷格·范格拉斯特克（Craig VanGrasstek）教授在综合了学者对 AP 的研究后，总结性地列出了 25 个问题，其中很多是学者尚未涉及或者尚未给出满意答案的问题，参见 Craig VanGrasstek, "Concluding Remarks: The Pacific Alliance-Stocktaking and the Way Forward", in Pierre Sauvé, Rodrigo Polanco Lazo and José Manuel Álvarez Zárate（eds.）, *The Pacific Alliance in a World of Preferential Trade Agreements: Lessons in Comparative Regionalism*, Cham: Springer, 2019, pp.251—262.

间已经签署了六对自由贸易协定，他们大可利用这六对协定享受经贸便利和优惠，那么四国在此基础上再建立联盟是否是一种浪费资源的重复建设？

第二，如何理解联盟经贸规则的政治和经济背景？关于联盟的经贸规则，既有研究已经对其作了初步分析，但是它们几乎都没有深入探究制度背后的政治和经济背景。联盟究竟为什么会选择建立这样一套经贸规则？这和它的成立背景、组织定位有没有什么必然联系？

第三，联盟的组织架构是否有助于其未来发展？既有描述性研究往往只对联盟的组织架构作简单的介绍，却未进一步分析这种组织架构的优势与劣势。为什么联盟不设立秘书处，从而进一步提高其组织化程度？联盟是否过于依赖首脑峰会？未来是否有必要对此进行改革？这些问题在以往的研究中都没有得到充分论述。

第四，联盟未来发展前景如何？拉美的区域和次区域性国际组织由盛转衰的例子比比皆是。曾经雄心勃勃的安第斯集团/安第斯共同体（MCA/CAN）受组织内部问题困扰，逐渐丧失活力；南方共同市场发展有起有伏，至今仍未能实现构建共同市场的目标；美洲玻利瓦尔联盟（ALBA）因委内瑞拉政治动荡经济萧条而陷入困境。太平洋联盟目前虽发展良好，但未来是否能够继续保持这种强劲发展势头犹未可知。那么，在当前的全球和地区环境下，联盟如何运筹帷幄，才能避免未来发展陷入停滞？

要对以上四个问题作出解答，就要求研究者对太平洋联盟的成立背景、制度规则、对外关系和发展前景作更深层次的研究，而不是蜻蜓点水般地描述一些表面现象。这就意味着，联盟研究必须借助理论工具，从全球和拉美区域主义发展的宏观视角去探析联盟成立的背景，从联盟各项具体制度规则的微观视角去剖析其制度特点。

三、主要研究方法

在研究过程中，本书综合运用了文本分析法、历史分析法和比较分析法。

（一）文本分析法

文本分析法是依靠诠释学来对相关文本进行解读，从而准确理解文本所要表达的含义。作为一个区域贸易协定，太平洋联盟成文的制度规则主要体现在《太平洋联盟框架协议》（Acuerdo Marco de la Alianza del Pacífico，以下简称《框架协议》）、《太平洋联盟框架协议附加议定书》（Protocolo Adicional al Acuerdo Marco de la Alianza del Pacífico，以下简称《附加议定书》）及其修正议定书、各类成果文件、总统宣言和联合声明。由于有些条文表达比较模糊，这就需要借助法律解释方法探究其内涵。

（二）历史分析法

历史分析法指的是通过对历史事件的回顾，从中总结出经验和规律，其优点在于拥有较强的说服力和适用性。[1]研究太平洋联盟的官方文件固然重要，但如果脱离了联盟的历史进程，则难以洞悉联盟发展和运行的本质。不夸张地说，对联盟的相关历史整理越是详细就越能对其做出更有说服力的预测。基于此方法，本书一是要分析联盟成立的历史，研究四个成员国在筹备和建立联盟过程中的政策考量；二是要对联盟发展进程作全面梳理，从而把握其发展脉络；三是要将研究扩展到整个区域主义发展历史，特别是研究拉美区域主义的发展历史。单纯对联盟做个案研究意义不大，只有将其置于区域主义发展的大背景下，才能对其各项制度产生的背景及其机制运作有更加深入的认识。

（三）比较分析法

比较分析法是对两个或多个事件进行对比研究的方法，包括求同法和求异法，前者试图在区别中寻找共同点，后者试图在共同处寻找区别，从

---

[1]　阎学通、孙学峰：《国际关系研究实用方法》，人民出版社 2001 年版，第 143—144 页。

而实现辨别不同国际事件之异同，得到特殊性的结论或普遍性的规律。[1]
比较分析法是历史分析法和文本分析法的延伸运用。本书将在第四章通
过对比太平洋联盟、世界贸易组织和《跨太平洋伙伴关系协定》（TPP）
的经贸规则，确定该联盟在区域贸易协定中的定位。由于本书将 AP 置于
整个区域主义进程中加以考察，因此关于联盟和其他组织（如南方共同
市场、安第斯共同体、CPTPP 等）在生态位上的异同点也是本书研究的
重点之一。

四、 研究思路与篇章安排

本书的基本研究思路是围绕着太平洋联盟研究中尚待研究的四个问题，
借用组织生态学来构建区域主义研究框架，用宏观框架来分析联盟成立的
深层背景，用微观理论来分析联盟未来发展前景，并分别通过对联盟经贸
规则的分析和联盟对外关系的描述来加以验证。

鉴于太平洋联盟近些年发展速度较快，部分研究文献对其进行的描述
性介绍已经过时，因此本书第一章结合联盟的最新动态，概述联盟成立的
历史背景、发展成就、组织架构，并重点分析联盟的制度特点。主要目的
在于指出联盟的一些制度性问题，从而为后文的理论性探索做好铺垫。

第二章旨在引入组织生态学理论来搭建一个区域主义分析框架，暂且
称之为"区域组织生态理论"。首先，梳理既有区域主义理论，然后借助社
会科学基石性范式的衡量标准，指出区域主义理论各流派的缺点和不足。
其次，探究在区域主义理论中引入组织生态学的可能性和必要性，阐述用
组织生态学视角研究联盟的优势。最后，提出区域组织生态理论的基本假
设、宏观框架和微观理论。

第三章将运用第二章建构的宏观框架，来解释区域贸易协定的进化过
程及联盟成立的深层背景。首先解释从第二次世界大战之后区域贸易协定

---

[1] 阎学通、孙学峰：《国际关系研究实用方法》，人民出版社 2001 年版，第 133—135 页。

的出现、增长和饱和，探究从传统区域贸易协定到超大区域贸易协定
(mega-regional trade agreement) 的逻辑关联。其次，聚焦于拉美地区，探
究拉美区域贸易协定的发展历程，解释其为何呈现出多样性和碎片化特点。
最后，结合上述研究，分析联盟在拉美地区得以横空出世的深层原因。

为了对第三章得出的初步结论——联盟是四个成员国参与和构建超大
区域贸易协定所作的准备——提供更多的事实依据，第四章对《太平洋联
盟框架协议附加议定书》作解读，分析联盟的各项具体经贸制度，探究它
在制度属性上是否与超大区域贸易协定相兼容。

第五章运用第二章提出的组织生态学微观理论，同时结合第一章和第
四章的研究发现，来分析联盟的发展前景。重点是对比联盟和拉美其他区
域性国际组织的生态位，探究联盟如何才能避免陷入拉美区域主义由盛转
衰的"宿命"。研究发现，联盟发展的未来在于同亚太国家建立更加紧密的
经贸关系网络。为了印证该观点，考察了联盟和亚太主要经济体的关系。

最后是本书的结论部分，概述本书的研究结果，兼论联盟研究对中国
对外战略的启示。

五、 本书创新之处

正如上文所述，太平洋联盟研究的总体趋势是朝着更加系统化、理论
化的方向发展。本书沿着该路径，尝试为提升联盟研究的理论化水平做一
些力所能及的贡献。为此，本书引入组织生态学的视角来研究太平洋联盟。
组织生态学是组织研究中环境主义学派的重要分支，它建立在生态学和进
化论基础上，特别强调组织变化中的选择和适应过程。[1]20 世纪 70 年代
以来，经过迈克尔·汉南 (Micheal Hannan) 等诸多学者的努力，组织生
态学逐渐走向成熟，其研究范围覆盖组织密度、组织的建立与衰落、环境

---

[1]　Michael T. Hannan, "Organizational Analysis", https://www.britannica.com/science/organizational-analysis，2022-12-28.

对组织的选择和组织对环境的适应、组织的多样性等议题。[1]

第一，组织生态学为国际关系学提供了新的研究视角，已经开始被一些学者应用于国际组织研究。[2]作为一种系统思维，组织生态学可以丰富和发展既有区域主义理论，从而有助于深度分析太平洋联盟的成立背景、制度规则、对外关系和发展前景。由于既有区域主义理论不太注意组织和外部环境、组织和组织之间的互动关系，为弥补该不足，将组织生态学引入区域主义理论，搭建一个宏观分析框架，并拓展生态位理论在区域主义研究中的应用。

第二，在引入组织生态学的过程中，有意识地将其与国际关系学中的社会演化论范式相结合，为夯实后者的理论基础作贡献。社会演化论作为一套宏观理论范式，成功地调和了国际关系理论中的进攻性现实主义、防御性现实主义和后来的自由主义理论。[3]但是，社会演化论尚缺乏具体应用层面的理论支撑。正因为此，通过组织生态学和区域主义研究的结合，尝试进一步发展社会演化论。事实上，组织生态学是系统思维，它的核心思想就是社会演化论，它同样以"变异-选择-遗传"机制作为其宏观分析框架。具体运用到对区域性国际组织的研究，"变异-选择-遗传"则分别对应组织的制度创新、制度竞争和制度传播。运用组织生态学，发现区域贸易协定、超大区域贸易协定和拉美区域主义发展的内在逻辑脉络，从而揭示太平洋联盟成立的深层背景。

第三，在引入组织生态学的同时，丰富其应用范围。组织生态学主要用来分析商业和社会组织，对国际组织的关注度非常有限。鉴于国际组织在世界政治和经济领域所扮演的角色的重要性将日益增强，组织生态学对

---

[1] Terry L. Amburgey and Hayageeva Rao, "Organizational Ecology: Past Present and Future Directors", *Academy of Management Journal*, Vol.39, No.5, 1996.

[2] 参见 Kenneth W. Abbott, Jessica F. Green, and Robert O. Keohane, "Organizational Ecology and Institutional Change in Global Governance", *International Organization*, Vol.70, Issue 2, 2016。

[3] 参见 Shiping Tang, *The Social Evolution of International Politics*, Oxford: Oxford University Press, 2013。

国际组织的研究或将大有作为。由于国际组织在性质和类别上丰富多样，且相对国内商业和社会组织来说有其特殊性，故在使用既有组织生态学理论开展研究时需要做一些必要的调整和修正。因此，从太平洋联盟个案研究入手，期待起到投石问路的效果。

此外，作为研究的"副产品"，全面梳理和解读太平洋联盟的各项经贸制度，并分析了联盟和亚太主要经济体的关系。既有对联盟经贸制度的梳理倾向于举其荦荦大者，即聚焦其最重要的贸易和投资制度，而为证明联盟与超大区域贸易协定的关系，又对联盟的各项经贸制度都作了较为细致的梳理，并将其同世贸组织和跨太平洋伙伴关系协定规则作了对比。同样，关于联盟和亚太主要经济体关系的梳理，既有研究缺少综合考察，而本书在全面梳理的基础上，又对其作了简单的比较和总结，以验证联盟在对外关系上是否和组织生态学理论所预设的发展趋势相一致。

第一章

太平洋联盟
概述

本章将简要介绍太平洋联盟（AP）的基本情况，包括其成立背景、发展进程、主要成就和组织架构，并在此基础上总结它不同于其他区域性国际组织的制度特征，从而为后文的理论分析作准备。

第一节

————

太平洋联盟的发展进程和主要成就

太平洋联盟的成立和发展是自上而下与自下而上相结合的过程。有些机制是自联盟成立后，经四个成员国共同协商创建的，如联盟合作基金；有些机制则在联盟诞生之初就已经存在，然后通过自下而上的方式被逐渐整合到联盟之中，如拉美一体化市场（MILA）。[1] 正因为此，只有对联盟的成立背景和发展进程做更加细致的梳理，才能把握其所体现的制度特征。

————————

[1] 也译作"拉美联合交易所"。

一、太平洋联盟发展进程简述

鉴于智利、哥伦比亚、墨西哥和秘鲁四国在太平洋联盟成立以前已经开展了合作，因此将联盟的发展进程划分为三个阶段，即成立准备阶段、建章立制阶段和后续发展阶段。

（一）成立准备阶段

太平洋联盟成立之前，智利、哥伦比亚、墨西哥和秘鲁四国相互间就已建立诸多双边自由贸易协定，[1]这些自由贸易协定构成联盟的基础，但四国正式的一体化进程始于"拉美太平洋之弧论坛"（FAPLA）的创立。太平洋联盟在其第一份总统宣言中就指出，联盟是在该论坛框架下的深度一体化机制。[2]

2007年，秘鲁总统阿兰·加西亚（Alan García）倡议创建拉美太平洋之弧论坛。它由哥伦比亚、哥斯达黎加、智利、厄瓜多尔、萨尔瓦多、危地马拉、洪都拉斯、尼加拉瓜、墨西哥、巴拿马和秘鲁11个国家组成，试图将拉美太平洋沿岸国家整合起来。加西亚总统看到东亚（特别是中国）是21世纪以来世界经济增长最迅速的地区，为了让秘鲁等国家有效搭乘东亚和中国经济增长的"快车"，他认为需要建立一个国际商业网络来强化太平洋经济体之间的联系，这就是论坛成立的初衷。[3]

然而，拉美太平洋之弧论坛是一个松散的论坛，除了为各国政府官员

---

[1]　这些自由贸易协定包括：《智利-墨西哥自由贸易协定》（1998年4月17日签署）、《智利-哥伦比亚自由贸易协定》（2006年11月27日签署）、《智利-秘鲁自由贸易协定》（2006年8月22日签署）、《哥伦比亚-墨西哥自由贸易协定》（1994年6月13日签署）、《墨西哥-秘鲁自由贸易协定》（2011年4月6日签署），哥伦比亚和秘鲁是安第斯共同体成员，在双边层面也实现了自由贸易协定的基本要求。

[2]　Declaración Presidencial sobre la Alianza del Pacífico, 28 de abril de 2011, https://alianza-pacifico.net/download/declaracion-de-lima-abril-28-de-2011/?wpdmdl=1173, 2022-12-28.

[3]　José Briceño Ruiz, "La Iniciativa del Arco del Pacífico Latinoamericano: Un nuevo actor en el escenario de la integración regional", *Nueva Sociedad*, No.228, julio-agosto 2010.

提供一个交流意见的平台之外，没有实质性的功能，更难以承担整合拉美太平洋沿岸国家的重任。意识到论坛的不足，在 2010 年 8 月的论坛大会上，秘鲁总统加西亚再次提出建立"深度一体化地区"的倡议，并在同年 12 月的伊比利亚美洲国家首脑会议上，与智利、哥伦比亚和墨西哥就组建"深度一体化区域性国际组织"达成共识。[1]至此，对于构建一个新的区域一体化组织，四国领导人的意见已经高度一致，太平洋联盟的建立也就水到渠成。

（二）建章立制阶段

2011 年 4 月 28 日，秘鲁总统加西亚、智利总统塞瓦斯蒂安·皮涅拉（Sebastián Piñera）、哥伦比亚总统胡安·曼努埃尔·桑托斯（Juan Manuel Santos）和墨西哥总统费利佩·卡尔德龙（Felipe Calderón）在秘鲁首都利马举行会晤，一致通过《利马宣言》，宣布太平洋联盟成立。《利马宣言》的发表虽然标志着联盟的成立，但该宣言仅仅是一份政治立场文件，标志着建章立制阶段的开始，太平洋联盟仍需要制定一套具体的制度框架。

总体上，联盟建章立制的过程还是比较顺利的。从 2011 年 4 月《利马宣言》的发表到 2016 年 5 月附加议定书生效，联盟仅用了 5 年时间就基本搭建起一套完整的制度架构。

太平洋联盟的建章立制过程充分体现了其倡导的务实精神：首先将各方共识度较高的内容汇聚起来，搭建联盟的制度框架；然后再进行谈判确定各方的权利和义务，以法律文件的方式固定下来；最后再处理一些各方分歧较大的问题。2012 年 6 月 6 日，在联盟第四届峰会上，四个成员国签署了《太平洋联盟框架协议》（Acuerdo Marco de la Alianza del Pacífico），为联盟制定了一份宪章性的条约。《框架协议》明确了联盟的宗旨，并对内部组织架构和运作方式、与地区外第三方的关系、观察员国、新加入的缔

---

[1] 李仁方：《从市场共享到产业融合：中国与太平洋联盟的经贸合作》，《西南科技大学学报》（哲学社会科学版）2016 年第 3 期。

约方以及关于公约的争端解决等基础性议题作了规定。当然，《框架协议》的规定较为笼统，大多是一些原则性的规定，而非实体性和程序性规则。

自 2013 年 1 月的第六届峰会起，联盟成员国开始就组织运行的具体问题开展谈判。在《圣地亚哥宣言》中，联盟确定将于当年第一季度内完成货物贸易关税减免方面的谈判，并计划在上半年结束其他领域的谈判工作。关税减免方面的谈判工作按时结束，在 2013 年 5 月举行的联盟第七届峰会上，四国宣布自当年 6 月 30 日起对联盟内 90％的货物贸易实现零关税。其他议题的谈判进程总体上也比较顺利，在 2013 年 8 月的第九届部长会议上，四国表示它们已经完成经贸规则谈判，决定达成自由贸易协定。

2014 年 2 月，在第八届峰会上，联盟四国签署了《太平洋联盟框架协议附加议定书》，对《框架协议》作了细化和深化，形成一份具有法律约束力的国际条约。《附加议定书》共有 19 章，覆盖议题众多，包括市场准入（第 3 章）、原产地规则及相关程序（第 4 章）、贸易便利化及海关合作（第 5 章）、卫生与动植物检疫措施（第 6 章）、技术贸易壁垒（第 7 章）、政府采购（第 8 章）、跨境贸易服务（第 9 章）、投资规则（第 10 章）、金融服务（第 11 章）、海事服务（第 12 章）、电子商务（第 13 章）、电信服务（第 14 章）、透明度（第 15 章）以及争端解决机制（第 17 章）。此外，《附加议定书》还涉及管理（第 16 章）、例外规则（第 18 章）以及条约的保存、生效、修订、废止、加入和保留的规定（第 19 章）。至此，联盟的各项制度基本成形。

2015 年 7 月 20 日，《框架协议》生效，意味着太平洋联盟具有了国际法意义上的国际人格，可以作为国际组织享受国际主体的权利并承担相应义务。事实上，在此之前，联盟已经开始以独立的身份在国际舞台上开展活动。比如，在 2014 年 9 月 25 日，联盟部长理事会利用联合国大会的平台召开会议；在 2014 年 12 月 10 日第二十届联合国气候变化大会上，联盟发表《太平洋联盟关于气候变化宣言》。2016 年 5 月 1 日，《附加议定书》生效，意味着联盟已建成自由贸易区，各项制度开始正式运作。值得一提的是，2015 年 7 月 3 日，联盟四个成员国签署了《太平洋联盟框架协议附加议定书第一次修正议定书》（以下简称《第一次修正议定书》，对《附加议定书》技术贸易壁垒章节、电子商务章节、电信服务章节和关于组织架构的附件16.2进行修订，还新增监管改善的内容，并将其嵌入第15章的第二部分。其中，电子商务章节改动最大，新增很多条款（详见本书第四章）。2016年7月1日，在联盟第十一届峰会上，四国签署《太平洋联盟框架协议附加议定书第二次修正议定书》（以下简称《第二次修正议定书》），对《附加议定书》技术贸易壁垒、自由贸易委员会的职能等作了修订。

太平洋联盟的制度建设过程并不全是自上而下的，一些制度原本就已经在四国中适用。例如，拉美一体化市场在联盟成立之前已经开始筹办，联盟成立后就作为一体化的成果并入联盟的框架。

（三）后续发展阶段

在完成了建章立制后，太平洋联盟的发展进入平稳期。这一阶段，联盟的制度发展主要集中在一些非核心领域。比如，在2017年6月召开的第十二届峰会上，太平洋联盟决定设立联盟基础设施投资基金，削减成员国之间养老基金投资壁垒；在2019年7月召开的第十四届峰会上，四国通过了维护多边贸易体制、加强塑料制品可持续管理的总统声明及深化媒体合作谅解备忘录等文件。新冠疫情全球蔓延后，联盟依然没有停止发展。2020年12月，联盟首脑峰会以视频方式举行，并通过《圣地亚哥宣言》。2022年1月，第十六届首脑峰会恢复线下会议方式，哥伦比亚、智利、秘鲁总统和墨西哥财政部长与会，并通过《马拉加湾宣言》和《促进文化和创新经济元首声明》。

此外，太平洋联盟已经开始以自身名义拓展与其他国家的实质性联系。联盟成立之初就设有观察员国。在第十二届峰会期间，联盟决定吸收加拿大、澳大利亚、新西兰和新加坡为（候选）联系国，并于2017年9月7日启动与该四国的自由贸易谈判。在2022年1月的第十六届首脑峰会上，联盟批准新加坡成为联系国，并决定启动厄瓜多尔成为联盟成员国、韩国成为联盟联系国的磋商工作。值得关注的是，联盟和南方共同市场（MERCOSUR）之间的合作也已提上了议事日程。2018年7月，在第十三届峰会上，联盟和共同市场举行了首次峰会，双方发表《联合宣言》和《共同行动计划》。

表 1.1 太平洋联盟发展大事记

时　间	重　要　事　件
2011 年 4 月 28 日	第一届峰会，发表《利马宣言》，四国宣布成立联盟。
2011 年 5 月 30 日	拉美一体化市场启动，涵盖智利圣地亚哥证券交易所、哥伦比亚证券交易所、秘鲁利马证券交易所等金融机构。
2011 年 12 月 4 日	第二届峰会，发表《梅里达宣言》，四国承诺加快一体化建设，尽快制定宪章性条约。
2012 年 3 月 5 日	第三届峰会（视频会议），四国就促进人员、服务和资本流通，推进贸易及一体化等问题取得重要进展，并就签署《框架协议》达成一致。
2012 年 6 月 6 日	第四届峰会，发表《帕拉纳尔宣言》，四国签署《框架协议》。
2012 年 11 月 17 日	第五届峰会，发表《加的斯宣言》，决定吸收哥斯达黎加和巴拿马为候选成员国，接纳西班牙、加拿大、澳大利亚、新西兰和乌拉圭五国为观察员国。
2013 年 1 月 26 日	第六届峰会，发表《圣地亚哥宣言》，确定当年第一季度内结束成员国之间互免关税谈判，上半年结束其余领域谈判。
2013 年 5 月 23 日	第七届峰会，发表《卡利宣言》，宣布自当年 6 月 30 日起联盟内 90% 的货物贸易实现零关税，决定简化四国公民出入境手续，宣布设立共同使馆及联合贸易办事处。
2013 年 8 月 26 日	第九届部长会议，四国完成贸易谈判，决定达成自由贸易协定。
2014 年 2 月 10 日	第八届峰会，四国签署《附加议定书》，确定联盟内 92% 的货物和服务贸易零关税，剩余 8% 将于未来逐渐减免，并就其他经贸规则达成一致。
2014 年 6 月 20 日	第九届峰会，发表《蓬塔米塔宣言》，举行首次联盟外长、经贸部长与观察员国对话会。
2014 年 9 月 25 日	在联合国大会上，联盟部长理事会召开会议。
2014 年 12 月 2 日	墨西哥证券交易所（Grupo Bursátil Mexicano）和墨西哥中央证券存管机构（INDEVAL）正式加入拉美一体化市场。
2014 年 12 月 10 日	在第二十届联合国气候变化大会上，四国发表《太平洋联盟关于气候变化宣言》。
2014 年 11 月 2 日	在哥伦比亚卡塔赫纳，联盟与南方共同市场举行第一次部长级会晤。
2015 年 7 月 3 日	第十届峰会，发表《帕拉卡斯宣言》，宣布《框架协议》及其附加协议、《设立合作基金协定》将自 2015 年 7 月 20 日起生效。四国签署《太平洋联盟框架协议附加议定书第一次修正议定书》。
2015 年 7 月 20 日	《框架协议》生效。
2016 年 5 月 1 日	《附加议定书》生效。

（续表）

时　　间	重　要　事　件
2016年7月1日	第十一届峰会，发表《巴拉斯港宣言》。四国签署《太平洋联盟框架协议附加议定书第二次修正议定书》。
2017年6月30日	第十二届峰会，发表《卡利宣言》，决定设立联盟基础设施投资基金，削减成员国之间养老基金投资壁垒，确定加拿大、澳大利亚、新西兰和新加坡四国为（候选）联系国。
2017年9月7日	联盟启动与加拿大、澳大利亚、新西兰和新加坡的自由贸易谈判。
2018年7月24日	第十三届峰会，发表《巴亚尔塔港宣言》、《太平洋联盟愿景2030》。举行联盟和南方共同市场的首次峰会，双方发表《联合宣言》和《共同行动计划》。
2019年7月6日	第十四届峰会，发表《利马宣言》，支持多边贸易体系。四国通过维护多边贸易体制、加强塑料制品可持续管理的总统声明及深化媒体合作谅解备忘录等文件，接纳厄瓜多尔为候选联系国，宣布支持哥伦比亚加入APEC。四国外长与日本、经济合作与发展组织和欧亚经济委员会分别发表共同宣言，进一步深化合作。
2020年12月11日	第十五届峰会，通过《圣地亚哥宣言》，表示联盟将加强团结抗击新冠肺炎疫情，着力提振经济；完善机制建设，提升数字化水平；支持自由贸易，加速自贸谈判；扩大对外合作，积极融入亚太。宣布已完成同新加坡的自贸谈判，并启动与韩国、厄瓜多尔的自贸协定谈判。
2021年4月30日	联盟成立10周年线上纪念仪式在哥伦比亚波哥大举行，哥伦比亚、智利、秘鲁总统及墨西哥总统代表等以视频方式出席。
2022年1月26日	第十六届峰会，通过《马拉加湾宣言》和《促进文化和创新经济元首声明》。联盟与新加坡签署自贸协定，决定启动厄瓜多尔成为联盟正式成员国、韩国成为联系国的磋商工作。

资料来源：太平洋联盟官方网站；中华人民共和国外交部网站。

二、太平洋联盟的成就

考察一个国际组织取得的成就首先要看其设定的目标是什么。《框架协议》为太平洋联盟确立了三大宗旨，即联盟未来发展目标和方向：第一，以参与和协商一致的方式建立一个深度一体化的区域，以逐步推进资产、服务、资本和人员的自由流动；第二，推动缔约方的经济增长、竞争力和发展，以实现更大的社会福利，克服社会经济的不平等，促进居民的社会包容性；第三，成为一个平台，以促进缔约方实现政治衔接、

经济和商业一体化、走向世界（特别是面向亚太地区）（《框架协议》第
3.1条）。2018年7月，联盟发表《太平洋联盟愿景2030》，在强调上述
三大宗旨的基础上，进一步明确未来12年的努力方向，包括进一步巩固
联盟机制，使其整合程度更高、更国际化、更亲民惠民，为创造一个利
益分配更加公平公正的世界做出贡献。[1]综合联盟为自身制定的宗旨和
愿景，可以从三个方面考察联盟在这些方面取得的进展：一是联盟自身
一体化建设，特别是其域内货物、服务、资本、人员流动自由的实现情
况；二是成员国的经济发展情况和社会公平情况；三是平台建设情况，
即联盟作为一个整体在国际舞台上的活跃程度及其对外经贸情况，特别
是与亚太地区的经贸往来。

　　首先，关于建立深度一体化的区域组织，联盟已经基本完成既定目标。
在贸易领域，在2014年召开的第八届峰会上，四个成员国通过并签署《附
加议定书》，确定92％的货物和服务贸易零关税，剩余8％将于未来逐渐减
免，这种关税减免力度显著超越四国在世贸组织框架下根据最惠国待遇确
定的关税水平（详见本文第四章）。《附加议定书》除了规定了削减关税外，
还就加强边境内管理措施的协调、降低非关税贸易壁垒、统一投资规则、
实现资金融通等方面作出规定，其自由化水平之高超出一般自由贸易协定，
甚至可能高于《区域全面经济伙伴关系协定》（RCEP），自由化水平仅次于
《跨太平洋伙伴关系协定》（TPP）。[2]至2018年7月，四个成员国之间
96％的货物和服务贸易已经实行零关税，实现了既定目标。[3]在资产、服
务和资本流通方面，2014年，随着墨西哥正式加入南方共同市场，联盟实
现域内证券市场的整合，有力推进资产、服务和资本流通。在人员流动方

[1] Alianza del Pacífico Visión 2030，Versión Final，24 de julio de 2018，https://alianzapacifico.net/download/alianza-del-pacifico-vision-2030-version-final-julio-24/?wpdmdl=14189，2022-12-28.

[2] Camilo Pérez Restrepo and Adriana Roldan-Pérez, "Is the Pacific Alliance a Potential Pathway to the FTAAP?", *Philippine Journal of Development*，Vol.41&42，No.1&2，2014—2015.

[3] 参见中华人民共和国外交部网站，https://www.fmprc.gov.cn/web/gjhdq_676201/gjhdqzz_681964/tpylm_683648/jbqk_683650/，2022-12-28。

面，2012 年 11 月，墨西哥宣布对哥伦比亚和秘鲁公民实行入境免签，因为墨西哥对智利的免签在联盟成立之前就已实现，故墨西哥最早实现对联盟其他三个成员国人员进入的全面开放。2013 年 5 月，秘鲁宣布对其他三个成员国的短期商务活动实行免签。为了与免签政策相配套，联盟四国在安全、移民和海关部门的实时数据共享等方面的各项制度也已初步建立。取消区域内人员的签证使得联盟在人员流动自由化上领先于北美贸易自由区，比肩于南方共同市场。[1]

然而，联盟的内部贸易仍然偏低，与深度一体化目标似乎有所脱节。2021 年，智利与其他三个成员国的货物贸易额仅占其外贸总额的 5.07%；哥伦比亚与其他三个成员国的货物贸易额仅占其外贸总额的 8.57%；墨西哥与其他三个成员国的货物贸易额仅占其外贸总额的 1.08%；秘鲁与其他三个成员国的货物贸易额仅占其外贸总额的 7%。[2]

由此可见，联盟的深度一体化在制度层面确实实现了，但制度上的优势尚未成功转化为内部贸易额的上升，这很大程度上与四个成员国的生产结构有关，因为生产结构难以在短时期内改变。但无论如何，联盟为实现深度一体化所做的制度构建确是其一大成就，它为联盟后续发展创造了条件。

其次，联盟基本实现为四个成员国经济和社会利益服务的目标。自联盟成立以来，其 GDP 总量基本保持增长态势，从 1.94 万亿美元（2011 年）增加到 2.13 万亿美元（2021 年），而拉美和加勒比地区 GDP 则从 6.09 万亿美元（2011 年）降至 5.45 万亿美元（2021 年）。[3]与此相对，在联盟成立以前的 5 年（2007—2011 年）内，这四个国家没有任何一年的经济增长率全部超过拉美和加勒比地区的平均水平。[4]虽然联盟四国的经济增长率受

---

[1] Carlo Dade and Carl Meacham, "The Pacific Alliance: An Example of Lessons Learned", *CSIS Report*, July 11, 2013, p.7, https://csis-prod.s3.amazonaws.com/s3fs-public/legacy_files/files/publication/130711_CDadeCMeacham_PacificAlliance.pdf, 2020-05-01.

[2] 数据来源：联合国贸易商品统计数据库（UN Comtrade Database），由笔者计算得出。

[3] 数据来源：世界银行开放数据库（World Bank Open Data）。

[4] 具体数据可查阅世界银行开放数据库。

到诸多因素影响，特别是新冠疫情、地缘政治等引起的全球经济增长乏力带来了问题，但从长期趋势来看，联盟成立后，四个成员国的经济发展总体向好。

太平洋联盟还将克服经济不平等作为其宗旨之一，该宗旨的实现情况可以通过基尼系数进行衡量。数据显示，自联盟成立以来，四个成员国的基尼系数均逐年小幅递减，这意味着其经济的公平性总体上正朝着良好的方向发展，但这种方向并不稳定，除墨西哥外，其他三国的基尼系数，近些年都有反弹趋势。[1]因此，总体而言，联盟在克服经济不平等上仍面临巨大挑战。

最后，关于联盟的对外关系方面，联盟的平台效应和品牌效应日益显现。第一，联盟在共享使领馆上做了很多努力。在加纳、越南、摩洛哥、阿尔及利亚、阿塞拜疆、法国以及经合组织，联盟都设立了共同使馆，既节省了外交资源，又展现了四国团结的姿态。[2]第二，在重要对外事务的决策上，联盟开始尝试以"一个声音说话"。比如，2013 年 1 月 26—27 日，在欧盟-拉美和加勒比国家共同体首脑峰会上，智利作为会议主办方，积极发挥主场外交优势，大力向欧盟投资者推介联盟，并承诺对欧盟开放市场。时任欧洲理事会主席范龙佩（Herman Van Rompuy）对联盟给予盛赞。[3]还有一个案例同样说明了联盟的团结。委内瑞拉因政治纷争驱逐哥伦比亚公民，作为回应，在 2015 年 8 月，哥伦比亚驻美洲国家组织使团要求召开外交部长协商会议，以商讨哥伦比亚公民在委内瑞拉的人道主义状况。召开这个协商会议需要美洲国家组织 34 个成员国的过半数支持（即 18 票），可最终只得到了 17 票，但值得注意的是，在投票过程中，联盟的四个成员

---

[1] 2011 年，智利的基尼系数为 46，到 2017 年降至 44.4，随后反弹至 2020 年的 44.9；哥伦比亚的基尼系数从 2011 年的 53.5 下降至 2017 年的 49.7，随后开始反弹，到 2020 年，哥伦比亚的基尼系数为 54.2；墨西哥的基尼系数从 2012 年的 48.7 下降至 2020 年的 45.4；秘鲁的基尼系数从 2011 年的 44.7 下降至 2019 年的 41.6，此后反弹至 2020 年的 43.8。数据来源：世界银行开放数据库，由笔者计算得出。

[2][3] Detlef Nolte, "The Pacific Alliance: Nation-Branding through Regional Organisations", *GIGA Focus*, No.4, August 2016, p.2.

国以及哥斯达黎加（候选成员国）都投了赞成票。2016 年 6 月 22 日，联盟四国外加两个候选成员国（哥斯达黎加和巴拿马）又投票赞成对委内瑞拉适用美洲国家联盟的民主条款。第三，联盟更是在利用多边场合展现自身形象方面不遗余力。2014 年 9 月 25 日，在联合国大会上，联盟部长理事会召开会议，这是联盟第一次在国际多边舞台亮相。在 2015 年 9 月举办的联合国大会上，联盟的四位总统参加由《金融时报》和联盟商业委员会组织的活动，宣介四国的投资机会。《金融时报》作为一家非常有影响力的媒体，专门撰写了一份报告，大大提升了联盟的知名度。[1]第四，联盟四国开展共同贸易和投资促进活动，在伊斯坦布尔和卡萨布兰卡都设有联合贸易促进办公室。

第二节
———
太平洋联盟的组织架构

太平洋联盟的组织化程度和欧盟等区域性国际组织虽有较大差距，但经过近些年的发展依然形成较为成熟的组织架构。联盟的组织架构及其功能主要通过《框架协议》得以确定，与此同时，联盟还通过首脑峰会等机制性安排完善和发展其组织架构。总体上，联盟的组织架构的主体部分由首脑峰会、部长理事会、高级别小组（GAN）、技术工作组等机构组成，辅之以轮值主席国、商业理事会、财政部长理事会等机构。鉴于联盟旨在成为一个与外部相连接的平台，候选成员国、（候选）联系国和观察员国同样可以视作其组织架构的衍生部分。

---

[1] "Investing in the Pacific Alliance Countries", *Financial Times*, 27 September 2015, https://www.ft.com/reports/investing-pacific-alliance-countries, 2022-12-28.

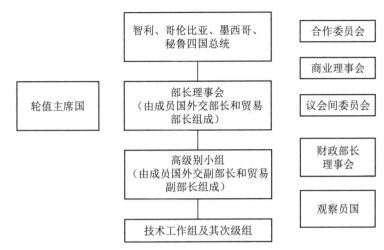

资料来源：太平洋联盟官方网站。

图1.1　太平洋联盟组织架构图

一、首脑峰会和轮值主席国

尽管没有明文规定，但首脑峰会无疑是太平洋联盟最重要的机构，联盟所有重要决策最终都要由四个成员国的总统一致同意决定，如《框架协议》、《附加议定书》和《太平洋联盟愿景2030》等重要文件都是在首脑峰会上达成的。尽管《框架协议》是联盟的宪章性法律文件，但首脑峰会先于《框架协议》产生，前者的实际权力凌驾于后者之上，可以决定后者的存废。从这个意义上说，首脑峰会其实是联盟真正的"立法"机构和最高决策机构。[1]

除了首脑峰会以外，联盟还设有轮值主席国（Presidencia Pro-tempore），由四个成员国按照国家名首字母顺序轮流担任，从每年的1月开始轮替。根据《框架协议》第7条规定，轮值主席国的职责在于：（1）组织召开总统会议；（2）协调部长理事会和联盟高级别小组会议；（3）备存会议记录

---

[1] 严格地说，太平洋联盟没有立法职能和相关程序，但鉴于首脑峰会所形成的文件对于联盟的发展具有至关重要的作用，因此，其在功能上有和立法机构相似之处。

和其他文件；（4）向部长理事会提交联盟活动方案设想，包括会议的日期、地点和议程；（5）代缔约方处理联盟的事务，开展具有共同利益的行动；（6）行使部长理事会明确授予的其他权力。

二、 部长理事会和高级别小组

根据《框架协议》第 4 条，部长理事会相当于太平洋联盟的决策执行机构，由各国外交部长和贸易部长或其他指定人员组成，负责执行《框架协议》和总统声明，其做出的任何决定必须经协商一致通过。部长理事会的级别仅次于首脑峰会，事实上一些重要的事项都是在部长理事会中协商讨论的，比如在 2013 年 8 月 6 日举办的第九届部长会议上，四个成员国完成了贸易谈判，为之后《附加议定书》的签署奠定了基础。但是，部长理事会基本上还是一个执行机构，负责落实成员国首脑达成的决议。

根据《框架协议》规定，部长理事会下设高级别小组。高级别小组在第一届峰会《利马宣言》中就有所提及，人员构成主要是外交部和贸易部的副部长，主要职责为监督技术工作组的工作，并为太平洋联盟制定管理其对外关系的战略。部长理事会在宏观上承担战略和政策职能，而高级别小组则负责在微观层面监督各技术工作组的工作。[1]

随着太平洋联盟职能范围的日益扩大，财政部长理事会依据第十届峰会发表的《帕拉卡斯宣言》的附件二成立，其作用是处理发展经济和金融一体化的日常工作，并直接向成员国总统汇报。在财政部长理事会下也设有特别小组，负责主持日常工作，如基础设施、金融一体化、贸易服务和灾难性风险预防等。

---

[1] Ana María Palacio Valencia, "The Pacific Alliance: Building a Pathway to the High-Hanging Fruits of Deep Integration", in Pierre Sauvé, Rodrigo Polanco Lazo and José Manuel Álvarez Zárate（eds.）, *The Pacific Alliance in a World of Preferential Trade Agreements: Lessons in Comparative Regionalism*, Cham: Springer, 2019, p.9.

三、　合作委员会

在太平洋联盟第十三届峰会上，四国总统宣布决定设立合作委员会（Consejo de Cooperación），由四国的合作主管部门组成，旨在促进、落实具体举措并改善与观察国的合作管理。2019 年 7 月 4 日，联盟部长理事会签署了关于太平洋联盟合作理事会职能的 5 号决定，明确该委员会的主要职能，包括：第一，根据联盟的优先事项和战略轴心，向国家协调员提出观察国和技术小组之间的指导方针；第二，指导和管理联盟与观察国的合作关系；第三，确定与委员会、各技术工作组的沟通和对话机制，以便根据观察员国提出的共同工作兴趣制定合作方案、项目和活动。

四、　商业理事会

太平洋联盟自开启一体化进程以来，就吸引了成员国商界人士的支持，这促成了联盟商业理事会（Consejo Empresarial）的成立。商业理事会在每个成员国都有代表团，每个代表团由 4 名商界人士组成，旨在促进一体化计划的实现。商业理事会制定了一套雄心勃勃的工作议程，其中包括金融一体化、税收规则、破产制度、贸易便利化、融通及各领域法规的协同，涉及技术法规、卫生与动植物检疫措施、物流效率、教育、公共采购以及创业与创新等方方面面。商业理事会目前在联盟中具有咨询作用，可以在加强成员国之间的合作方面为成员国政府和企业工会提供咨询建议。比如，2014 年 12 月的商业理事会宣言鼓励进一步就资本市场整合、养老基金以及航空服务进行协商。商业理事会已经成为企业、生产部门和政府官员之间的主要沟通桥梁，它决定了每个国家重要行业行为的主要关注点。[1]

---

[1] Ana María Palacio Valencia, "The Pacific Alliance: Building a Pathway to the High-Hanging Fruits of Deep Integration", in Pierre Sauvé, Rodrigo Polanco Lazo and José Manuel Álvarez Zárate（eds.）, *The Pacific Alliance in a World of Preferential Trade Agreements: Lessons in Comparative Regionalism*, Cham: Springer, 2019, pp.10—11.

五、 候选成员国、（候选）联系国和观察员国

太平洋联盟自建立之初就强调其开放性，因而建立与域外国家的关系成了它组织架构的一部分。联盟将非成员国划分为三类，即候选成员国、（候选）联系国和观察员国。

候选成员国是指以成为正式成员国为目标的国家。根据《框架协议》第 11 条的规定，加入联盟必须满足政治和经济两方面的要求。在政治上，要求申请国尊重民主法治，拥有有效的宪法秩序，实行国家权力分立原则，并且能够保护、促进、尊重和保障人权和基本自由；在经济上，要求申请国与每个成员国签订自由贸易协定。值得一提的是，巴拿马和哥斯达黎加早在 2012 年就申请加入联盟，并且在 2012 年 11 月的第五届首脑峰会上就被吸收为候选成员国。然而时至今日，这两个国家并未成为正式成员国。巴拿马未能加入联盟的主要原因是它和哥伦比亚之间在世贸组织中有贸易争端，因而巴拿马-哥伦比亚自贸协定谈判暂停，这致使巴拿马无法满足加入联盟的条件。[1]哥斯达黎加一度非常接近加入联盟。事实上，在 2013 年 5 月举行的联盟第七届峰会上，峰会已经决定吸收哥斯达黎加为第五个成员国，仅需哥斯达黎加的立法大会完成一些必要的审批手续。[2]然而，哥斯达黎加国内对加入联盟无法形成共识，认为加入联盟的步伐迈得过大，需要加以慎重考虑和研究，随后便将入盟事宜搁置。[3]2022 年 7 月 8 日，哥斯达黎加政府再次宣布其将寻求加入联盟[4]，但联盟对此并没有给予

---

[1] Detlef Nolte, "The Pacific Alliance: Nation-Branding through Regional Organisations", *GIGA Focus*, No.4, August 2016, p.3.

[2] 《哥斯达黎加被太平洋联盟接纳》，人民网，http://world. people. com. cn/n/2013/0527/c157278-21632684.html，2022-12-28。

[3] 《哥斯达黎加加入"太平洋联盟"或存变数》，中华人民共和国商务部网站，http://www. mofcom.gov.cn/article/i/dxfw/nbgz/201402/20140200496091.shtml，2022-12-28。

[4] "Costa Rica Solicitara el inicio del Proceso de Negociacion Para Incorporarse a La Alianza del Pacífico", 8 de julio de 2022, http://www.sice.oas.org/TPD/Pacific_Alliance/Background/Sol-Costa-Rica_s.pdf，2022-12-28.

实质性的回应。

　　（候选）联系国是指正在同联盟进行高标准经贸协定谈判的国家。联系国这个类别是联盟在 2017 年 6 月加利峰会上宣布的，它是为了便于联盟作为一个自贸区整体与第三国开展高标准经贸协定谈判而设置的类别。[1]同年 9 月 7 日，联盟将加拿大、澳大利亚、新西兰、新加坡列为候选联系国，并且开启和这个四个国家的自贸协定谈判进程。2018 年 7 月，联盟启动接纳韩国和厄瓜多尔成为候选联系国的研究，并于 2021 年启动与两国的自贸协定谈判。在 2022 年第十六届峰会上，联盟宣布将开启厄瓜多尔成为联盟正式成员国、韩国成为联系国的磋商工作。目前，联盟的官方网站取消了"候选成员国"专栏，取而代之的是"联系国"专栏，可见联盟意识到联系国对它来说具有更加重要的意义。

　　联盟的观察员国不设门槛，任何国家只要提出申请，经部长理事会一致同意即可取得观察员国资格。在联盟的积极推动下，许多国家成了联盟的观察员国。截至 2022 年 12 月 31 日，联盟共吸纳了 63 个观察员国，遍布五大洲，其中美洲 14 个，非洲 2 个，亚洲 13 个，欧洲 32 个，大洋洲 2 个。观察员国身份和候选成员国身份可以是重合的，只要观察员国与联盟成员国中半数国家签订了自由贸易协定，就可以申请成为候选成员国。为了发挥观察员国的作用，联盟将观察员国按照议题分为四个组：教育、科学技术与创新、中小企业国际化、贸易便利化。联盟还没有关于观察员国申请资格的具体规定，国际组织或单独关税区（如中国的港澳台地区）能否成为观察员国还未可知。

---

[1]　"Terminó en Ottawa la IV Ronda de Negociaciones de la Alianza del Pacífico y los países candidatos a Estado Asociado"，21 de mayo de 2018，https://alianzapacifico.net/termino-en-ottawa-la-iv-ronda-de-negociaciones-de-la-alianza-del-pacifico-y-los-paises-candidatos-a-estado-asociado/，2022-12-28.

表 1.2　太平洋联盟观察员国

现　状	国　家
观察员国 （63 个）	2012 年：哥斯达黎加、巴拿马（候选成员国）； 澳大利亚、加拿大、新西兰（2017 年被列为候选联系国）； 西班牙、乌拉圭
	2013 年：危地马拉、日本、多米尼加、厄瓜多尔（候选成员国）、萨尔瓦多、法国、洪都拉斯、巴拉圭、葡萄牙、中国、韩国、土耳其、美国、德国、意大利、荷兰、瑞士、英国
	2014 年：芬兰、印度、以色列、摩洛哥、新加坡（2017 年被列为候选联系国）、比利时、特立尼达和多巴哥
	2015 年：印度尼西亚、泰国、格鲁吉亚、奥地利、希腊、瑞典、丹麦、匈牙利、波兰、海地
	2016 年：捷克、挪威、斯洛伐克、埃及、乌克兰、阿根廷、罗马尼亚
	2017 年：斯洛文尼亚、立陶宛、克罗地亚
	2018 年：阿联酋、塞尔维亚、白俄罗斯
	2019 年：亚美尼亚、阿塞拜疆、菲律宾、哈萨克斯坦
	2022 年：巴基斯坦、爱尔兰、沙特阿拉伯、马耳他

注：更新至 2022 年 12 月 31 日。
资料来源：太平洋联盟官方网站。

六、 议题委员会和技术工作组

太平洋联盟还根据《附加议定书》中的不同议题，建立了议题委员会，负责监督相关议题的执行情况，它们分别是自由贸易委员会（PAAP第 16.1 条）、市场准入委员会（PAAP 第 3.17 条）、与原产地、贸易便利化和海关合作有关的原产地规则和程序委员会（简称"原产地规则委员会"）（PAAP 第 4.30 条）、稀缺供应委员会（PAAP 第 4.31 条）、卫生和动植物检疫措施委员会（PAAP 第 6.14 条）、技术性贸易壁垒委员会（PAAP 第 7.9 条）、政府采购委员会（PAAP 第 8.23 条）、投资和服务联合委员会（PAAP 第 10.33 条）以及金融服务委员会（PAAP 第 11.18 条）。

这些议题委员会的级别并不是完全平等的，比如，自由贸易委员会的级别较高，可以监督整个《附加议定书》设置的其他机构。除自由贸易委员会之外，市场准入委员会和原产地规则委员会也很重要，它们是整个太平洋联盟经贸制度得以运行的机制保障。

自由贸易委员会由太平洋联盟四国的部长级官员代表组成，设有委员会主席一职，由轮值主席国任命。自由贸易委员会的职能包括：（1）确保成员国遵守和履行《附加议定书》的规定；（2）评估执行结果；（3）根据《附加议定书》第17章的规定为争端解决程序提供帮助；（4）监督《附加议定书》设立的所有机构的工作；（5）处理可能影响《附加议定书》执行或缔约方要求的任何其他事项。2017年6月28日，自由贸易委员会根据《附加议定书》的授权，制定了自己的规则和程序。根据程序，自由贸易委员会每年须至少召开一次会议，且所有决定均以协商一致方式作出。[1]

市场准入委员会负责监测对《附加议定书》第3章（市场准入）及其附件规定的执行和解释，包括各国根据《商品名称及编码协调制度》（HS System）对商品分类的修正，以确保各成员国在《附加议定书》下承担的市场准入义务得以执行。市场准入委员会须在其职权范围内向自由贸易委员会提交建议。与第3章有关的双边问题也可在委员会内讨论。

原产地规则委员会每年至少举行一次会议，旨在监督《附加议定书》第4章（原产地规则）和第5章（贸易便利化和海关合作）相关规则的实施和管理。原产地规则委员会可根据实际情况，向自由贸易委员会递交关于《附加议定书》第4章和第5章的修改意见。

除了议题委员会，太平洋联盟还建立了技术工作组及其下属小组，由各成员国中技术官员组成，形成一种跨政府合作网络，旨在就相关议题进行讨论，从而形成规则草案供联盟决策机构参考。从联盟的实践来看，技术工作组的设立和取消相对灵活，成员国认为某一议题需要讨论即可成立工作组。由于有些议题虽然重要，但比较复杂，联盟成员国未能形成

---

[1] Decisión N°2：Reglas y Procedimientos de la Comisión de Libre Comercio, 28 de junio de 2017, https://alianzapacifico.net/download/decision-n2-reglas-y-procedimientos-de-la-comi-sion-de-libre-comercio/?wpdmdl = 12790，2022-12-28.

共识，因此在《附加议定书》中相关规则尚付阙如（比如劳工和环保等议题），而技术工作组的价值就在于其为相关规则未来的谈判和制定创造了条件。

第三节
———

区域安排的多样性与太平洋联盟的特点

以往对区域安排的研究不太重视其多样性，事实上，区域安排并不存在一个单一的模式，而是各具特点。不同的区域安排在主要议题、组织化程度以及开放程度上都存在很大差异。

一、区域安排的多样性

学者通常认为，区域安排的发展路径是单线式的，从低级到高级可以划分为不同阶段。这种学说影响最深远的莫过于贝拉·巴拉萨（Bela Balassa）提出的五阶段理论，它几乎成了区域安排发展进程的通说观点，不仅被诸多学者采纳，还成了世贸组织等国际机构划分区域贸易协定类型的重要参考依据。巴拉萨认为，区域安排的发展会经历五个阶段，分别是自由贸易区（free-trade area）、关税同盟（customs union）、共同市场（common market）、经济联盟（economic union）和完全的经济一体化（complete economic integration）。[1]自由贸易区是水平较低的区域一体化形式，它要求成员国将区域内部关税削减到一定程度并且基本取消贸易配额，但成员国可以保存对非成员国的贸易壁垒。关税同盟要求在自由贸易区的基础上，成员国对非

---

[1] Bela Balassa, *The Theory of Economic Integration*, London: George Allen & Unwin, 1969, p.2.

成员国实行共同的关税，防止非成员国将货物出口到关税较低的成员国，然后利用区域内的自由贸易获利。共同市场是更高一层的一体化，除了要求各成员国保持统一的对外关税外，还要实现商品、资本、劳动和人员等生产要素的自由流通。经济联盟更是要求在共同市场的基础上，在实现经济和社会政策上协调一致。完全的经济一体化则是一体化的最高阶段，不仅要求货币、财政、社会和逆周期政策的统一，还要求建立超国家机构并制定对成员国具有约束力的决策。

巴拉萨单线式发展理论隐含的假设是：所有区域安排的发展进程都将沿着上述五个阶段前进，除非受到某些因素的制约而停留在某个阶段。这种单线性思维模型深刻影响了后来的区域主义理论。比如，新功能主义理论认为，一体化的过程是从单一的功能性领域合作外溢到多个功能性领域合作的过程。[1]新功能主义理论虽然没有像巴拉萨一样清晰地勾勒出五个阶段，但基本认同一体化是由简单到复杂、由单一到复合的过程。

事实上，用单线式思维理解区域主义发展具有一定误导性。首先，在实践中，一体化的发展路径远比理论假设要丰富得多。比如，1968 年 7 月，在建立自由贸易区之前，欧洲已经实现了部分要素的自由流动；又如，东非共同市场（EAC）在财政和货币政策上相互协调，但是在生产要素自由流动上却做得很不够。[2]这就意味着，即便自贸区尚未建立，共同市场的建设也可以启动。换言之，跨阶段式的发展现象是存在的，而这恰恰是巴拉萨五阶段理论所无法解释的。再如，在拉美一体化过程中，各种不同目的和宗旨的次区域性国际组织也并非按照单线式进程发展，像玻利瓦尔联盟（ALBA）在成立之初就开始讨论政治协作，而不是按部就班地先开展自由贸易谈判。其次，巴拉萨的五阶段理论在宏观上看是成立的，大体上可以描述一些区域安排的发展进程，但在微观上看，该理论还存在一些问题。

---

［1］ 参见 Ernst B. Haas, *The Uniting of Europe: Political, Social, and Economic Forces, 1950—1957*, Stanford: Stanford University Press, 1958。

［2］ Joseph S. Nye, "Comparative Regional Integration: Concept and Measurement", *International Organization*, Vol.22, Issue 4, 1968.

如果用较长的时间尺度来观察，欧洲一体化基本是沿着五阶段发展理论所描绘的路径演进，从最初的欧洲煤钢共同体，到欧洲经济联盟，再到欧共体，最后发展为现在的欧盟，欧洲一体化一步一步走向成熟。然而，若对欧盟发展做更细致的考察，则可以发现巴拉萨的理论很难解释一体化进程的细节。目前欧盟虽然处于经济联盟和完全的经济一体化之间的阶段，在其有些领域一体化程度很高，而在另一些领域，成员国的权利让渡就比较有限。例如，关于外国投资审查事宜，欧盟成员国仍具有更大的自主性，该问题不完全属于欧盟共同商业政策的范围。[1]最后，五阶段理论的现实意义正变得越来越小。如今，在区域贸易协定中，人们普遍关注的是规则深度和标准高度，也就是相较世贸组织规则而言，某个区域贸易协定规则是否更加有利于贸易和投资的自由化和便利化。《跨太平洋伙伴关系协定》通常被认为是标准最高的区域贸易协定之一，但若按照巴拉萨的理论分类，它仅仅是一个自由贸易区，连关税同盟都算不上，属于低阶的区域安排，这显然低估了《跨太平洋伙伴关系协定》的重要意义。

二、 区域安排的衡量标准

约瑟夫·奈（Joseph S. Nye）发现单线式理论无法对丰富多元的区域主义实践作出很好的解释，这阻碍了区域主义的比较研究的进展。在此基础上，约瑟夫·奈提出了研究一体化的新思路，即将一体化划分为不同的类型，以避免单线式逻辑的弊病，从而为区域一体化安排的比较研究打下基础。[2]虽然他的研究在当时并没有引起足够的重视，并且他此后也不太关注区域主义的相关研究，但其关于区域主义分类的多元化思维模型极具

---

［1］ 欧盟于 2019 年 3 月通过《欧盟外国直接投资审查框架》以加强在欧盟层面对外国直接投资的审查，但是该法案并没有要求欧盟成员国将投资审查的权利交给欧盟，而是依然承认成员国在外资审查上的主体地位。参见蒋璇芳、张庆麟：《欧盟外国直接投资审查立法研究——从产业政策的角度》，《上海对外经贸大学学报》2019 年第 2 期。

［2］ 参见 Joseph S. Nye, "Comparative Regional Integration: Concept and Measurement", *International Organization*, Vol.22, Issue 4, 1968。

启发性。

　　顺着约瑟夫・奈的研究可以发现，巴拉萨的五个阶段理论其实仅考虑了经济自由化的维度，而事实上按照不同标准还可以将区域安排划分为不同类型。要考察当今世界的所有区域安排，至少还应该加入议题多元化程度、组织化程度和开放程度三个维度。[1]

　　第一，以区域安排主要解决的议题多元化程度为标准。根据这个标准，首先可以将区域安排划分为综合性和单一性的。欧盟就是典型的综合性区域安排，它不仅涉及经济领域，还涉及政治、安全和社会治理等方方面面的合作领域，而欧盟的前身——欧洲经济共同体则功能相对单一，基本属于单一性的区域安排。在单一性的区域安排中，又可以根据具体议题作划分，有的区域安排主要功能是政治和安全领域的合作，比如北约；有的区域安排则主要关注经贸领域，比如《北美自由贸易协定》（NAFTA）。

　　第二，以区域安排的组织化程度为标准。组织化主要表现为法律与政治的适度分离。尽管法律和政治是紧密相连的两个方面，但是两者随着组织化程度的加强会有所分离。具体到区域安排上，考察某个区域安排的法律和政治是否分离主要要看它是否具有国际法意义上的独立法律人格，如果有，则意味着它可以独立承担法律责任而无需由其成员负直接责任。一般具有法律人格的区域安排会设立秘书处，其工作虽然不能完全和成员的政治进程分离，但还是会保持一定的独立性。此外，考察政治和法律的分离度还要看该区域安排是否可以制定和执行法律规则。有些组织化程度较高的组织拥有创造规则的权利，对各成员具有约束力，有的组织甚至拥有自己的司法机构，可以解决成员之间在法律适用上的纠纷，并对其制定的

---

[1] 对国际组织的类型划分主要根据两个标准，一个是成员国的标准（membership criteria），另一个是授权的功能（mandated function），前者是开放度的重要指标，后者的授权可从主要议题中得知。参见 Cheryl Shanks, Harold K. Jacobson, and Jeffrey H. Kaplan, "Inertia and Change in the Constellation of International Governmental Organizations, 1981—1992", *International Organization*, Vol.50, Issue 4, 1996. 我在此基础上增加一个维度，即组织化程度。

规制作出解释。

例如，欧盟就是典型的组织化程度非常高的区域安排。欧盟首先是建立在《欧洲联盟条约》《欧洲联盟运行条约》《建立欧洲原子能共同体条约》等一系列宪章性的法律文件之上的，它们赋予欧盟国际法主体资格[1]，而且支撑欧盟的法律对各成员国都有较强的约束力，大多属于硬法。欧盟还有自己的"立法""行政"和"司法"机构，可以创造规则、适用规则并解释规则。与欧盟形成鲜明对比的是一些区域性倡议和论坛，虽然它们的运行同样依赖许多成文和不成文的法律规则，但却往往缺少宪章性的法律支撑，比如大湄公河次区域经济合作（GMS）就属于组织化较低的区域安排。

第三，以区域安排的开放程度为标准。按照这一标准，可以将区域安排大致分为开放型和封闭型。虽然区域安排或多或少都会给予内部成员更优惠的待遇，但在对外关系上则有很大差别。有的区域安排以构建关税同盟为首要目标，要求成员对外建立较高的关税壁垒，并且不得和区域外其他国家签订自由贸易协议，比如南方共同市场曾经就属于这类区域性国际组织。当然，关税壁垒只是封闭的一种表现，像《美墨加协定》（USMCA）在汽车制造领域设置了非常高的原产地规则，限制了区域外国家汽车和零部件的进口，也是封闭内向型的一种表现。有的区域安排以建立自由贸易区为导向，秉持开放式的理念，对区域外商品、服务和投资的限制不大，也不反对内部成员和外部国家缔结经贸协定。

三、太平洋联盟的特点

第一，从主要议题来看，它基本上是一个以经贸议题为主的单一性区域性国际组织。尽管联盟也讨论劳工、人权、环境议题，但将这些议题视

---

[1] European Union，*The ABC of EU Law*，Luxembourg：Publications Office of the European Union，2017，p.19.

为经贸规则的衍生性、关联性问题。[1]像政治和安全这类议题，几乎未有涉及，在这方面与玻利瓦尔联盟这样具有很强政治导向性的区域安排有很大差异。事实上，秘鲁和智利在海洋划界问题上尚存争议，双方最终将争端提请至国际法院。[2]太平洋联盟未曾也不打算将这类议题纳入其中。目前，联盟已经建成自由贸易区，成员国在很多经济议题上有较为密切的合作与协调，预计联盟仍将沿着区域自由贸易协定的发展路径继续向前。根据《框架协议》和《附加议定书》的规定，结合《太平洋联盟愿景 2030》文件的内容可以看出，联盟专注于经贸议题，在未来将地区安全和政治议题作为其主要议题的可能性较低。

第二，从组织化程度来看，联盟仍然处于较低水平。联盟的法律与政治高度混同。首先，联盟至今未设秘书处，这就意味着联盟组织内没有一个固定的文官系统负责处理各种行政事务，而联盟设立轮值主席国其实是对秘书处缺失的一种代偿。其次，联盟没有独立的造法和司法职能。欧盟有一套复杂的立法程序，欧盟委员会、欧盟理事会、欧洲议会等机构都享有一部分法律创制权，欧盟法的效力原则上甚至高于成员国国内法。[3]以欧盟为标尺反观联盟可以发现，迄今为止联盟各项重要规则主要依靠首脑峰会，四国总统每 6 个月或 12 个月举行一次会议，并通过宣言的形式来发布需要部长理事会和技术工作组去执行的工作。这种模式本质上是政府间主义，是依靠政治力量来推动法律规则的发展。最后，在联盟的组织架构中，很多机构的职能没有成文的规定，《框架协议》仅对首脑峰会和轮值主席国、部长理事会和高级别小组作了较为宽泛的规定，如议会间委员会、商业委员会、议会监督委员会、技术工作组等其他机构的职能仅散见于总

---

[1]　事实上，如人权、劳工、环境等议题同样是广义国际经济法所研究的重要议题。参见 Matthias Herdegen, *Principles of International Economic Law*（*Second Edition*）, Oxford: Oxford University Press, 2016, p.3。

[2]　Maritime Dispute（Peru v. Chile）, https://www.icj-cij.org/en/case/137, 2022-12-28.

[3]　参见程卫东、李靖堃译：《欧洲联盟基础条约：经〈里斯本条约〉修订》，社会科学文献出版社 2010 年版。

统宣言等文件中，并没有通过正式的法律文件加以规定。

第三，从开放程度上来看，联盟属于开放型的区域贸易协定。联盟四个成员国都秉持新自由主义和开放的区域主义，倡导贸易和投资自由化，并重视和域外国家的经贸往来。联盟成立以后，四个成员国依然可以自由地与同盟外其他国家达成自由贸易协定，不会受到联盟约束。在经贸规则上，联盟开放度很高，符合"21世纪国际经贸规则"的标准，它对区域外国家的贸易和投资限制很小（详见第四章）。在实际运作中，正如前文所述，联盟内部货物贸易额较低，绝大部分贸易是同域外国家开展的，因而继续保持对外开放符合太平洋联盟的发展战略。

本章小结

本章对太平洋联盟的成立背景、发展进程、主要成就和组织架构作了介绍，并分析了联盟的基本特点。

联盟虽然刚成立不久，但已然成为拉美地区重要的次区域合作组织之一，引起了国家和国际组织的广泛关注。联盟发展速度较快，仅用5年时间就基本完成建章立制过程，并且在深度一体化发展、促进成员国的经济发展和社会公平以及对外交往方面都取得令人瞩目的成绩。

从议题多元化、组织制度化和机制开放度这三个维度的多元视角考察联盟可以看出：首先，联盟本质上属于区域贸易协定，其核心议题是经贸，尽管联盟也讨论劳工、人权和环境等问题，但这些都是联盟经贸规则的衍生性议题。其次，联盟的组织化程度不高。尽管《框架协议》和《附加议定书》确立了联盟的规则体系，且联盟也有自身的一套组织架构，但是联盟内部的政治进程和法律进程高度重合，首脑峰会扮演了"立法"机构的角色，轮值主席国则承担了秘书处的职能。最后，联盟的开放程度较高，它以新自由主义和开放的区域主义为指引，倡导贸易和投资自由化，并特别重视同域外国家的经贸往来。

第二章

太平洋联盟研究的
理论框架

　　上一章简要介绍了太平洋联盟（AP）的成立背景、发展成就、组织架构和制度特点，而要进一步理解该联盟，就需要一套理论架构。早在20世纪50年代，学者就对区域性国际组织开展了研究，并形成了区域主义理论，但这些理论主要是为了指导和解释欧洲一体化，对其他区域一体化实践，特别是发展中国家的区域合作实践不够重视。[1]随着区域主义实践的不断发展，区域主义理论也应与时俱进。本章首先对既有区域主义理论作一个全面梳理，揭示其不同的理论背景和观点主张；然后分析这些理论在社会科学意义上的不足之处；最后，引入组织生态学的知识，对区域主义理论开展新的探索，从而为该联盟研究搭建一个理论框架。

---

[1]　参见马嬷：《区域主义与发展中国家》，中国社会科学出版社2002年版。尽管许多学者已经意识到区域主义研究过于注重欧洲经验，并试图纠正这个弊病，但是相关理论成果仍然难以摆脱欧洲经验，只是在既有的理论内核的基础上作一些修正，参见 Ernst B. Haas and Philippe C. Schimitter, "Economics and Differential Patterns of Political Integration: Projections about Unity in Latin America", *International Organization*, Vol. 18, Issue 4, 1965。

第一节

————

区域主义理论综述

区域主义研究汗牛充栋，各种理论流派不一而足。在研究区域主义理论时，首先要区分指导性理论和学术性理论。指导性理论是实现区域合作的具体政策主张，严格说并不是真正意义上的理论，学术性理论则是用以解释区域主义的学理性总结。有的学者在概述区域主义时，并未区分两者，从而造成不必要的混淆。比如，联邦主义（federalism）和超国家主义（supranationalism）就是一种指导性理论，它们都是对实现区域合作的途径与方法的概括，而非对区域主义的缘起、发展与特点的学理解释。[1]本章试图将指导性理论排除出分析范围，仅介绍学术性理论。

一、 功能主义与新功能主义

功能主义和新功能主义理论是区域主义研究中最具影响力的理论。

（一）功能主义

功能主义理论认为，国家之间应当加强在低敏感功能领域的合作，以达到建立互信，进而构建共同的和平与繁荣，比如在共享气象信息、开辟民航航线、防治传染病等领域。在政策层面，功能主义的核心要义是鼓励国家建立具有特定功能的、拥有有限且具体职权的国际机构。[2]虽然功能

---

[1] 当然，指导性理论和学术性理论互相之间也存在转换。指导性理论经过系统建构后，也能成为学术性理论，比如，（新）功能主义和政府间主义最初都是政策主张，但是（新）功能主义和政府间主义后来得到学者的充分阐释，成为解释区域主义现象的重要学术理论。同样，学术性理论也能转化为具体政策来指导实践。

[2] Mark F. Imber, "Functionalism", in *Encyclopedia Britannica*, https://www.britannica.com/topic/functionalism-international-organizations, 2022-12-28.

主义主张国际合作，但在实践中它并不赞同采取联邦主义路线，后者企图完全消除国家主权的壁垒，一步到位地实现政治一体化。功能主义在政策运用上非常务实，并不像联邦主义那样高度理想化，它意识到国家主权观念依然根深蒂固，在较短时间内无法消除，因此主张在功能领域中加强合作，循序渐进，最终构建一个和平的国际体系。[1]

（二）新功能主义

在继承了功能主义的基本观点后，厄恩斯特·哈斯（Ernst Hass）、菲利普·施密特（Philippe Schmitter）、利昂·林德伯格（Leon Lindberg）等人在欧洲一体化实践的基础上，提出了新功能主义。该理论经过一批杰出的国际关系学者的不断完善与修正，成为 20 世纪 50 年代至 60 年代的区域主义理论的主流。[2]

新功能主义的核心观点认为，区域一体化是一个功能不断溢出的过程。首先，国家在某一具体功能领域开展了成功的合作，由于某个具体功能领域无法孤立的存在，它必然与其他功能领域相连接，因此为了促进在该功能领域的合作，就需要行为体在与之相关联的领域也开展合作。一旦这种进程能够顺利开展，它就会呈现出功能领域上的溢出现象，其外在表现就是区域合作的深化与泛化，而这正是区域主义不断向前发展的过程。此外，随着合作范围逐渐扩大，人们的认同也会随之发生改变，人们会将忠诚逐

---

[1]　参见 David Mitrany，*A Working Peace System*：*An Argument for the Functional Development of International Organization*，London：Royal Institute for International Affairs，1943。

[2]　在政策实践层面，在欧洲一体化过程中，最早占主导地位的是联邦主义，然而联邦主义的实践在现实中遇到了巨大阻力，在 1953—1954 年间趋于停顿，但欧洲的一些功能性制度安排（如欧洲生产力机构、欧洲运输部长理事会、欧洲核子研究理事会、欧洲民航会议）却如雨后春笋般蓬勃发展。正是在这个背景下，新功能主义理论诞生并逐渐占据了主导地位。其实，联邦主义主导地位的丧失主要是因为其理论建构未能有效地开展，相对于新功能主义而言，联邦主义缺少了一些学理依据。参见［美］卡尔·多伊奇：《国际关系分析》，周启鹏等译，世界知识出版社 1992 年版，第 314 页。

渐从国家转移到地区层面，形成一种地区认同感。[1]

新功能主义对功能主义的继承在于：第一，发展了功能主义的衍生说（doctrine of ramification），并提出了溢出说；第二，都强调先从低敏感领域合作入手，来促进一体化的发展。但新功能主义又明显区别于功能主义：一方面，它更加强调区域层面超国家机构的作用，另一方面，它更加聚焦于国家内部利益集团等行为体在一体化过程中的互动。

新功能主义发展并非一帆风顺。它虽然对 20 世纪 50 年代的欧洲一体化进程具有很强的解释力和现实指导意义，但到 1965 年却受到重大挑战。1965 年，法国戴高乐政府反对欧洲经济共同体的超国家性质，反对理事会在大多数决议中采取多数表决制，因而拒绝参加理事会会议，造成欧洲经济共同体的生存危机，也对新功能主义理论造成极大冲击。面对新形势，连哈斯也不得不承认他当年提出的理论已经过时。[2]

在此背景下，许多理论家试图从各方面完善和修正新功能主义理论。约瑟夫·奈指出了哈斯的理论存在的诸多问题。[3]第一，哈斯对因变量的选择不够准确。哈斯将区域主义的因变量设定为政治一体化和随之而来的忠诚转移，这两者都与实践脱节，有些区域主义并不以追求政治一体化为目标，而仅仅追求经济上的相互依赖。第二，哈斯关注的行为体太少，他太过于注重技术领域的专家和利益集团的作用，反而忽略了政客、意见领袖以及因一体化而利益受损的团体。第三，一体化进程不完全像哈斯所描述的，是单线正向循环的，它可能会出现后退和停滞，因为一体化不仅是底层行为体的利益诉求，还会受到政治安排的左右。第四，溢出效应的发展并不是一帆风顺的。行为体交往的日益频繁并不一定导致合作范围的扩

---

[1] 参见 Ernst B. Hass, *The Uniting of Europe: Political, Social, and Economic Forces, 1950—1957*, Stanford: Stanford University Press, 1958。

[2] Ernst B. Haas, "Turbulent Fields and the Theory of Regional Integration", *International Organization*, Vol.30, Issue 2, 1976.

[3] Joseph S. Nye, "Comparing Common Markets: A Revised Neo-Functionalist Model", *International Organization*, Vol.24, Issue 4, 1970.

大，还可能对制度的集权程度提出新的要求，这将进一步考验国家的合作意愿。第五，哈斯忽略了域外行为体对一体化的影响。事实上，一些重要的域外行为体对区域一体化既可以发挥积极作用，也可能带来消极影响。

经过修正，新功能主义理论在保持其核心要义的基础上，维持了持久的活力。总体而言，新功能主义对欧洲区域一体化的解释非常有力。欧洲从煤钢联营开始，到原子能共同体和经济共同体，逐渐发展成为政治一体化组织——欧洲联盟，甚至一度有建成超国家联盟的可能，这些历史事实都验证了新功能主义的核心思想。但是，尽管新功能主义者试图修正其理论，使之能够适用于解释拉美等非欧洲地区的一体化经验，但始终未能跳出欧洲中心论的窠臼。[1]

二、政府间主义

如果说（新）功能主义因强调国家合作与绝对利益可以被划归到自由主义范式之下，那么政府间主义则可以被划归到现实主义范式之下。政府间主义最早是一种实现欧洲一体化的具体政策路径，主张国家在具体领域开展合作的同时保留国家主权，这点与超国家主义形成鲜明的对比，因为后者主张国家把全部或大部分主权让渡给超国家机构。事实上，在当今欧盟的制度设计中，欧盟理事会就是政府间主义的体现，而欧盟委员会、欧洲议会和欧洲法院则体现了超国家主义的主张。

学理上的政府间主义理论出现于 20 世纪 60 年代，是在批判新功能主义理论的过程中形成的。在政府间主义的理论家看来，新功能主义的缺点主要在于：第一，过于强调超国家行为体的作用，忽略了国家对于区域一体化的主导性地位；第二，夸大溢出效应的作用，溢出效应在低政治领域可能是有效的，但难以在高政治领域得到展现，诸如外交、军事和安全等

---

[1] 参见 Ernst B. Haas, "International Integration: The European and the Universal Process", *International Organization*, Vol.15, Issue 4, 1961。

高政治领域依然由国家行为体牢牢把控，如果缺少政府间层面的沟通就难以按照新功能主义的路径实现合作；第三，无论是民众还是精英，都未能像新功能主义所描述的那样将忠诚从民族国家转移到超国家行为体。[1]

政府间主义作为一个学术理论的发展总体上经历了两个阶段，最初是由斯坦利·霍夫曼（Stanley Hoffman）等人提出的现实政府间主义（realist intergovernmentalism），此后，安德鲁·莫拉维切克（Andrew Moravcsik）又提出了自由政府间主义（liberal intergovernmentalism）。

现实政府间主义秉持现实主义对国际关系的基本假设，认为国家是国际关系中最重要的行为体，区域一体化的进程是国家间谈判的结果，只有符合国家自身利益时，国家才会推动区域一体化的发展。由于国家对主权的让渡是有限的，因此现实政府间主义认为，区域一体化的发展具有天然的局限性，很难实现新功能主义预想的政治一体化，因为国家行为体不可能以消灭自身为代价去创造一个新的行为体。霍夫曼指出，在涉及国家利益的重要领域，国家还是倾向于将控制权掌握在自己手中，保持一定的独立自主。[2]

莫拉维切克将政府间主义的理论化程度推向新高度。他认为，政府间的沟通和国际机制可以解释欧盟演化，但是其理论不同于现实政府间主义的地方在于，政府的理性行为在国内会受到社会压力的影响，在国际舞台上会受到国际战略环境的左右。[3]自由政府间主义将自由主义的相互依赖理论与政府间主义相结合，其理论核心由三部分组成：国家理性行为假设、自由主义的国家偏好形成以及政府间主义的国家沟通分析。[4]对于区域一体化的解释，自由政府间主义从供给和需求两个方面展开论述：需求端是国家利益和偏好形成，这个方面基本上符合自由主义关于国内行为体如何

---

[1] 张茂明：《欧洲一体化理论中的政府间主义》，《欧洲研究》2001 年第 6 期。

[2] Stanley Hoffmann, "Obstinate or Obsolete? The Fate of the Nation-State and the Case of Western Europe", *Daedalus*, Vol.95, Issue 3, 1966.

[3][4] Andrew Moravcsik, "Preferences and Power in European Community: A Liberal Intergovernmentalist Approach", *Journal of Common Market Studies*, Vol. 31, No. 4, 1993.

影响外交政策的论述，它揭示了国家为什么会形成实现区域一体化的现实需求；供给端是国家之间的沟通与博弈，它决定了区域一体化最终会达到什么程度，对各国的利益分配会产生什么影响。[1]

莫拉维切克认为，自由政府间主义与新功能主义存在三点不同之处。第一，虽然两种理论都将国内行为体纳入理论视野，但新功能主义强调国内功能领域的共识，而自由政府间主义强调国内行为体之间的博弈与竞争。第二，新功能主义强调增进共同利益的机会，即国家绝对实力的获得，但自由政府间主义强调国家相对实力的获得。第三，新功能主义强调超国家机构对谈判结果的塑造，而自由政府间主义则强调国家领导的自主性对地区制度的负面影响。[2]

由此可见，自由政府间主义其实在很大程度上借鉴了双层博弈理论，即从国家行为体的角度，把一体化过程当作国家的对外政策，也就是国内和国际双层博弈的结果。[3]在国内层面，社会行为体按照国内政治博弈的途径做出政治表达，进而生成国家的利益和偏好，而在国际层面，国家与国家之间也有战略博弈，各国通过谈判和沟通达成协议。正是这种国内与国际双层互动的结果，决定了区域一体化的具体结果和未来走势。

自由政府间主义同样受到许多学者的批评，他们指出自由政府间主义在论述国家利益和偏好的生成过程中，忽略了文化等非物质性因素。彼得·霍尔（Peter Hall）和罗斯玛丽·泰勒（Rosemary Taylor）认为，自由政府间主义忽略了机制的作用。区域主义的发展一方面受到制度发展中路径依赖的作用，另一方面还受到非正式规则、程序、规范、认知、道德等因素的影响，这些都赋予地区机制以合法性和社会适当性（social appropri-

---

[1][2] Andrew Moravcsik, "Preferences and Power in European Community: A Liberal Inter-governmentalist Approach", *Journal of Common Market Studies*, Vol. 31, No. 4, 1993.

[3] 关于双层博弈理论参见 Robert D. Putnam, "Diplomacy and Domestic Politics: The Logic of Two-Level Games", *International Organization*, Vol.42, Issue 3, 1988。

ateness)。简言之，文化在区域主义中扮演着重要的角色。[1]

三、 建构主义理论

随着建构主义国际关系理论逐渐成为主流范式之一，一些学者开始用该理论范式来考察区域主义。杰弗里·切克尔（Jeffrey Checkel）和阿米塔夫·阿查亚（Amitav Achaya）等建构主义学者着眼于欧盟、东盟的最新实践，进一步丰富和发展了区域主义理论。

冷战结束后，欧洲一体化发展进入了新阶段，欧洲政治精英开始考虑将原东欧社会主义国家逐步纳入欧洲一体化进程，因此，欧洲身份、认同和文化等因素是否适用于东欧国家就成了一个重要问题。[2]在此背景下，切克尔首先尝试将建构主义引入欧洲一体化理论，重点探讨行动者为什么遵守欧洲规范。在他看来，有两种理论范式可以理解这个问题：一是传统的理性选择理论，主张行为体是否遵守规范完全是出于自身利益的考量，当收益大于成本时就会选择遵守；二是建构主义理论，主张行为体遵守规范是社会化的结果。在这两种理论视角中，切克尔的研究主要集中在后者，他认为，以往建构主义理论都是只看结果，即社会化后的国家是否遵守国际规则，却忽略了社会化过程本身。[3]切克尔发现，既有的建构主义研究运用的是社会心理学，探究的是社会制裁对行为结果的影响，其实在很大程度上与理性选择理论并无差别，其本质是将社会角色当作一种利益，而建构主义理论真正的突破口在于通过社会互动对学习（learning）和劝说（persuasion）的过程作出解释，因为这个过程才是行为体角色和偏好发生

[1] Peter A. Hall and Rosemary C. R. Taylor, "Political Science and the Three New Institution-alism", *Political Studies*, Vol.44, Issue 5, 1996.
[2] Jeffrey T. Checkel, "International Institutions and Socialization in Europe: Introduction and Framwork", in Jeffrey T. Checkel (ed.), *International Institutions and Socialization in Europe*, Cambridge: Cambridge University Press, 2007, pp.3—5.
[3] Jeffrey T. Checkel, "Why Comply? Social Learning and European Identity Change", *International Organization*, Vol.55, Issue 3, 2001.

改变的过程。切克尔将劝说分成两类：一种是操纵性劝说（manipulative persuasion），例如政治精英操纵大众，它是非社会的，而且缺少互动，这点在很多理性选择理论中已有所体现；另一种是争论性劝说（argumentative persuasion），即通过互动的社会进程，在没有强制的情况下寻求行为体态度和偏好的改变。当然，尽管切克尔的关注点在于学习与劝说，但是他并不否认理性选择和社会制裁的作用，他指出了三类遵守：一是基于成本收益计算的遵守；二是在社会制裁下的遵守；三是通过社会互动以及学习和劝说机制导致行为体偏好和认同的变化。[1]

　　严格来说，切克尔关于规则遵守的理论与区域主义理论是两个研究议题，但是两者显然也不是割裂的。切克尔的研究开拓了区域主义研究的新课题。在切克尔之前的区域主义理论大多只关注区域一体化如何形成，这显然是不够的；事实上，一体化建成后，无论其一体化程度如何，都需要依靠一定有形和无形的规范作为支撑，而行为体是否遵守和接受这些规范就意味着一体化成果是被维持、深化、拓展，还是崩溃。此外，切克尔还指出了区域规范的传播理论，这意味着区域主义除了关注物质性要素，也开始考察非物质性要素。[2]

　　阿查亚在切克尔等学者的基础上，进一步发展了区域规范传播理论。他指出，规范的传播不仅表现为区域制度"教授"给区域成员国的过程，还表现为区域成员国对外来制度的"学习"过程。阿查亚认为，规范传播的结果不外乎三种：一是行为体全盘接受并遵守之；二是行为体抗拒之；三是规则通过演化和路径依赖的形式被行为体接受。[3]在阿查亚看来，第三种方式就是需要被重点讨论的"地方化"（localization）的过程。阿查亚认为，地方化意味着规范的接受者努力实现跨国规范和地方信念与实践的

---

[1] 参见 Jeffrey T. Checkel，"Why Comply? Social Learning and European Identity Change"，*International Organization*，Vol.55，Issue 3，2001。

[2] 哈斯提出的新功能主义理论中也包含关于忠诚转移的研究，但他并没有将其作为一项独立的变量专门进行研究。

[3] Amitav Acharya，"How Ideas Spread: Whose Norms Matter? Norm Localization and Institutional Change in Asian Regionalism"，*International Organization*，Vol.58，Issue 2，2004.

一致，是接收者发挥能动性积极参与规范建构的过程。[1]同时，阿查亚还指出，地方化能否成功主要取决于两个因素：一是规范传播者对主要规范接受者而言是否拥有合法性和权威性；二是既有的地方规范的力量、地方行为体的权威以及地方本土文化的特征和传统。[2]将两者综合起来，地方化的成败取决于外来跨国规范与既有的地方规范之间的冲突程度，如果外来规范本身合法性较强且与地方规范和文化特征相契合，那么外来规范就容易被接受或被成功地改造，反之则会被拒绝。例如，"共同安全"规范和"人道主义干预"对东南亚国家联盟（以下简称东盟）来说都是外来规范，但在东盟的传播过程却大相径庭：前者因为与东盟既有的文化和规范存在较高的契合度，因此经过东盟的改造后，在保留核心思想的基础上，被赋予新的内涵，变成能够被东盟成员国接受的"合作安全"；而后者则因为理念合法性不强，且与东盟国家秉持的传统理念格格不入，最终无法被东盟接受。[3]

第二节

社会科学基石性范式与既有区域主义理论的不足

通过上文对既有区域主义理论的综述，我们可以看到每一种理论都有能解释的特定现象，但又存在一些缺陷和不足。问题的关键是：究竟哪种理论的解释力更强或者更具普遍适用性？对于该问题，如果仅从不同的区域主义理论本身出发似乎无法找到令人满意的答案，比如，新功能主义和政府间主义都能举出理论和事实依据去反驳对方。因此，若要把握各种区域主义理论的价值，就有必要深入探究区域主义理论的本体论和认识论基

---

[1][2][3] Amitav Acharya, "How Ideas Spread: Whose Norms Matter? Norm Localization and Institutional Change in Asian Regionalism", *International Organization*, Vol.58, Issue 2, 2004.

础，分析其在社会科学基石性范式中所处的位置，并在此基础上进行评价。

一、社会科学基石性范式简介

托马斯·库恩（Thomas Kuhn）认为，范式是一种公认的模型或模式，具体来说，就是在科学实践活动中某些被公认的范例，定律、理论、应用以及仪器设备等统统包括在内。[1]简单地说，范式就是一种科学共同体公认的宏观理论。就某个特定研究对象而言，当观察到的现象与范式相匹配时，范式就比较稳定；而当观察到的新现象无法在既有范式中得到合理解释时，既有范式就受到挑战，最终会被一种新范式替代，该过程即所谓的"范式转化"。在自然科学中，范式转化最具代表性的例子莫过于亚里士多德物理学—牛顿经典力学—爱因斯坦相对论—量子力学的范式转化。

玛格丽特·马斯特曼（Margaret Masterman）认为，库恩提出的范式概念过于笼统，它所包含的21种含义完全可以被简化为三大类别：一是元范式（metaparadigms），包括一套信仰、迷思、形而上的推断、标准、观察事物的新方式等等；二是社会学范式（sociological paradigms），如受到承认的科学成就（包含具体的科学成果、政治制度、判决等）；三是人工范式（artifact paradigms），如教科书、经典作品、工具、语法、比喻等。[2]由此可见，马斯特曼指出了范式的层次性，并将元范式作为科学领域最基础的范式。

唐世平提出了社会科学基石性范式（bedrock paradigms），与马斯特曼关于元范式的论述相呼应。唐世平指出，在最纯粹和最极端的意义上，社会科学中只有九种基石性范式，分别是：（1）物质主义；（2）观念主

---

[1]　[美]托马斯·库恩：《科学革命的结构》，金吾伦、胡新和译，北京大学出版社2003年版，第9—30页。

[2]　Margaret Masterman, "The Nature of a Paradigm", in Imre Lakatos and Alan Musgrave (eds.), *Criticism and the Growth of Knowledge*：*Proceedings of the International Colloquium in the Philosophy of Science*, *London*, *1965*, Cambridge：Cambridge University Press, 1970, p.65.

义；（3）个体主义；（4）集体主义；（5）生物进化决定论；（6）社会化；（7）反社会化；（8）冲突范式；（9）和谐范式。每种基石性范式都有其不同的本体论和认识论，而任何社会科学理论范式——或者说任何社会科学理论——都是一种基石性范式的体现或是几种基石性范式的综合。唐世平把这九种基石性范式按照四个维度进行了分类：第一个维度是物质和观念；第二个维度是个体和集体；第三个维度是行为的驱动力，包含三个基石性范式，分别是生物进化决定论、社会化、反社会化；第四个维度是和谐和冲突。[1]

二、 基石性范式与社科理论的评价标准

以上九种基石性范式基本涵盖了社科理论的方方面面，某个社科理论是否可以全面地解释社会现象，就取决于它是否涵盖并整合了这九种基石性范式。换言之，某个社会科学理论能否把握社会现实主要取决于：第一，该理论含有多少种基石性范式；第二，该理论是否包含具有本体论优先性的基石性范式；第三，该理论在多大程度上有机整合基石性范式。反过来说，忽略的基石性范式越多的理论，遗漏的社会现实也越多。[2]

当然，仅含有单一基石性范式的理论并非毫无价值，它们从单一范式看问题，因而具有简约的优势，有时会比较深刻。[3]理论是对现实的抽象，是人们认识纷繁复杂的现实世界的思维工具。由于人类的理性是有限的，为使主观认识与客观事实相统一，就需要运用理论。从这个意义上说，理论的作用在于对客观事物的必要简化。在西方哲学中，有"奥卡姆剃刀"

---

[1][2] 唐世平：《社会科学的基础范式》，《国际社会科学杂志》2010 年第 1 期。

[3] 以赛亚·柏林（Isaiah Berlin）认为，思想家分为两种：一种是刺猬型的，一以贯之，知道一件大事；一种是狐狸型的，秉持多元主义，知道很多事情。参见 Isaiah Berlin, *The Hedgehog and the Fox: An Essay on Tolstoy's View of History* (*2nd Edition*), Princeton and Oxford: Princeton University Press, 2013. 在社会科学领域，那些综合了很多基石性范式的理论就类似于狐狸型，看问题比较全面，而用简单有力的单一元范式的理论则类似于刺猬型，看问题比较深刻。两者各有优点和不足，只是特点不同。

（Occam's Razor）之说，即所谓"如无必要勿增实体"，中国古人也提出"大道至简"，由此可见，理论好坏的标准之一是简约性（parsimonious）。因此，不能认为那些涵盖基石性范式多的理论就一定具有优势，因为它可能因此丧失了理论的简约性。面面俱到的理论往往难以突出重点，反而使得理论失去了解释力。为了保证理论既能涵盖尽可能多的基石性范式，又能兼顾简约性，就需要对基石性范式进行有机整合，将其纳入一个统一的系统中，而非将其简单罗列。

另一方面，不同基石性范式在本体论上又具有不同的优先性。在物质和观念的维度中，物质主义范式在本体上具有优先性；在个体和集体的维度上，个体主义范式具有优先性；在行为的驱动力的层次，生物进化决定论范式具有优先性，其次则是社会化范式，最后才是反社会化范式；在和谐和冲突的范式下，冲突范式具有优先性。[1]鉴于此，好的社会科学理论必然要求能够涵盖在本体论上具有优先性的基石性范式。

三、　既有区域主义理论的不足

正如上文所述，良好的社科理论有三个判断标准，即基石性范式的涵盖度、具有本体论优先性的基石性范式的囊括度以及基石性范式的整合度。基于这三个标准，便可以对既有区域主义理论作更为深入的评析。

（一）功能主义和新功能主义理论

在第一个维度下，功能主义较为偏向物质主义，而新功能主义因其强调忠诚的转移，故在物质主义的基础上也吸纳了一些观念主义的观点。在第二个维度下，（新）功能主义更强调集体主义，将个体之间的互动与合作理解为整体的功能性外溢。在第三个维度下，功能主义几乎没有涉及任何相关范式，而新功能主义则吸收了社会化范式的思想。在第四个

---

[1]　唐世平：《社会科学的基础范式》，《国际社会科学杂志》2010 年第 1 期。

维度下，（新）功能主义是自由主义国际关系理论的体现，因此强调和谐范式。

（二）现实政府间主义

现实政府间主义在第一个维度下体现了物质主义，其主要观点几乎不包含观念性要素。在第二个维度下，现实政府间主义视国家为国际关系最重要的行为体，认为一体化过程是国家谈判的结果。因此，现实政府间主义以国家为理论分析的基本单元，体现出的基石性范式是个体主义。现实政府间主义对第三个维度的三个基石性范式都没有涉及。在第四个维度下，虽然现实政府间主义并不否认国家之间开展合作的可能性，但它同时也强调国家之间的冲突以及这种冲突给一体化过程中国家之间的合作带来的限制，因而更多体现了冲突范式。

（三）自由政府间主义

现实政府间主义和新功能主义的争论本质上反映了现实主义和自由主义两种国际关系理论范式的争论。20世纪60年代以前，当欧洲一体化开展比较顺利时，新功能主义占据主导地位，但随着欧洲一体化在20世纪60年代中后期遇到挫折，政府间主义得以兴盛。正如现实主义和自由主义两者的交锋最终使得双方走上了相互借鉴与融合的道路，自由政府间主义很大程度上是对新功能主义和政府间主义的整合。

自由政府间主义在第一个维度下依然体现了物质主义。在第二个维度下，自由政府间主义建立在个体主义的基础上，并在原来国家行为体的基础上更加强调国内行为体的作用。在第三个维度下，自由政府间主义几乎没有涉及任何范式，尽管它关于制度选择的理论体现出一些生物进化决定论的色彩。在第四个维度下，自由政府间主义采取了和谐范式，以一体化可以顺利开展为理论的基本前提假设，这方面它区别于现实政府间主义理论，而更接近新功能主义。

（四）建构主义理论

建构主义区域主义理论在第一个维度下基本以观念主义为主，虽然它没有明确否定区域主义的物质性基础，但其理论的核心在于阐释地区观念的生成、传播和内化。在第二个维度下，无论是切克尔的理论还是阿查亚的理论，都以个体主义为基础，强调一体化进程中行为体对国际规范的接受。在第三个维度下，切克尔的理论体现出典型的社会化范式，而阿查亚的区域化理论因为强调了区域内的行为体可能对社会化进程持抵制态度，因此在整体上采取社会化范式的同时，也兼顾反社会化范式。在第四个维度下，建构主义理论的前提假设是行为体与规范之间存在隔阂，因而需要通过互动来实现规范的传播和接受，从这个意义上说，建构主义区域主义理论体现了冲突范式。

表 2.1　区域主义理论包含的基石性范式比较

	第一个维度 （物质和观念）	第二个维度 （个体和群体）	第三个维度 （行为体的驱动力）	第四个维度 （和谐和冲突）
功能主义	物质主义	集体主义	未涵盖	和谐范式
新功能主义	主要是物质主义，含有观念主义	集体主义	社会化	和谐范式
现实政府间主义	物质主义	个体主义	未涵盖	主要是冲突范式，并不否认和谐范式
自由政府间主义	物质主义	个体主义	几乎未涵盖，仅在制度选择中体现了一些生物进化决定论的内容	和谐范式
建构主义 （切克尔）	观念主义	个体主义	社会化	冲突范式
建构主义 （阿查亚）	观念主义	个体主义	主要是社会化，也有反社会化	冲突范式

资料来源：笔者自制。

通过以上分析，可以对主流区域主义理论作如下评论：

第一，没有一个理论涵盖所有基石性范式。每个理论都吸收了部分基石性范式，因此，只能盲人摸象式地掌握区域主义实践中的部分事实，而非全貌。特别是现实政府间主义理论和功能主义理论几乎都未涉及第三个维度，这就使其对很多现象缺乏解释力。比如，现实政府间主义理论和功能主义理论都无法很好地解释欧盟这个超国家机构的形成，特别是欧洲国家公民对"欧洲人"身份的认同问题。

第二，区域主义理论的改进与发展总体上是比较成功的。新功能主义相对功能主义而言，在第一和第三个维度中做了改进，在保留了物质主义主导地位的基础上，加入了观念主义，并且强调一体化过程中忠诚的转移；自由政府间主义在第三个维度中对现实政府间主义作了改进；阿查亚的理论较切克尔的理论优势在于它触及了反社会化范式，既看到国际规范对国家的社会化作用，也看到国家对国际规范的反社会化力量。

第三，既有区域主义理论的整合度不够。从区域主义理论的发展历程来看，理论创新往往在于提出一种新的研究角度，即涵盖了新的基石性范式。比如，建构主义理论对观念和社会化的强调就开辟了新的研究视角。但是，从区域主义理论的发展脉络来看，该领域的理论创新基本没有考虑如何提高对基石性范式的整合程度。而事实上，整合也是一种创新，能将不同的基石性范式用简洁的逻辑整合在一起也是一种贡献。因此，引入组织生态学的思想，利用其高度概括与整合能力，试图为太平洋联盟以及拉美一体化研究提供一个较为全面和新颖的视角。

第三节
————

组织生态学对区域主义理论的创新与发展

国际关系理论是一门既年轻又古老的学科。[1]之所以说它是一门古老的学科，是因为国际关系理论可以追溯到轴心文明时期各位先贤的哲学思想，在漫长的发展过程中吸收了历史学（外交与战略）、法学（国际法及其

[1] Stanley Hoffman（ed.），*The State of War：Essays on the Theory and Practice of International Relations*，New York：Frederick A. Praeger，1965，p.5.

实践）、哲学（人性与正义）和政治学（国家学说、战争与和平）。[1]之所以谓之年轻，是因为国际关系理论家从未停止对其他学科的借鉴，不断丰富和完善国际关系理论。除了历史学、法学、哲学、经济学和社会学等社科理论之外，国际关系理论甚至还借鉴了自然科学理论，比如物理学。[2]每次理论借鉴，往往都伴随着国际关系理论范式的革新，从而使得理论能够更好地解释现实。[3]事实上，不同学科之所以可以推动国际关系理论的创新，根本原因在于它们丰富了国际关系理论所包含的基石性范式。那么，组织生态学可以为国际关系理论，特别是区域主义理论带来哪些新的思想？它是否能够像此前其他学科一样，提高国际关系理论对基石性范式的整合度？如何用组织生态学来构建一套研究区域主义的理论框架？本节就尝试回答上述问题。

一、生物学对国际关系理论的贡献

组织生态学本质上是进化论思想在社会科学中的应用[4]，而进化论一

---

[1]　倪世雄等：《当代西方国际关系理论》，复旦大学出版社 2001 年版，第 21 页。

[2]　肯尼思·华尔兹（Kenneth Waltz）在其《国际政治理论》中借鉴了物理学（主要是牛顿经典力学），使得现实主义理论化水平提高了一大截，成了一种严谨、演绎性的体系理论，参见［美］罗伯特·基欧汉：《新现实主义及其批判》，郭树勇译，北京大学出版社 2002年版，第 14 页。例如，为了给"理论"下定义，华尔兹在阐述规律与理论的区别时援引了亚里士多德、伽利略和牛顿关于力学的建构过程，从而将理论界定为对规律的解释。华尔兹还用物理学中"质量集中于一点"的假设来证明理论范畴只能被创造而不能被发现，用自由落体的加速度公式和牛顿经典力学来说明理论与规律之间的关系。参见［美］肯尼思·华尔兹：《国际政治理论》，信强译，上海人民出版社 2003 年版，第 7—12 页。亚历山大·温特（Alexander Wendt）更是开宗明义地以量子力学进行理论建构，在其 2015 年新作《量子理念与社会科学》一书中，温特用量子力学的概念，将物质与心灵作为组成世界不可分割的两部分，将人的主观意识与客观世界相统一，从而试图整合实证主义与阐释主义。参见 Alexander Wendt, *Quantum Mind and Social Science*, Cambridge：Cambridge University Press, 2015。

[3]　温特从量子力学中汲取灵感，如果能再向前推进一步，运用到新的国际关系理论宏观范式的建构中，则可以实现对物质主义和观念主义有效而简洁的整合。当然，温特的新作还有待时间的检验，能否再次革新国际关系学范式还无法确定。

[4]　参见［美］迈克尔·汉南、约翰·弗里曼：《组织生态学》，彭璧玉、李熙译，科学出版社 2014 年版，第 10—14 页。

般被认为是生物学中最重要的理论。因此，在考虑将组织生态学引入国际关系理论之前，首先需要考察生物学的贡献。

早在 1984 年，罗伯特·阿克塞尔罗德（Robert Axelrod）在论述行为体开展合作的原理时，就引入了生物进化论的思想。通过计算机博弈的模拟，阿克塞尔罗德论述了在行为体之间的互动中，成功的策略如何脱颖而出，什么样的策略以及在什么条件下可以实现"侵入"，成功的策略如何被行为体习得并运用到下一轮博弈中。[1]由此可见，阿克塞尔罗德的论述已经体现进化论的核心机制，即"变异-选择-遗传"机制。特别是在《合作的进化》第五章中，作者同生物学家汉密尔顿还专门写了生物学中的合作与进化，更是将进化论思想明确地表达了出来。阿克塞尔罗德的论述虽不是严格意义上的国际关系研究，但其研究成果给予许多国际关系学者很大启发。[2]

罗伯特·杰维斯（Robert Jevis）在研究国际政治中的系统效应时，明确引入了生物学知识。在《系统效应：政治与社会生活中的复杂性》一书的中文版序言中，杰维斯指出，他是在阅读了广泛的生物学文献，特别是关于进化论和生态学的文献后，才开始着手研究国际政治的系统效应的。[3]在书中，杰维斯应用生物学现象来类比政治学中的系统现象。例如，他对系统突现属性（emergent propriety）的介绍就借用了生物学关于生活型（life-form）的研究，用以说明单元与环境的相互关系，并直接引用了达尔文对该问题的论述。[4]

唐世平主张引入社会演化论来建构一套新的国际关系宏观理论。唐世

---

[1]　[美]罗伯特·阿克塞尔罗德：《合作的进化》，吴坚忠译，上海人民出版社 2007 年版。
[2]　比如罗伯特·基欧汉吸收了阿克塞尔罗德的观点，认为国际合作可以在无政府状态下开展。参见 [美]罗伯特·基欧汉：《霸权之后：世界政治经济中的合作与纷争》，苏长和、信强、何曜译，上海人民出版社 2006 年版。
[3]　[美]罗伯特·杰维斯：《系统效应：政治与社会生活中的复杂性》，李少军等译，上海人民出版社 2008 年版，中文版序言，第Ⅲ页。
[4]　[美]罗伯特·杰维斯：《系统效应：政治与社会生活中的复杂性》，李少军等译，上海人民出版社 2008 年版，第 11 页。

平指出，社会演化论的范式是目前人类思想工具中最好的理论范式。社会演化论范式涵盖了所有九种基石性范式，并且用"变异-选择-遗传"的模型将这九种基石性范式有机整合在一起。[1]在国际关系理论上，运用社会演化论范式可以将进攻性现实主义、防御性现实主义和自由主义整合在一起，从而对人类历史各阶段国际制度的演化原理作出有力解释。[2]

尽管从生物学视角出发研究国际关系对理论建构大有裨益，但总体而言，生物学思维对国际关系理论的影响力还比较有限。作为生物学中最重要的理论之一的进化论同样没有被广泛应用在国际关系理论的建构中。唐世平认为，国际政治学者没有给予达尔文应有的尊敬，整个国际政治科学已经离开进化论一百五十多年了。[3]进化论思想在国际关系理论中的缺失很大程度上要归罪于社会达尔文主义，它极大地扭曲了进化论的本意，仅强调弱肉强食和适者生存，加上法西斯主义对社会达尔文主义的信奉，使得后世学者出于"政治正确"的考虑，不敢在社会科学中探讨进化论。[4]

因此，生物学视角下的国际关系，理论建构仍有待进一步探索。阿克塞尔罗德的学说严格来说不是国际关系理论，而且国际关系学界对它的借鉴更偏重于"合作"而非"进化"。[5]杰维斯的系统效应研究基本上是把生物学的概念类比适用，理论建构并不充分，作者本人也不否认这一点。[6]

唐世平教授的国际关系社会演化论是宏观理论范式，但对于中观理论并没有相关论述。宏观理论范式走向成熟的标志是在其宏大的框架下能够

［1］　唐世平：《社会科学的基础范式》，《国际社会科学杂志（中文版）》2010 年第 1 期。

［2］　参见 Shiping Tang, *The Social Evolution of International Politics*, Oxford: Oxford University Press, 2013.

［3］　唐世平：《国际政治的社会进化：从米尔斯海默到杰维斯》，《当代亚太》2009 年第 4 期。

［4］　Geoffrey M. Hodgson and Thorbjørn Knudsen, *Darwin's Conjecture: The Search for General Principles of Social and Economic Evolution*, Chicago and London: The University of Chicago Press, 2010, pp.16—18.

［5］　参见［美］罗伯特·基欧汉：《霸权之后：世界政治经济中的合作与纷争》，苏长和等译，上海人民出版社 2006 年版。

［6］　杰维斯的系统理论最终还是无法跳出华尔兹结构现实主义的窠臼，他认为，华尔兹的结构现实主义是真正的系统理论。［美］罗伯特·杰维斯：《系统效应：政治与社会生活中的复杂性》，李少军等译，上海人民出版社 2008 年版，第 134 页。

发展和衍生出一些中观和微观理论，像现实主义、自由主义和建构主义这样较为成熟的宏观范式莫不如此。比如，就区域主义理论而言，可以大致将现实政府间主义作为现实主义的中观理论，将新功能主义理论作为自由主义的中观理论，将切克尔和阿查亚的理论作为建构主义的中观理论。然而，时至今日，社会演化论的中观和微观理论尚未得到充分发展。

二、 国际关系研究引入组织生态学的尝试与探索

正如上文指出，目前生物学对国际关系学的贡献主要在于对宏观理论范式的建构，无论是系统效应研究还是社会演化论都是如此，直到组织生态学被引入国际关系理论后，中微观层面的理论建构才有望成功。

（一）组织生态学简介

组织生态学是组织研究中环境主义学派的重要分支，它建立在生态学和进化论基础上，特别强调组织变化中的选择和适应过程。[1]自 20 世纪 70 年代开始，经过迈克尔·汉南（Micheal Hannan）、约翰·弗里曼（John Freeman）、格伦·卡罗尔（Glenn Caroll）等众多学者的努力，组织生态学逐渐走向成熟。组织生态学的研究包括组织内部（intra-organization）、组织（organization）、种群（population）和共同体（community）四个层次；研究类型囊括理论研究和应用研究；研究范围覆盖组织密度、组织的设立与衰亡、环境对组织的选择和组织对环境的适应、组织的多样性等议题。[2]

在组织生态学中，最重要的分支理论包括惰性与选择理论（inertia and selection）、密度依赖理论（density dependence）和组织生态位理论（organizational niches）。

---

[1] Michael T. Hannan, "Organizational Analysis", https://www.britannica.com/science/organizational-analysis, 2022-12-28.

[2] Terry L. Amburgey and Hayageeva Rao, "Organizational Ecology: Past Present and Future Directors", *Academy of Management Journal*, Vol.39, No.5, 1996.

1. 惰性与选择理论

惰性与选择是解释组织变革的重要理论支柱。组织生态学的核心假设就是结构惰性，它认为，相对环境变化的速度，组织的反应速度较慢。[1]换言之，组织对环境的适应与变革往往跟不上环境的变化。结构惰性的形成既有内因又有外因。内因包括组织的沉没成本、内部信息的不充分、内部政治性对抗、对过往经验和历史的依赖，以及组织对现有盈利模式的满足；外因包括由法律或政策所造成的壁垒、组织外部信息渠道不畅、组织资源获取受阻。[2]

正是由于组织惰性的存在，组织的变革就类似于达尔文进化论中的"选择"机制。卡罗尔认为，组织通过适应环境而自我变革不是不可能，但会受到结构惰性的影响；大多数的组织变革其实都是选择和替代（selection and replacement）的结果，而非组织内部的变化和适应。[3]因此，组织变革不是个别组织自己的事情，而是在群体层面由环境选择的结果，正如卡罗尔所言："现存的更老的组织不能适应，从而失败；而新的组织更能适应当前的市场环境，引进新技术，并取得成功。组织变革在更大程度上是通过这个替代过程实现，而非通过个别组织的适应。"[4]

2. 密度依赖理论

密度依赖理论认为，组织种群内组织数量的增加（即密度提升）会开启社会合法性进程和竞争进程，最终会影响组织的生存率（vital rates）。[5]当一

---

［1］ Glenn R. Carroll and Michael T. Hannan, "Organizational Ecology", in James D. Wright (ed.), *International Encyclopedia of the Social & Behavioral* (*2nd Edition*), Vol. 17, Amsterdam: Elsevier Ltd., 2015, p.358.

［2］ 彭璧玉：《结构惰性、组织变革与产业组织存活》，《华南师范大学学报》（社会科学版）2013年第5期。

［3］ Glenn R. Carroll, *Ecological Models of Organizations*, Cambridge: Ballinger Publishing Company, 1988, p.2.

［4］ 《与格罗·卡罗尔对话》，《世界经理人》2009年3月，http://www.ceconline.com/TEAM-SITE/STANFORD/Carroll.pdf, 2022-12-28。

［5］ Glenn R. Carroll and Michael T. Hannan, "Organizational Ecology", in James D. Wright (ed.), *International Encyclopedia of the Social & Behavioral* (*2nd Edition*), Vol. 17, Amsterdam: Elsevier Ltd., 2015, p.360.

个种群内的组织密度较低时，拥有新型组织形式的组织起初很难得到社会合法性，但随着这类组织的增加，它们逐渐被社会接受，合法性也得到增强，这反过来又会导致更多这种形式的组织出现，体现为组织的"出生率"上升；但是，当组织种群密度到达某个程度时，新进入的组织会为了争夺稀缺资源而展开竞争，此时竞争进程就会占主导地位，导致组织的"死亡率"上升。简言之，社会合法性以递减的加速度随组织密度而增加，竞争以递增的加速度随组织密度的加速度增加，在两者的共同作用下，组织种群的密度和组织"出生率"之间呈倒 U 形关系，和组织"死亡率"成正 U 形关系。[1]

3. 组织生态位理论

生态位又译作"生态利基"，是生物学中的一个重要概念，指"生物在生态系统中的作用和地位。生态位宽的物种对环境适应范围大，分布广，生存能力强；生态位窄的物种对环境适应范围小，分布区也小"。[2]组织生态学将这个概念引入组织研究中，将环境变化、组织竞争、组织成立和衰亡以及组织种群动态相联系。[3]生态位的概念既适用于组织种群层面，也适用于组织层面，前者被称作"宏观生态位"（macro-niche），后者被称作"微观生态位"（micro-niche）。[4]

生态位理论最大的贡献在于揭示了组织种群或组织之间关系的成因。以组织间的竞争关系为例，该理论认为，当一个组织和另一个组织的基础生态位重叠时，该组织的存在会挤压另一个组织的生存空间，从而导致竞

[1] Terry L. Amburgey and Hayageeva Rao, "Organizational Ecology: Past Present and Future Directors", *Academy of Management Journal*, Vol. 39, No. 5, 1996；王疆、何强、陈俊甫：《种群密度与跨国公司区位选择：行为惯性的调节作用》，《国际贸易问题》2015 年第 12 期。

[2] 中国农业百科全书编辑部编：《中国农业百科全书·生物学卷》，农业出版社 1991 年版，第 390 页。

[3] Glenn R. Carroll and Michael T. Hannan, "Organizational Ecology", in James D. Wright (ed.), *International Encyclopedia of the Social & Behavioral (2nd Edition)*, Vol. 17, Amsterdam: Elsevier Ltd., 2015, p. 360.

[4] Bill McKelvey, *Organizational Systematics*, Berkeley and Los Angeles: University of California Press, 1982, pp. 109—110.

争空间。[1]此外，生态位理论通过测量生态位的宽度，将组织划分为多样化（generalist）组织和专一化（specialist）组织，前者是指那些业务范围较多的组织，而后者是指那些业务范围相对单一的组织。生态位的宽度和组织对环境的适应能力有关，汉南和弗里曼发现，当环境不确定时，多样化组织比专一化组织的存活率优势更明显。[2]

（二）组织生态学在国际关系研究中的应用

组织生态学是一门融合了经济学、社会学和生物学思想的综合社科理论，它已经被广泛运用于分析商业和社会组织，由于它本质上是组织研究的一部分，因此有学者尝试将其引入国际组织研究。谢里尔·尚克斯（Cheryl Shanks）等人运用组织生态学来解释1981—1992年国际政府间组织的变化情况，但在该研究中，组织生态学只是被视为解释现象的途径之一，与功能主义和现实主义并列，并没有得到充分发展。[3]肯尼思·阿伯特（Kenneth W. Abbott）等学者用组织生态学来研究全球治理中国际制度（international regime）变迁理论。阿伯特等人观察到，近些年来国际制度发生了巨大的变化，主要表现为非正式机构、跨政府网络和私人跨国监管组织（private transnational regulatory organizations）的数量增长迅速，而政府间国际组织的数量增长速度则非常缓慢。[4]为了解释这种现象，阿伯特等人提出了一种组织生态学的解释，其基本观点是，随着政府间国际

---

[1] Glenn R. Carroll and Michael T. Hannan, "Organizational Ecology", in James D. Wright (ed.), *International Encyclopedia of the Social & Behavioral（2nd Edition）*, Vol. 17, Amsterdam: Elsevier Ltd., 2015, p.360.

[2] [美]迈克尔·汉南、约翰·弗里曼：《组织生态学》，彭璧玉、李熙译，科学出版社2014年版，第58页。

[3] 参见Cheryl Shanks, Harold K. Jacobson and Jeffrey H. Kaplan, "Inertia and Change in the Constellation of International Governmental Organizations, 1981—1992", *International Organization*, Vol.50, Issue 4, 1996。

[4] 事实上，学者李明月也发现，在当前全球治理中，私主体正扮演着越来越重要的角色，从而表现为全球治理的非正式化和私有化，参见李明月：《试析全球治理的非正式化与私有化发展》，《国际展望》2015年第5期。

组织日益增多，它们越来越受到政府资源的限制（如人才资源和财政经费等），其数量最终将趋于饱和，但是私人跨国监管组织具有灵活性较高和运营成本较低的优势，这就使得它们能够适应当前全球治理中的生态环境。[1]

将组织生态学引入国际关系学是非常有意义的尝试，但这项研究刚刚起步，还没有很好地发挥出生物学思维整合基石性范式的功能。既有研究基本上是将组织生态学作为一种工具和方法，尚未从范式建构的高度来挖掘其蕴含的理论演绎价值。从理论建构的角度看，尚克斯和阿伯特等人在应用组织生态学时，没有意识到其上位理论——社会演化论，这就使得中微观层面的研究与宏观范式相脱节。因此，将组织生态学引入国际关系研究应当更加注重从局部谋整体、从整体思局部。具体而言，就是要在组织生态学的运用中发展国际关系社会演化论，在社会进化论的宏观范式中思考组织生态学，而区域主义研究就是一个很好的切入口。

三、 区域组织生态理论

之所以说区域主义研究是一个很好的切入口，原因有二：第一，区域主义研究离不开区域性国际组织，这和组织生态学的研究对象相符。当然，并不是所有区域安排都能形成正式的组织，很多区域合作是以非正式、松散的形式呈现的，但这并不影响组织生态学的应用。因为只要区域中的两个国家存在互动，它就可以被视为一种松散的组织形态，因而非正式的区域合作同样可以被看作一种组织形态，它与正式的区域性国际组织只是在特征上有所不同。第二，正如上文所述，国际关系领域的社会演化论是宏观理论范式，尚无法被直接运用到中观层面。要夯实社会演化论的中观理论，就需要借助组织生态学，而从区域主义研究入手则是一个不错的选

---

[1] Kenneth W. Abbott, Jessica F. Green and Robert O. Keohane, "Organizational Ecology and Institutional Change in Global Governance", *International Organization*, Vol.70, Issue 2, 2016.

择，因为区域主义理论本身就是国际关系理论的中观理论，因此通过引入组织生态学来丰富和完善区域主义理论，就是在发展社会演化论的中观理论。本书暂且将这种组织生态学视角下的区域主义理论称作区域组织生态理论。

（一）基本假设

在系统阐述区域组织生态理论前，首先作以下三点假设。

第一，所有区域安排都可以被视为国际组织，不论其覆盖议题的宽窄、组织化程度的高低、开放度的大小，它们在性质上都可以被视为国际组织，只是在特点上各有不同。组织生态学关注的是组织和环境的互动以及组织对资源的利用，一旦一个区域安排开启，不论其具体特征如何，都会参与和环境的互动，需要占据一定的生态空间，也需要国家行为体投入资源。因此，本书将那些即便是最松散的、论坛式的地区安排也囊括进组织生态学意义上的国际组织范畴并加以研究。

第二，区域性国际组织不完全是成员国的附属物，而是具有一定的自主性。首先，从逻辑上看，集体不等于个体的简单相加，集体有其不可被还原为个体的凸显属性，因此区域性国际组织也不能被认为仅仅是成员国的聚合。其次，从实践中看，国际组织的自主性表现为它们不完全受成员国支配：国际组织可以根据自己的判断增进成员国的利益；国际组织可能在成员国并不关心的领域中行动；国际组织可能无法采取行动以满足国家需求，甚至可能以违背成员国利益的形式行动；国际组织可能改变规范所在的环境和成员国对自身偏好的认知。[1]区域性国际组织的自主性假设对理论建构来说有两个意义：一来它意味着区域性国际组织可以被直接视为最基本的分析单元，而无需将其还原到该组织成员来开展研究；二来它意味着区域性国际组织可以被模拟为一种生物体，有生死兴衰，可以根据环

---

[1] Michael N. Barnett and Martha Finnemore, *Rules for the World: International Organizations in Global Politics*, Ithaca and London: Cornell University Press, 2004, pp.27—28.

境变化作出调整与适应，并且具备学习和抵制外来观念的能力。

第三，区域性国际组织生存和发展所需的资源有限。如果区域性国际组织拥有无限的资源可以利用，那就意味着它可以无限制地发展壮大，而事实却截然相反。一方面，区域性国际组织可以利用的物质资源有限。组织运营需要投入一定的人力、物力、财力和精力，这些都是有限的物质资源；另一方面，区域性国际组织所拥有的非物质性资源也是有限的，如权威、合法性和观念理念等能够影响忠诚度的资源。资源的有限性假设意味着环境对区域性国际组织有约束，因而分析组织与环境的互动是组织生态学的重要议程。组织的环境有三个关键维度，即容量、易变性和复杂性[1]，如果离开了资源的有限性假设，那么这三个维度也就没有意义了。此外，资源的有限性假设还意味着区域性国际组织为了获取更多的资源，会采取不同的生存策略并形成不同的互动关系，前者包括 r 策略和 K 策略[2]，后者包括竞争与合作、共生与寄生关系。

（二）区域组织生态理论的宏观框架：变异-选择-遗传

在进化论的发展史上，达尔文无疑是一位伟人，其主要贡献之一就是系统地提出了生物进化的机制，即"变异-选择-遗传"，而这个框架就被称为"达尔文主义"。尽管达尔文主义并不能解决所有关于物种演化的问题，但它提供了一个非常重要的思维框架，因此社会演化论必须以达尔文主义

---

[1] 容量指的是环境可以支持组织成长和发展的程度；易变性是描述环境的不稳定程度；复杂性是环境要素的异质性和集中程度。[美] 斯蒂芬·P. 罗宾斯、蒂莫西·A. 贾奇：《组织行为学（第 14 版）》，孙健敏、李原、黄小勇译，中国人民大学出版社 2012 年版，第 433 页。

[2] r 策略指的是行为体通过数量巨大但投入较小的繁殖行为来保证后代的数量而非质量，在这种"跑量"的策略下，行为体在繁殖过程中所需的资源较少，但在之后却要耗费较多的资源去面对激烈的竞争，因此采取 r 策略的行为体增长速度快但死亡率也会较高；K 策略正好相反，它指行为体通过少量但高投入的繁殖行为来保证后代个体的质量，在这种策略下，行为体在繁殖过程中要投入很大资源，但其后代之后面临的竞争压力较小，有较高的存活率。[美] 迈克尔·汉南、约翰·弗里曼：《组织生态学》，彭璧玉、李熙译，科学出版社 2014 年版，第 64—65 页。

为框架，不管它是否吸收了其他流派的生物演化思想。[1]唐世平认为，社会演化论的核心就是"变异-选择-遗传"机制，通过这套机制，可以实现对所有基石性范式的整合，并得出国际制度变迁的一般理论。[2]同样，组织生态学者将"变异-选择-保留"（variation, selection, and retention, VSR）作为其宏观研究框架[3]，而组织生态学的支柱性理论恰恰可以被有机整合在该宏观研究框架中。由此可见，组织生态学提出的变异-选择-保留和"变异-选择-遗传"的差异仅在"遗传"和"保留"。其实，这两者并不矛盾："保留"指的是经过选择后，组织能够继续生存下去，而"遗传"则更进一步，指组织成功的经验可以被复制，使得组织的种群（population）得以增加。正如建构主义理论所揭示的，区域主义的观念可以被"教授"和"学习"，这就类似于生物学中的遗传机制。鉴于此，本书仍将把"变异-选择-遗传"作为组织生态学的核心机制。

1. 变异：制度创新

"变异-选择-遗传"是一个循环而不间断的过程，没有起点和终点之分，但为了方便起见，本书将变异机制作为区域主义发展的逻辑起点。与生物学中的变异相对应，制度创新就是区域主义中的变异。这种变异既包括宏观层面的变异，即整个区域一体化思想的首次提出[4]，也包括微观层面具体制度的变异，比如区域贸易协定中原产地规则的改变。然而，任何变异都不可能是全新的，必定是在既有物种特征的基础上做出的改变，因

[1] Geoffrey M. Hodgson and Thorbjørn Knudsen, *Darwin's Conjecture: The Search for General Principles of Social and Economic Evolution*, Chicago and London: The University of Chicago Press, 2010, p.46.

[2] Shiping Tang, *The Social Evolution of International Politics*, Oxford: Oxford University Press, 2013, p.31.

[3] Jeol A. C. Baum and Hayagreeva Rao, "Evolutionary Dynamics of Organizational Populations and Communities", in Marshall Scott Poole and Andrew H. Van de Ven (eds.), *Handbook of Organizational Change and Innovation*, Oxford: Oxford University Press, 2004, p.213.

[4] 一般认为，现代意义上的区域主义发轫于欧洲一体化实践。本书第三章会论述，即便是欧洲一体化也并非脱离了遗传基础的变异。

此，达尔文将进化定义为"代代相传，略有改变"（descent with modifica-tion）。

首先，变异产生的主要原因是环境变化。达尔文认为，环境变化会对生物造成变异的压力，无论是驯养动物的变异还是自然条件下的变异莫不如是。[1]在组织生态学中，变异同样受到环境的影响。当组织所处的环境发生变化后，组织要想适应环境变化，就需要在制度上做出相应调整。

对于组织来说，环境既有外生性也有内生性。许多组织生态学的研究者将环境视为外生变量，他们认为环境可以不依赖组织而独立存在，可被视为是给定的，因此环境和组织的关系是单线影响而非双向互动。[2]汉南和弗里曼认为这种观点忽略了个体组织和组织种群在环境中与其他组织可持续发展的关系，个体组织和组织种群是环境的一部分。[3]因此，环境既可以被视作组织的外生变量，也可以被视作组织的内生变量，关键取决于观察和研究角度。本书基于这种观点，将环境区分为内生环境和外生环境。内生环境，指因组织之间的互动而自我营造的环境；外生环境，指独立于组织互动而存在的环境。

其次，环境变化是组织变异的驱动力，但这并不意味着组织的变异是必然的。组织受到内外因素的限制，未必能及时作出调整，因此在面对环境变化时，组织会表现出结构惰性。[4]当然，不同组织的结构惰性的大小差异很大，一般而言，结构惰性和规模与制度化程度有关，组织的规模越大、制度化程度越高，则组织的结构惰性越大。[5]

［1］［英］达尔文：《物种起源》，周建人、叶笃庄、方宗熙译，商务印书馆 1995 年版，第 20—74 页。

［2］参见 W. Graham Astley and Andrew H. Van de Ven, "Central Perspectives and Debates in Organization Theory", *Administrative Science Quarterly*, Vol.28, No.2, 1983。

［3］［美］迈克尔·汉南、约翰·弗里曼：《组织生态学》，彭璧玉、李熙译，科学出版社 2014 年版，第 50 页。

［4］Michael T. Hannan and John Freeman, "The Population Ecology of Organizations", *American Journal of Sociology*, Vol.82, No.5, 1977.

［5］［美］迈克尔·汉南、约翰·弗里曼：《组织生态学》，彭璧玉、李熙译，科学出版社 2014 年版，第 45 页。

最后，组织的变异是半盲目的。在自然科学中，变异在很大程度上是一种盲目的偶然现象，并没有确定的方向，只是经过后续自然选择后那些有益的变异被保留下来，因此让人产生一种错觉，即变异是有方向的。[1]但对于组织来说，变异不完全是盲目的，因为所有的制度创新归根到底都是人为的，而人具有主观能动性，能够审时度势，可以根据环境变化采取相应的对策，使制度创新尽可能地有利于组织未来发展。从这个意义上说，组织的变异具有目的性。

但是，组织生态学依然不否认组织变异具有盲目性。[2]虽然人可以根据主观判断推动组织的制度创新，但是人的理性是有限的，且容易受到习惯和情感的左右，加上信息的不完备等因素，导致人们难以作出完全客观理性的决策。[3]经济学理论同样认为，由于人们无法完全预见未来，因而所谓的理性决策其实是根据当下情况所做的优化。[4]换句话说，最优的决策不一定带来最优的结果，而最优的结果也不一定是因为作出了最优的决策。因此，对于组织的变异来说，某项制度创新在当下看是最优方案，但它可能并不能使组织更好地适应环境，甚至还有可能使其陷入比原来更糟糕的境地。当然，由于行为体的主观能动性可以发挥很大作用，一旦某种调整失败后，只要组织能够克服结构性惰性，还可以进行再调整，实现新的变异。因此，只要条件允许，组织的变异可以表现为一种不断试错的过程，而正是这种不断试错造成了组织种类的多样性。正如阿克塞尔罗德指

---

[1] 拉马克主义不同意这种观点。关于进化的方向性问题是达尔文主义和拉马克主义的重要区别之一，达尔文认为进化是没有方向的，拉马克则认为生物朝着从低等到高等、简单到复杂的方向演变，动力来自生物自身的愿望（internal desire）。尽管存在一定争论，达尔文主义观点还是占上风的。参见［英］理查德·道金斯：《盲眼钟表匠》，王道还译，中信出版社 2014 年版。

[2] Donald T. Campbell, "Variation and Selective Retention in Socio-cultural Evolution", in Herbert R. Barringer, George I. Blanksten and Raymond W. Mack (eds.), *Social Change in Developing Areas: A Reinterpretation of Evolutionary Theory*, Cambridge: Schenkman Publishing Company, 1965, p.28.

[3] ［美］赫伯特·西蒙：《管理行为》，詹正茂译，机械工业出版社 2013 年版，第 71—86 页。

[4] ［美］达龙·阿西莫格鲁、戴维·莱布森、约翰·李斯特：《经济学（微观部分）》，卢远瞩、尹训东译，中国人民大学出版社 2016 年版，第 6 页。

出，在生物学中，多样性是由每一代基因的变异和改组来提供的；在社会过程中，多样性是由反复试错和学习引入的。[1]

2. 选择：制度竞争

变异机制是组织不断试错的过程，选择机制则是判断组织制度创新能否成功的关键。正如汉南和弗里曼所言："选择过程仅影响可利用的多样性，如果没有尝试，那么选择机制便不会发挥重要作用。"[2]选择必然包含竞争。在资源稀缺的前提下，只有在竞争中胜出的制度才会得以存续。与"物竞天择，适者生存"原理一样，组织的环境选择机制同样包含组织之间的相互竞争，适应环境者生存，不适应者则被淘汰。[3]哈耶克指出："社会制度之所以按照特定的方式进化发展，是因为这些社会制度所保障的那部分行动之间所达成的协调性，证明了它们要比它们与之竞争的其他制度更具效力，因而也就取代了那些低效的其他制度。"[4]

选择机制在物质和观念层面都有所体现。在区域主义的范畴下，某个区域性国际组织或是某个组织中的某项具体制度是否能够取得成功，主要是看它能否给其成员国带来总体福利上的增加。在此过程中，绝对收益和相对收益都很重要。如果区域合作能够给成员国带来相对于域外国家（或一体化组织）的相对收益，那么它就有可能取得成功；如果它只能带来绝对收益而在同其他域外国家（或一体化组织）的竞争中没有优势，那么它可能无法持续稳定发展下去，甚至会走向停滞或崩溃。需要指出的是，福利的增加不仅意味着经济利益增加，安全、社会发展、共同问题的解决与管控同样可以被视作对行为体的福利。

[1] ［美］罗伯特·阿克塞尔罗德：《合作的进化》，吴坚忠译，上海人民出版社2007年版，第118页。

[2] ［美］迈克尔·汉南、约翰·弗里曼：《组织生态学》，彭璧玉、李熙译，科学出版社2014年版，第12页。

[3] 井润田、刘丹丹：《组织生态学中的环境选择机制研究综述》，《南大商学评论》2013年第2期。

[4] ［英］弗里德利希·冯·哈耶克：《知识的僭妄》，邓正来译，首都经济贸易大学出版社2014年版，第175页。

物质选择不仅关注收益，还要计算成本，在收益相同的前提下，资源利用率高的组织和制度占优势。这里的成本，除了前文提及的人力、物力和财力成本外，还包括交易成本。以国际贸易为例，一般而言，在其他条件不变的情况下，两国之间的贸易规模和两国的 GDP 成正比，和两国之间的距离成反比，这是国际贸易的引力模型（gravity model）。[1]由此可见，两国的距离就是交易成本。[2]这其实就解释了区域安排的限度：随着区域性国际组织规模的增加，其边际效益递减而边际成本递增；在与其他区域性国际组织互动的过程中，在理想的理论状态下，区域性国际组织的规模限度会最终停留在边际收益等于边际成本之时。

如果说物质选择遵循结果性逻辑（logic of consequences），那么观念的选择则遵循着适当性逻辑（logic of appropriateness），物质上可行的制度创新不见得在观念上能够适应环境变化。[3]组织不仅需要物质资源，而且还需要认同等非物质资源，只有成员忠诚度更高的组织才能保持内部的团结稳定，最终在竞争中胜出。在一些国际组织中，成员的忠诚度基于共同的价值理念，当这些价值理念供给减少，而其他条件保持不变的情况下，它们保持组织凝聚力的难度就会上升。在另一些国际组织中，成员的忠诚度依靠主导国的权威。主导国除了提供物质层面的公共产品外，还提供精神层面的公共产品，从而维系着组织的团结。

环境对组织的影响不仅体现在变异机制中，在选择机制中同样适用。比如，观念上的竞争同样要经过环境的选择。在当前全球体系中，尽管因文化不同所导致的价值观冲突屡见不鲜，但还是有一些共同的观念体现在《联合国宪章》之中，如果区域合作所秉持的价值观和国际主流价值观相左，则必然会受到打压，比如跨国恐怖组织和跨国犯罪集团等。在地区环

---

[1]　[美] 保罗·J. 克鲁格曼、茅瑞斯·奥伯斯法尔德、马克·J. 梅里兹：《国际经济学：理论与政策》，丁凯等译，中国人民大学出版社 2016 年版，第 8 页。

[2]　在相同条件下，若 A 国和 B 国生产一模一样的产品，而 A 国离 C 国的距离相对 B 国更近，则 AC 之间的交易成本就较小，C 国会选择从 A 国进口该产品。

[3]　关于结果的逻辑和适当性逻辑参见秦亚青：《行动的逻辑：西方国际关系理论"知识转向"的意义》，《中国社会科学》2013 年第 12 期。

境中同样有一些独特的价值理念，会对变异后的区域性国际组织进行选择。正如前文所述，阿查亚发现人道主义干预无法和东亚地区价值相兼容，如果用组织生态学的理论解释，其实就是东亚地区环境中特有的理念通过选择机制，将人道主义干预淘汰出局。

3. 遗传：制度传播

区域主义中的遗传机制是区域规则和理念的传播过程。总体上，组织生态学对于遗传机制的论述不够，因此有学者批评汉南等人不完整地运用了达尔文的框架，指出他们注意了选择过程，但没有关注遗传过程，因而没有对组织多样性给出充分解释。[1]事实上，遗传机制是组织生态学理论不可缺少的一部分。

遗传机制相当复杂，很多问题在自然科学中也有不同观点。关于遗传机制，拉马克主义支持获得性遗传学说，即认为所有由环境变化而导致生物体后天获得的性状变化都是可以遗传的。达尔文主义则崇尚自然选择学说，反对获得性状可遗传的观点，而新达尔文主义者奥古斯特·魏斯曼（August Weismann）则通过实验证明了获得性遗传是不能被遗传的，从而使达尔文主义成为该问题的通说观点。虽然新拉马克主义坚持获得性遗传是可能的，并且认为生殖细胞会记录生物生长过程中的所有事件，从而将后天获得的性状遗传给下一代，但是因其代表人物实验造假而导致整个拉马克主义理论逐渐被科学界所抛弃。在当今生物学界，尽管主流观点支持达尔文主义，但是最新研究也发现获得性遗传并非完全不可能。[2]

在社会科学中，对于遗传机制在社会进化中的作用也有一些不同观点。汉南、弗里曼和卡罗尔更接近达尔文的观点，认为组织惰性使得组

---

[1] Geoffrey M. Hodgson and Thorbjørn Knudsen, *Darwin's Conjecture：The Search for General Principles of Social and Economic Evolution*, Chicago and London：The University of Chicago Press, 2010, p.179.

[2] 遗传学界非常热门的领域——表观遗传学（epigenetics）发现，基因或基因启动子的甲基化现象可以支持获得性遗传。

织只能模仿一些具体的技术特征，言下之意，组织深层次的制度和文化难以遗传。[1]唐世平认为，社会进化论的遗传机制是超级拉马克遗传（super-Lamarckian inheritance）。[2]换句话说，所谓魏斯曼障碍（Weismann barrier）在社会科学中并不存在，因为人们可以轻松地将制度及其背后的理念作为一种成功的经验复制并传播出去。对此，我采取折中方式，在总体上赞同唐世平观点的同时，也承认组织惰性会对遗传造成一定影响。

关于遗传机制，建构主义者的论述很有启发性。就像建构主义者所描述的，制度的传播表现为"教"与"学"的过程。所谓"教"就是行为体将自己认为成功的经验主动向其他行为体推广，在此过程中可能会带有一些强制的成分。所谓"学"就是行为体看到了其他行为体的成功之处，主动借鉴吸收他人的经验。在区域主义的传播中，"教"与"学"是非常常见的现象，正因为此，区域合作会表现出一种传导效应。

阿克塞尔罗德指出，在人类社会中，不成功的规则不太可能在将来出现，而成功的规则会被其他行为体学习并得到传承，其原因有三：第一，通过反复试错，人们在尝试不同的策略后，最终会坚持使用那些成功的策略；第二，使用一种规则的人会借鉴另一些使用其他规则而取得成功的案例；第三，占据关键地位的人若采用了不成功的策略，就会被赶下台。[3]由此可见，在人类社会中充满了选择与遗传，用阿克塞尔罗德的话就是："人类事务中的学习、模仿和选择使得这一过程得以进行，即相对不成功的策略在将来很少有机会再出现。"[4]这种选择和遗传从长期来看，就表现为"适者生存"的进化逻辑。

在"教"与"学"的过程中，正如阿查亚所论述的，还有"地方化"的过程，也就是地方行为体既不是全盘接受规范，也不是坚决抵制它，而

---

[1] [美]迈克尔·汉南、约翰·弗里曼：《组织生态学》，彭璧玉、李熙译，科学出版社 2014 年版，第 13 页。

[2] Shiping Tang, *The Social Evolution of International Politics*, Oxford: Oxford University Press, 2013, p.33.

[3][4] [美]罗伯特·阿克塞尔罗德：《合作的进化》，吴坚忠译，上海人民出版社 2007 年版，第 33 页。

是根据地方实际情况做出相应调整和改动。如果用组织生态学的观点来看这个过程，可以将其理解为组织惰性对遗传的干扰。

此外，组织遗传还有一个区别于生物遗传的地方。由于组织的遗传本质上是制度的传播，因而其来源（母体）是非明确的，而生物体之间的传递母体是确定的。[1]这种现象在区域性国际组织的制度传播上很明显，某个新成立的区域性国际组织往往并不是简单复制另一个区域性国际组织，而更多是融合了此前许多组织的制度和理念。

4."变异-选择-遗传"机制对基石性范式的整合

从以上框架可以看出，区域组织生态理论可以最大程度地实现对九种社会科学基石性范式的整合。

首先，变异机制整合了物质主义和观念主义、个体主义和集体主义四个范式。一方面，变异机制指的是制度创新，既包括偏物质性的规则创新，也含有理念和观念的创新，因此实现了两者的有机整合。另一方面，变异是个体对环境的反应，既是个体与个体之间的互动的结果，也是个体和群体、群体与群体之间互动的结果。因此它既关注个别组织的变异，也关注一类组织的变异，兼顾个体与集体。此外，环境的变化促进了变异的产生，而变异出现后又会对环境造成影响，因此制度创新与制度环境的互动也体现了个体主义和集体主义范式的整合。

其次，选择机制也可以整合个体主义和集体主义、物质主义和观念主义，原理和变异机制一样。除此以外，选择机制体现出明显的冲突范式，它认为不同的区域主义制度之间存在竞争关系，只有那些经过了物质和观念双重检验的制度才会最终胜出。这种制度间的竞争关系，在东亚和拉美区域主义实践中比比皆是。尽管选择机制不能完美整合冲突范式与和谐范式，但是它以具有优先性的冲突范式为主导依然是可取的。

第三，遗传机制中"教"与"学"的互动还整合了社会化范式和反社

---

[1]［美］迈克尔·汉南、约翰·弗里曼：《组织生态学》，彭璧玉、李熙译，科学出版社2014年版，第79页。

会化范式。一般而言，在区域合作的过程中，社会化占主导地位，区域内的行为体会效仿一些成功的做法，但是区域行为体并非对所有制度都能接受，有时还会伴有抵触情绪，因此反社会化现象也是存在的，这点在拉美区域一体化进程中也有体现。[1]

最后，整个"变异-选择-遗传"框架也包含了生物进化决定论的成分，只不过它被社会演化论所整合，因而没有显现出来。

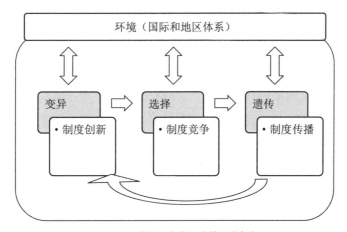

图 2.1　区域组织生态理论的研究框架

（三）区域组织生态理论的微观理论：生态位理论的应用

"变异-选择-遗传"机制是组织生态学的宏观框架，而生态位理论则构成了组织生态学的微观基础。

1. 组织分类

种群的视角是组织生态学的重要组成部分，组织的多样性、变革与死亡率都是通过种群反映出来的。[2]组织生态学因此就面临一个重要的问题：如何确定某个组织的类型（物种）和一类组织（种群）的边界？换句话说，

---

[1] 详见本书第三章第三节。
[2] [美]迈克尔·汉南、约翰·弗里曼：《组织生态学》，彭璧玉、李熙译，科学出版社 2014年版，第 13 页。

如何将某类组织归为一个物种，而将另一类组织归为另一个物种，其标准如何设定？这个问题对于组织生态学来说非常重要，比如，在阿伯特等人的研究中暗含着的一个前提假设就是：私人跨国监管组织和政府间国际组织被视为两类不同的物种，只有在此基础上才能对其出生率与死亡率进行对比。[1]当然，组织的物种差别有的时候是不证自明的，比如南方共同市场（MERCOSUR）和国际红十字会显然是两类组织，但有的时候组织的边界是比较模糊的，比如，南方共同市场和北约（NATO）是否可以被视为同类型的组织就要通过一定的划分标准来界定。

在生物学领域，确定物种的边界相对容易，一个比较粗略但简便的方法就是看物种之间是否有生殖隔离：只有同种的生物才能代代相传，而非同种的生物要么无法繁育下一代，要么下一代不具备生育能力。在组织生态学中，确定物种或种群归属的边界要困难许多，因此判断标准也复杂一些。

第一，在组织生态学中，组织的物种或种群归属的边界不是绝对的，首先要看研究的目的是什么？比如将国家作为组织来研究时，如果以民主化为研究目的，可以将民主国家和专制国家作为两个物种来进行研究；但如果以政治秩序为研究目的，则可以将民主国家和专制国家视为同一个物种。[2]对于国际组织来说，对其进行归类也要视研究目的而定。

第二，仿照"生殖隔离"的方法，分析组织分离和融合的可能性。确定物种的分离和融合过程是寻找组织边界的关键。如果分离过程占主

---

[1] 参见 Kenneth W. Abbott, Jessica F. Green and Robert O. Keohane, "Organizational Ecology and Institutional Change in Global Governance", *International Organization*, Vol. 70, Issue 2, 2016。

[2] 亨廷顿认为，"各国之间最重要的政治区别，并不在于政府统治形式的不同，而在于政府统治程度的高低。有些国家的政治拥有一致性、一体性、合法性、组织性、高效和稳定的特点，而另外一些国家的政治则缺少这些特点。这两种政治之间的差异，要比民主制和独裁制之间的差异更为显著"。[美]塞缪尔·亨廷顿：《变革社会中的政治秩序》，李盛平、杨玉生等译，华夏出版社1988年版，第1页。

导，则表明组织的非连续性明显；如果融合性占主导，则表明连续性更明显。[1]按照这种分类方法，在确定以区域主义为研究对象的时候，可以通过分析两类组织在逻辑上（而非事实上）融合的可能性，来进行物种划分。比如，太平洋联盟和南方共同市场在逻辑上有融合的可能，因而可以将其划为同一类型的国际组织；南方共同市场和绿色和平组织在逻辑上没有融合的可能性，因而可以划分为不同的国际组织。

第三，从研究目的和融合的可能性出发只能确定物种的大类，如果要进一步细分，还需要更加精确的判断标准。汉南和弗里曼又提出了生态位理论来对物种进行细分。他们认为，生态位具有二元性，它可以被用来识别生物的类，而反过来，类也可以用来识别生物的生态位。[2]汉南进一步提出将生态位中的四个要素作为识别组织类型的基础，它们分别是：目标（goals）、权威形态（forms of authority）、核心技术（core technology）和市场战略（marketing strategy）。[3]对应到区域性国际组织研究中，"目标"是区域性国际组织的宗旨和自我定位，它直接决定了组织的基本性质；"权威形态"是区域性国际组织的合法性来源和权力分布情况；"核心技术"是区域性国际组织所发挥的具体功能；"市场战略"则对应区域性国际组织采取外向开放型战略，还是内向封闭型战略。

2. 生态位理论的拓展

利用生态位的概念除了可以细分物种外，还可以研究组织之间的互动关系、组织对外生环境的适应程度以及组织物种的生存策略。

首先，基础生态位重叠是导致物种间竞争的主要原因。生态位有基础

---

[1]　[美] 迈克尔·汉南、约翰·弗里曼：《组织生态学》，彭璧玉、李熙译，科学出版社 2014年版，第 30 页。

[2]　[美] 迈克尔·汉南、约翰·弗里曼：《组织生态学》，彭璧玉、李熙译，科学出版社 2014年版，第 28 页。

[3]　Michael T. Hannan and John Freeman, "Structural Inertia and Organizational Change", *American Sociological Review*, Vol.40, No.2, 1984.

和边缘之分，基础生态位特指物种赖以成长或可以支撑最少成员数量的多维环境条件，反映了物种成员的生理能力。[1]基础生态位涉及物种生长所必需的资源，如果发生重叠现象，就意味着零和博弈式的资源争夺。边缘生态位的重叠不必然导致竞争，因为它不涉及物种生死存亡，是物种可以放弃的资源。如果区域性国际组织在基础生态位上发生重叠，那么两者就存在竞争关系。

如果对该理论进行拓展，还可以进一步分析共存、冲突、共生和寄生关系。共存关系出现在两个物种的基础生态位分立的情况下，两个物种相安无事；冲突关系出现在两个物种的基础生态位相互对立的情况下；共生关系出现在两个物种互相给予对方基础生态位提供所需资源的情况下；寄生关系出现在一个物种在生态位上持续利用另一个物种的生态位的情况下。当然，组织之间的竞争、共存、冲突、共生和寄生关系会随着组织生态位的变化而变化，由此就构成了动态的组织内生环境。这种对组织内生环境的分析同样可以用于区域性国际组织研究。

其次，生态位的宽窄决定组织对外生环境的适应能力。生态位的宽度指可供组织利用的各种资源的总和，可利用资源较多时，生态位就宽；可利用资源较少时，生态位就窄。[2]在生物界，在条件相同的情况下，杂食性动物的生态位比单食性动物的生态位要宽，当外部环境发生剧烈改变时，杂食性动物的生存概率会更大一些，因为它获取食物的来源更多样。组织同样如此，当环境不确定时，多样化组织的存活率比专一化组织的优势更明显。[3]当然，生态位并非越宽越好，过宽的生态位意味着和其他组织生态位重叠的概率较大，因此在内生环境中会面临更多的竞争。区域性国际组织同样存在生态位宽窄的不同，有的区域性国际组

[1] [美]迈克尔·汉南、约翰·弗里曼：《组织生态学》，彭璧玉、李熙译，科学出版社2014年版，第53页。
[2] 井润田、刘丹丹：《组织生态学中的环境选择机制研究综述》，《南大商学评论》2013年第2期。
[3] [美]迈克尔·汉南、约翰·弗里曼：《组织生态学》，彭璧玉、李熙译，科学出版社2014年版，第58页。

织（如现在的欧盟）是一个大型、综合性的多样化组织，拥有较宽的生态位，而像太平洋联盟这样以经贸议题为主的组织则是专一化组织，生态位相对较窄。

最后，生态位的宽窄和组织物种的生存策略有关。正如前文所述，组织和生物体一样，有两种生存策略：r策略和K策略。采取r策略的物种需要较快的发展速度，因而该物种个体对资源的要求较少，生态位就较窄；采取K策略的物种注重发展的质量，因而对资源的要求较多，生态位就较宽。在组织生态学上，在保持其他变量不变的情况下，专一化组织通常发展速度会比较快，能够迅速崛起，但是对外生环境适应性较差；多样化组织的发展速度会比较慢，但是对环境的适应度较高。由此可见，生态位的宽窄还取决于组织自身的策略，归根到底就是在环境适应度和发展速度之间作出抉择。

本章小结

本章尝试将组织生态学引入区域主义理论，进而提出区域组织生态理论，为太平洋联盟研究搭建理论框架。在宏观上，可以用社会演化论的核心机制——"变异-选择-遗传"对应区域主义的制度创新、制度竞争和制度传播过程；在微观上，种群理论为区域性国际组织的分类打下基础，而生态位理论解释了组织之间的五种关系（竞争、共存、冲突、共生和寄生），组织对环境的适应度以及组织种群的生存策略。

本章还回答了引入组织生态学的可能性和必要性。

就引入组织生态学来说，第一个可能的质疑是：在社会科学（国际关系学）中加入自然科学（生物学）思维是否可行？

对于该质疑，本章指出国际关系理论已经借鉴许多物理学思想，并且取得了成功。事实上，自然科学和社会科学的思维不是互不相容的，进化论不仅是生物学的思维，也是社会科学的思维。[1]

第二个可能的质疑是：在区域主义研究中引入组织生态学是否有必要？

对于该质疑的回应如下：既有区域主义理论难以实现对社会科学的九种基石性范式的整合；社会演化论虽然实现了对九种基石性范式的较好整合，但它属于国际关系的宏观理论范式，需要中观理论的不断充实才能走向成熟；组织生态学的核心是社会进化论，而将组织生态学引入区域主义理论，一方面利用了社会演化论在基石性范式整合上的优势，另一方面也为夯实社会演化论的中观基础作了贡献。具体而言，既有区域主义理论在分析某个具体区域性国际组织时，往往仅关注该组织本身，而组织生态学则注重组织和组织之间的互动以及组织和环境之间的互动，这使得区域组织生态理论可以为深入分析太平洋联盟提供一个新的视角。

---

[1] 进化论是一套思想体系，最早可以追溯到古希腊古罗马时期。古希腊的阿那克西曼德（Anaximander）和恩贝多克利（Empedocles）提出，一种有机体能够转化为另外一种有机体。古罗马的卢克莱修（Lucretius）在其《物性论》（De Rerum Natura）中，对进化论思想作了更深入的阐释，为后世进化论的理论建构埋下了智慧的种子。参见 Matt Ridley, The Evolution of Everything: How New Ideas Emerge, Sydney, Toronto and Auckland: Harper Collins Publisher, 2015, pp.10—12. 作为一套思想体系，进化论既可以被用来研究自然科学现象，又可以被用来理解社会科学现象。例如，哈耶克（F. A. Hayek）认为，达尔文在自然科学领域使用进化论其实是受到了社会科学领域进化论思想的启发，参见［英］弗里德利希·冯·哈耶克：《法律、立法与自由》（第1卷），邓正来等译，中国大百科全书出版社2000年版，第23页。

第三章

区域贸易协定的进化与
太平洋联盟的建立

　　组织的"出生"与"死亡"是组织生态学的重要研究议题。在组织生态学看来，组织的兴衰符合进化论的规律：当组织的某些特性适应环境，它就可以发展壮大；当环境出现变化，而组织无法作出及时且正确的调整，它就会走向衰落甚至灭亡。区域贸易协定也是区域性国际组织的一种形式，在与环境不断互动的过程中进化，而太平洋联盟（AP）的成立就是进化的一部分。

　　鉴于此，本章首先将运用本文第二章搭建的宏观分析框架，即"变异-选择-遗传"机制来研究区域贸易协定的进化过程，然后聚焦于拉美区域贸易协定的发展进程，从而对太平洋联盟成立的背景作更深层次的探究。

第一节

———

区域贸易协定发展的组织生态学解释

　　彼得·卡赞斯坦（Peter J. Katzenstein）认为，区域主义在世界政治中的影响日益增大，当今世界是"由地区组成的世界"[1]。至少在经贸领域，卡赞斯坦的判断并不为过，因为区域贸易协定的确在当今世界经济体系中拥有举足轻重的地位。第二次世界大战刚结束时，现代意义上的区域贸易协定还不存在，但在随后的七十余年时间里，区域贸易协定"诞生"并得以迅速"扩散"。

既有区域主义理论对于区域贸易协定的研究基本都是站在该协定自身的角度上的。比如，新功能主义理论观察组织内某个领域间合作的外溢效应；政府间主义强调国家行为体在一体化进程中的作用；建构主义理论则强调观念对区域秩序的作用。既有区域主义理论缺少一种宏观的视角去解释区域贸易协定的兴起和发展，即缺乏从全球化与区域化互动的角度去研究区域贸易协定的理论。组织生态学提供的分析框架正好可以将区域主义与国际体系的互动关系视为区域性国际组织与环境的互动关系，从而可以对既有理论起到拾遗补阙的作用。

一、 区域贸易协定的发展现状

自 1958 年欧洲经济共同体成立以来，区域贸易协定总体上呈蓬勃发展态势。像美国、欧盟、中国等大型经济体都参加了诸多区域贸易协定。[2]纵观区域贸易协定的发展历史，可发现它呈现出如下特点。

首先，区域贸易协定在数量上逐年递增，但近十年来增速明显放缓。目前，除了南极洲以外，世界上所有大洲都有区域贸易协定，它们或为双边，或为多边、复边，而且还有很多是跨区域的。在世贸组织中完成通告程序的区域贸易协定数量逐年上升，截至 2022 年 12 月 31 日，共有

---

[1] [美]卡赞斯坦：《区域主义与亚洲》，《世界经济与政治》2000 年第 10 期。

[2] 据 WTO 区域贸易协定数据库显示，截至 2022 年 12 月 31 日，美国参与的区域贸易协定为 14 个，欧盟为 45 个，中国大陆为 16 个。参见 http://rtais.wto.org/UI/publicPre-DefRepByCountry.aspx，2022-12-31。

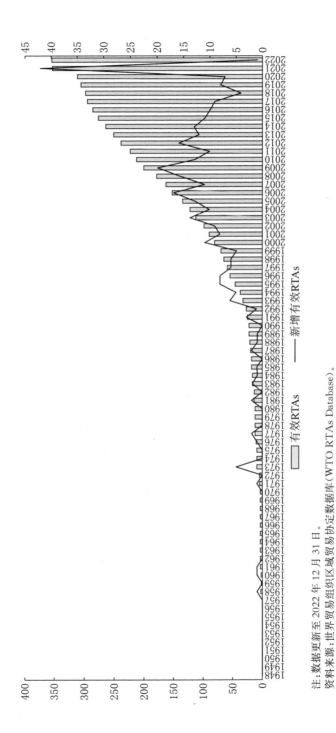

图 3.1　有效的区域贸易总数和增速

注:数据更新至 2022 年 12 月 31 日。
资料来源:世界贸易组织区域贸易协定数据库(WTO RTAs Database)。

582 个区域贸易协定向世贸组织作了通告，其中有效的区域贸易协定为 355
个。[1]从增速上看，直到 2009 年，区域贸易协定的数量呈加速增长态势，
但在 2009 年达到峰值后迅速下跌。虽然 2021 年区域贸易协定数量激增，但
这主要是由于英国脱欧后与其他国家重新缔结了贸易协定，因此并不反映
大趋势。

其次，从地区国别来看，欧洲国家最先开始建立各种区域贸易协定，
而亚太地区国家也开始积极参与构建区域贸易协定。因此，整个区域贸易
协定的增长重心开始向亚太地区转移，特别是亚太经合组织（APEC）成员
国非常热衷于参与区域贸易协定。[2]统计显示，自 2000 年以后，东亚国家
建立的区域贸易协定呈加速增长态势，至 2019 年与欧盟国家相比仅差
6 个。[3]

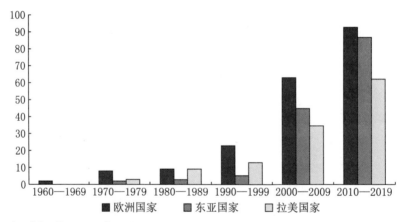

注：数据更新至 2020 年 1 月 1 日。
资料来源：世界贸易组织区域贸易协定数据库。

图 3.2 区域贸易协定的区域分布

［1］ 数据来源：世贸组织网站，http://rtais.wto.org/UI/charts.aspx，2020-05-01。
［2］ Rafael Leal-Arcas, "Proliferation of Regional Trade Agreements: Complementing or Sup-
planting Multilateralism?", *Chicago Journal of International Law*, Vol.11, No.2, 2011.
［3］ 因 2020—2022 年新冠肺炎疫情加上英国脱欧影响了区域贸易协定建立进程，故数据更新
至 2019 年。

　　第三，从形式和内容上看，跨区域的经贸协定日益繁盛。传统上，区域贸易协定往往受限于某个特定的地理区域，比如欧洲经济共同体仅限于欧洲几个国家，东盟仅限于东南亚诸国。现今，区域贸易协定早已突破了地理的局限，跨越洲际的协定已经非常普遍。在 2017—2019 年间向世贸组织通告的 34 个区域贸易协定中，跨越洲际的协定就有 15 个。[1]从内容上看，这些跨区域经贸协定所涵盖的领域日益广泛。传统的区域贸易协定仅限于贸易议题，重点在于削减成员国相互之间的货物进口关税，而当前许多跨区域贸易协定不仅涉及货物贸易和服务贸易的关税削减，还涉及边境内管理措施、投资、金融、劳工、环境保护、人权等和经济活动相关的方方面面内容，其中一些范围较广、影响较大的区域贸易协定被学者称为"超大区域贸易协定"（Mega-Regional Trade Agreements）。[2]

　　如何解释上述区域贸易协定的发展变化？保罗·克鲁格曼（Paul Krugman）认为，区域贸易协定兴起的主要原因是：随着世贸组织成员数量的增加，在多边框架内开展的自由贸易谈判进程日益艰难，而先在区域层面达成经贸合作对国家来说成了更加现实的选择。[3]这个论点虽然可以较好地解释区域贸易协定兴起的原因，但无法解释为什么 2009 年后区域贸易协定的数量出现了迅速下滑的趋势，也无法解释为什么在新千年，区域贸易协定会在亚太地区蓬勃发展，更无法解释近些年超大区域贸易协定为什么出现。仔细分析该论点，可以发现，它实际上是把多边框架中的谈判难度作为自变量，将区域贸易组织数量作为因变量。但事实上，正如世贸组织多哈回合谈判陷入困局后被迫中止所示，多边框架下的谈判一直都比较艰难。也就是说，该论点中的自变量长期以来并没有发生改变，而因变量却发生了很大变化。

---

[1] 数据来源：世界贸易组织区域贸易协定数据库，http://rtais.wto.org/UI/PublicAllRTAListAccession.aspx，2020-05-01。

[2] 关于超大区域贸易协定的研究详见本章第二节。

[3] Paul Krugman, "Regionalism Versus Multilateralism: Analytic Notes", in Jaime de Melo and Arvind Panagariya（eds.）, *New Dimensions in Regional Integration*, Cambridge: Cambridge University Press, 1993, pp.58—84.

下文将运用组织生态学的宏观分析框架，即"变异-选择-遗传"机制来对区域贸易协定的兴起，及其在发展过程中呈现的特点作出新的、更为全面的解释。

二、 变异：欧洲一体化进程的开启

欧洲一体化的历史进程和制度创新开创了独特的区域一体化模式，它是在没有先例可循的前提下发展出的一套成功范例。[1]区域贸易协定的兴起源于一次"变异"过程，这就是欧洲一体化的兴起。事实上，欧洲一体化作为开风气之先的成功案例，本身也符合组织生态学的基本原理。

（一）变异

建立一个统一的欧洲一直是许多欧洲有识之士的理想。例如 1713 年，法兰西学术院院士圣·皮埃尔（Charles-Irénée Castel de Saint-Pierre）发表的《永久和平计划》（*Projet pour Rendre la Paix Perpétuelle en Europe*）就提到了欧洲国家组建成为一个联盟的可能性。除此以外，欧洲一体化思想还可能受到美国和苏联的启发。尽管美国和苏联并非现代意义上的区域性国际组织，但无疑是分散政治实体向统一政治实体转化的成功案例，因此被一些欧洲人视为学习的榜样。[2]例如，1849 年，大文豪雨果发表了关于建立欧洲合众国的宣言，体现了欧洲知识精英对美国建国模式的欣赏。除了知识精英，欧洲许多政治家也主张欧洲应该走向统一。在两次世界大战之间，法国总理白里安就主张欧洲联合，并于 1929 年提出《关于建立欧洲联邦同盟的备忘录》。虽然在当时的政治环境下，"白里安计划"难以得到英国和德国的支持，无法转化为切实可行的政策，但欧洲联合的思想却

---

[1] 张海冰：《欧洲一体化制度研究》，上海社会科学院出版社 2005 年版，第 58 页。
[2] ［法］法布里斯·拉哈：《欧洲一体化史（1945—2004）》，彭姝祎、陈志瑞译，中国社会科学出版社 2005 年版，第 16 页。

得以延续。[1]第二次世界大战之后，像丘吉尔这种极富远见的政治家审时度势，主张法德合作以推动欧洲建立欧洲合众国，最终实现欧洲的和平和繁荣。

　　以上这些都是欧洲最终走向统一的思想基础，用组织生态学的观点来看，它们就像是生物体内的遗传物质，只是还没有找到适合的物质载体以实现外在表达。真正使欧洲一体化从理念变为现实的，是法国外长罗伯特·舒曼著名的"舒曼计划"，即建立欧洲煤钢共同体，将法国和德国的煤和钢交由一个共同的机构管理。该计划一经提出，便得到普遍支持。最终于1951年4月18日，法国、联邦德国、意大利、荷兰、比利时和卢森堡签署《巴黎条约》，于1952年7月25日成立欧洲煤钢共同体。"舒曼计划"的最大创新之处是采取了自下而上、步步为营的一体化方式，因此可以说是欧洲一体化实践中的一次"变异"。正是因为采取了自下而上的模式，"舒曼计划"得以成功建立一个超国家机构。以往欧洲一体化实践之所以未能实现质的突破，就是在于始终未能找到构建超国家机构切实可行的办法：联邦主义者希望效仿美国建立欧洲合众国的想法不切实际，而国家间主义的途径又只能形成像欧洲委员会（Council of Europe）和欧洲经济合作组织（OEEC）这样松散的组织，难以在其基础上开展务实合作。这种两难境地最终被"舒曼计划"打破。现实证明，首先在有限的、最核心的领域建立超国家机构是明智的选择。欧洲煤钢共同体可谓"麻雀虽小，五脏俱全"，它有超国家性质的权力机构和法院，两者都相对独立于成员国，还有政府间性质的部长理事会以及一个由各国成员国议会议员组成的公共大会，后者的角色是民主监督机构。这个组织架构就是今日欧盟架构的雏形。

（二）选择

　　"舒曼计划"其实并非没有竞争者，在此之前，至少有两个区域安排同样有可能发展为统领欧洲一体化的组织。其一就是欧洲经合组织。该组织

---

［1］　姜南：《第二次世界大战与欧洲联合运动的兴起》，《世界历史》2015年第4期。

成立于 1948 年，得到美国的大力支持。[1]起初，美国希望欧洲经合组织成为未来欧洲一体化的核心，但后来发现它不具备发展成超国家机构的潜能，难以承担该使命。[2]此后，欧洲经合组织的宗旨和目标发生了改变，在 1960 年美国和加拿大成为它的正式成员国后，它增加了对发展中国家提供援助的职能，并在次年更名为"经济合作与发展组织"（OECD）。[3]其二是舒曼的前任、法国外长皮杜尔主张的关税同盟。皮杜尔建议在《布鲁塞尔条约》的基础上，建立一个经济和关税同盟。[4]皮杜尔的建议主要是关注英国和法国的合作，偏向于大西洋政策，但是并未得到广泛的支持，最终《布鲁塞尔条约》停留在安全合作领域。

欧洲煤钢共同体之所以能够脱颖而出，按照组织生态学的观点，是因为它适应了当时国际大环境。首先，欧洲煤钢共同体所处的时代正值美苏两极格局形成之时，此时，西德处在美国等西方国家抵御苏联的最前线，因而如何将西德纳入西欧的体系，如何在武装西德的同时，确保它不会重走军国主义扩张道路就成了当时一个迫在眉睫的问题。[5]欧洲煤钢共同体的成功之处就在于，一方面它破除了法德之间的安全困境，解决了双方争议已久的萨尔、鲁尔问题；另一方面，煤炭和钢铁是当时发展军工的核心物质资源，对其进行共同管控，就使得战争发生的概率大大降低。皮杜尔

---

[1] 美国国务卿马歇尔于 1947 年 6 月 5 日在哈佛大学演讲时明确表明，只要欧洲国家走经济合作之路，美国就会提供援助。正是在此背景下，欧洲经济合作组织得以建立。The "Marshall Plan" speech at Harvard University, 5 June 1947, http://www.oecd.org/general/themarshallplanspeechatharvarduniversity5june1947.htm, 2022-12-31.

[2] [法]法布里斯·拉哈：《欧洲一体化史（1945—2004）》，彭姝祎、陈志瑞译，中国社会科学出版社 2005 年版，第 23 页。

[3] European Union, *The ABC of EU Law*, Luxembourg: Publications Office of the European Union, 2017, pp.11—13.

[4] 《布鲁塞尔条约》来源于 1947 年英法两国达成的《敦刻尔克条约》。1948 年 3 月 17 日，比利时、法国、卢森堡、荷兰和英国签署了《布鲁塞尔条约》，旨在建立一个抵御武装入侵的防务援助体系。皮杜尔一直寻求扩大《布鲁塞尔条约》的范围。参见[法]法布里斯·拉哈：《欧洲一体化史（1945—2004）》，彭姝祎、陈志瑞译，中国社会科学出版社 2005 年版，第 24—25 页。

[5] 参见[法]皮埃尔·热尔贝：《欧洲统一的历史与现实》，丁一凡等译，中国社会科学出版社 1989 年版，第 86—93 页。

的建议之所以被环境所淘汰，是因为该建议中的对德政策依然是过时的零和思维，主张肢解并监督西德。这种关于欧洲一体化的思路本质上排除德国的参与，具有较强的大西洋色彩，因而在当时的大环境下，它和"舒曼计划"相比不占优势。其次，在经济上，欧洲煤钢共同体的好处是显而易见的。当时的世界正处于第二次工业革命之中，煤钢是经济的核心支柱产业，而煤钢产量的提高直接刺激了西欧工业和经济的复苏，使得新功能主义者倡导的"外溢效应"成为可能。最后，正如上文所提到的，欧洲煤钢共同体在组织架构上更加适于一体化的发展。和欧洲经合组织相比，欧洲煤钢共同体在有限的范围内实现了主权的让渡，为日后欧洲一体化发展预设了桩基。

（三）遗传

欧洲煤钢共同体取得成功后，欧洲原子能共同体和欧洲经济共同体相继成立，并随后与欧洲煤钢共同体合并成为欧洲共同体，最终演化为今日的欧盟。在这个过程中，欧洲各国的合作不断深化，范围逐步扩大，一体化程度日益提高，证明一体化道路在国际环境的选择中成功适应了变化。此外，欧洲煤钢共同体的成功之处还在于它催生了框架下的派生机制，例如成立于 1950 年 9 月的欧洲支付同盟就在欧洲煤钢共同体的框架下得到发展。然而，在欧洲经合组织框架内的合作计划都没有获得成功，比如斯蒂克的经济一体化计划、佩拉建立统一欧洲市场的计划和佩切的贸易自由计划都以失败而告终。[1]这一系列失败使得欧洲经合组织无法统领欧洲一体化发展。[2]

更为重要的是，欧洲煤钢共同体和随后欧洲一体化的成功成了全球区域一体化发展的重要参考依据。欧盟的成功经验使之成为包括美洲区域安

---

[1]　[法] 法布里斯·拉哈：《欧洲一体化史（1945—2004）》，彭姝祎、陈志瑞译，中国社会科学出版社 2005 年版，第 29 页。
[2]　当然，欧洲经济合作组织并没有消亡，这是因为它成功实现了功能转型，与欧盟错位发展，重新找到了自己的生态位。

排在内的区域一体化组织的参照对象和范本。[1]事实上，以新功能主义为代表的区域主义理论就是对欧洲一体化发展经验的总结，可以被看作欧洲煤钢共同体的遗传基因。如今，世界大部分区域和次区域一体化组织或多或少要借鉴欧洲一体化的成功经验，或者以欧盟为榜样，找寻自身一体化过程中的不足。

三、 选择与遗传：歧视性策略的胜出

1958 年，欧洲经济共同体生效，这是第一个区域贸易协定。因为欧洲的经验总体而言非常成功，但它同样对非歧视性的多边贸易体系造成了一定冲击，最终导致了整个贸易体系原则发生了实质性改变。

（一）GATT/WTO 的最惠国待遇规则及其例外

最惠国待遇原则是《关税及贸易总协定》（GATT）和世贸组织（WTO）基本原则之一，它是指："世贸组织任一成员在货物、服务贸易和知识产权领域给予任何其他国家（不论是否世贸组织成员）的优惠待遇，应立即和无条件地给予其他成员。"[2]最惠国待遇原则是整个多边贸易体系的中流砥柱，因而被规定在 GATT 1947/GATT 1994 的第一部分第 1 条，凸显了其提纲挈领的地位。[3]GATT 1947/GATT 1994 中的其他规定也都参照和体现了最惠国待遇原则，如第 5 条（过境自由）、第 9 条（原产国标记）、第 13.1 条（非歧视地实施数量限制）和第 17.1 条（国营贸易企业）。最惠国待

---

[1] ［法］法布里斯·拉哈：《欧洲一体化史（1945—2004）》，彭姝祎、陈志瑞译，中国社会科学出版社 2005 年版，第 8 页。

[2] 曹建明、贺小勇：《世界贸易组织》，法律出版社 2011 年版，第 93 页。

[3] 其中第 1.1 条是最惠国待遇原则的官方阐述："在对输出或输入、有关输出或输入及输出入货物的国际支付转账所征收的关税和费用方面，在征收上述关税和费用的方法方面，在输出和输入的规章手续方面，以及在本协定第 3.2 条及第 3.4 条所述事项方面，一缔约国对来自或运往其他国家的产品所给予的利益、优待、特权或豁免，应当立即无条件地给予来自或运往所有其他缔约国的相同产品。"

遇要求做到非歧视，即防止一个成员通过给予另一成员差别化的优惠待遇，从而对其国家构成歧视。不论是法律上的歧视，还是事实上的歧视，都是最惠国待遇原则所禁止的。换言之，最惠国待遇原则既要求对明显的、直接的歧视加以限制，比如禁止在无正当理由的情况下提高某个成员国进口货物的关税；也不允许成员国采取那些隐秘的、间接的歧视做法，如给予一国以实际优惠等。[1]最惠国待遇原则具有自动性、同一性、相互性和普遍性的特征[2]，是基于互惠原则上的一次提升，后者仅具有相互性，其效力仅存在于两个成员之间，而前者在相互性的基础上还具有普遍性，效力自动且无条件地投射于第三方，因而是一种扩散性互惠（diffuse reciprocity）。[3]正是基于这种普遍性和扩散性，多边贸易体系的架构才得以建立。

但是，GATT 1947 的起草者规定了最惠国待遇原则的几个例外情形，包括边境贸易例外、自由贸易区和关税同盟例外、"授权条款"（enabling clause）例外、一般例外，以及国家安全例外。[4]具体而言，区域贸易协定对最惠国待遇原则的突破涉及三个制度。

一是 GATT 1947/GATT 1994 第 24 条关于自贸区和关税同盟的例外规定。在本质上，自贸区和关税同盟是一种歧视。不论是自贸区还是关税同盟，都是区域贸易协定的组织形式，都是对区域内成员之间的贸易给予更多的优惠，而关税同盟更是要求对外实行共同的关税，从而实现为域外关税区的货物筑起一道壁垒。

二是"授权条款"，即 1979 年东京回合谈判中达成的《给予发展中国家以差别及更优惠的待遇、互惠和更全面参与的决定》。它规定，发展中成员可以建立区域或全球优惠安排，以促进相互间的关税减免，具体包括四

---

[1]　参见 Julia Ya Qin, "Defining Nondiscrimination under the Law of the World Trade Organization", *Boston University International Law Journal*, Vol.23, No.2, 2005。

[2]　曹建明、贺小勇：《世界贸易组织》，法律出版社 2011 年版，第 93—94 页。

[3]　Robert O. Keohane, "Reciprocity in International Relations", *International Organization*, Vol.40, Issue 1, 1986.

[4]　曹建明、贺小勇：《世界贸易组织》，法律出版社 2011 年版，第 99—102 页。

项内容：（1）普惠制（generalized system of preferences），即发达成员给予发展中成员的制成品和半制成品（包括某些初级产品）普遍、非歧视、非互惠的关税优惠制度；（2）关于非关税措施特殊和差别待遇；（3）发展中成员间的区域安排；（4）对最不发达成员的特殊待遇。基于这些规定，发达成员可以给予发展中成员以及发展中成员之间可以相互给予优惠待遇，因而突破了最惠国待遇原则的限定。

三是《服务贸易总协定》（GATS）第5条关于经济一体化的规定。在涉及服务贸易的区域贸易协定，只要其符合《服务贸易总协定》第5条的规定，就可以建立自由化程度更高的经济一体化安排。正如GATT 1994第24条一样，《服务贸易总协定》第5条在服务贸易领域为区域贸易协定开创了例外，因而也是对最惠国待遇原则的实质性突破。

为了防止区域贸易协定被滥用，GATT 1994第24.8条以及《关于解释1994年关税与贸易总协定第24条的谅解》要求自贸区、关税同盟或自贸区和关税同盟临时协定须符合三个条件：第一，区域内成员间的贸易实现自由化；第二，不增加对第三方的贸易壁垒；第三，对临时协定应当具有一个成立自贸区或关税同盟的合理的时间表。[1]为了在机制上保证区域贸易协定遵守上述规定，1996年世贸组织成立区域贸易协定委员会（CRTA）。"授权法案"第3段同样为最惠国待遇原则的例外设置了两个前提：第一，区域贸易协定"应当旨在帮助和促进发展中国家的贸易，而非提高壁垒或制造不必要的困难"；第二，区域贸易协定"不能成为基于最惠国基础上削减关税和其他贸易限制措施的障碍"。同样，《服务贸易总协定》第5.4条也设置了适用前提，要求"对该协议外的任何成员，不应提高在相应服务部门或分部门中在该协议之前已适用的服务贸易壁垒的总体水平"。

由此可见，GATT/WTO其实要求区域贸易协定"做加法"，也就是允许其在世贸组织规则的基础上，进一步实现贸易自由化，如果区域贸易协定采取提高对外关税这种"做减法"的方式，则会被明确禁止。总之，世贸组织

---

[1] 曹建明、贺小勇：《世界贸易组织》，法律出版社2011年版，第93—94页。

禁止"做减法"的歧视政策，但为"做加法"的歧视政策开了道口子。

（二）区域贸易协定作为一种优势策略的胜出与入侵

有学者认为，GATT/WTO为区域贸易协定设计的三项制度都是对最惠国待遇原则和非歧视原则的违反。[1]虽然这种观点未免有些偏激，但正如上文所述，区域贸易协定事实上的确对最惠国待遇原则造成了冲击，其本质是一种歧视性的策略。《关税及贸易总协定》的设计者之所以为关税同盟和自由贸易区设置一个例外，主要是因为他们相信这些区域贸易协定能够更好地促进世界贸易的开展，总体而言利大于弊。[2]另一个同样重要的原因是，当时美国秘密同加拿大达成一项贸易条约，为此需要在《哈瓦那宪章》中设置一项例外条款以增加其合法性，该条款即GATT 1947第24条的原型。[3]然而美国官员可能未曾料到，一旦例外条款被加入，区域贸易协定就可以成为一种优势策略，在选择机制中胜出。

从理论上说，在同等条件下，那些达成了区域贸易协定的国家经济发展情况一般会随着贸易量的增加而比原先更好，因而与其他没有设立自贸区的国家相比就具有一定优势，而在这种情况下，没有设立自贸区的国家也会试图建立自贸区以摆脱劣势地位。这种优势通过简单的博弈论分析就可以证明：假设A、B两个地区的初始的经济状况完全相同，A和B的福利所得都是1。假定A地区率先建立起一个自由贸易区，一方面，由于区域贸易创造（trade creation），A地区福利上升，另一方面由于A地区自贸区的建立是一种事实上的歧视政策，它对其他地区会产生贸易转移（trade diversion）效应，由此伤害到B地区的福利。至此，A地区的福利假定增加为2，B国的福利则下降至0.5。对于B地区来说，它若想弥补贸易转移

[1] Rafael Leal-Arcas, "Proliferation of Regional Trade Agreements: Complementing or Supplanting Multilateralism?", *Chicago Journal of International Law*, Vol.11, No.2, 2011.
[2] Matthias Herdegen, *Principles of International Economic Law* (*2nd Edition*), Oxford: Oxford University Press, 2016, p.215.
[3] Kerry Chase, "Multilateralism Compromised: The Mysterious Origins of GATT Article XXIV", *World Trade Review*, Vol.5, Issue 1, 2006.

带来的损失，就必须采取同 A 地区同样的策略，使它们重新回到均衡状态。

表 3.1　国家是否建立自贸区的博弈论分析

	A 建自贸区	A 不建自贸区
B 建自贸区	1.5，1.5	0.5，2
B 不建自贸区	2，0.5	1，1

通过上述演示显示，两个地区关于建立区域贸易协定的博弈其实和阿克塞尔罗德关于合作的进化的论述原理是一致的，因而它同样符合"策略入侵"的基本原理。阿克塞尔罗德认为，在一个群体里，如果某个邻居实行的新策略是成功的，那么它就可以在邻居间传播扩散，最终实现对本地策略的"侵入"。[1]在全球经贸体系中，本地策略应当是以最惠国待遇为基础的非歧视策略，但是由于世贸组织制度中三个例外条款的设计，就让区域贸易协定这样事实上的歧视性策略不被禁止；歧视性策略和非歧视性策略相比占据明显优势，很快就会在选择机制中胜出，成功实现策略入侵。这就是对区域贸易协定为什么会得到扩散的问题的组织生态学解释。

当然，这种组织生态学的解释并不否认克鲁格曼教授等学者所提出的传统解释，即区域贸易协定出现的主要原因是多边体系中谈判日益艰难，迫使国家采取达成区域贸易协定的方式实现贸易自由化。[2]但是组织生态学的解释可以提供补充，它认为世贸组织对最惠国待遇的例外条款也是造成区域贸易协定大量兴起最重要的原因。

假设世贸组织制度中没有对区域贸易协定给予最惠国待遇的例外，那么本地策略的稳定性将大大增加，几乎不可能被歧视性政策"侵入"。因为在这种假设条件下，区域贸易协定一旦出现就会被认为是非法，除非缔结该区域贸易协定的成员国选择退出 GATT/WTO。在这种情形下，作为一

---

［1］［美］罗伯特·阿克塞尔罗德：《合作的进化》，吴坚忠译，上海人民出版社 2007 年版，第109—116 页。

［2］贾格迪什·巴格沃蒂（Jagdish Bhagwati）教授也持类似观点，参见 Jagdish Bhagwati, *Termites in the Trading System*：*How Preferential Agreements Undermine Free Trade*, Oxford and New York：Oxford University Press, 2008, pp.15—47。

种歧视性策略的区域贸易协定在同本地策略（即多边框架下的非歧视策略）的竞争中胜出的概率很小，因为采取该策略的行为体必须承担放弃多边框架的巨大成本。由此可见，若非世贸组织制度中的例外条款，即便在多边框架下自由贸易谈判的难度日益上升，区域贸易协定还是无法大量涌现。

四、区域贸易协定的饱和

阿克塞尔罗德指出："进化的方法基于一个简单的原则：成功的东西更有可能在将来经常出现。"[1]区域贸易协定所代表的歧视性策略在选择机制中胜出后就被广泛复制，表现为其物种数量的急剧增加，但由此带来的结果是，建立在非歧视原则基础上的多边贸易体系受到了冲击。区域贸易协定就像白蚁一样，不懈地、渐进地蚕食了整个多边贸易体系。[2]

然而，当整个多边贸易体系中充满了具有歧视性的区域贸易协定后，区域贸易协定增长的难度也就随之增加，进入饱和状态。一方面，由于世界上各个地区都建立了区域贸易协定，在保持其他条件不变的情况下，新的区域贸易协定在环境中的优势越来越小，也就是说，新的区域贸易协定边际效益呈递减趋势；另一方面，有些国家签订了数个区域贸易协定，叠床架屋，"意大利面碗效应"（spaghetti bowl effect）凸显，国家缔结和维持同质性区域贸易协定的边际成本递增。构建区域贸易协定的边际效益递减而边际成本递增就意味着其增长的极限迟早会出现，而均衡点就是当边际成本和边际收益相等之时。这就是近些年区域贸易协定数量的增速总体上会大幅降低的主要原因。

由于发达国家和发展中国家在构建区域贸易协定时间上有先后，当发达国家之间构建的北-北型区域贸易协定（North-North RTAs）逐渐走向饱

---

[1]　[美]罗伯特·阿克塞尔罗德：《合作的进化》，吴坚忠译，上海人民出版社2007年版，第118页。

[2]　Jagdish Bhagwati, *Termites in the Trading System: How Preferential Agreements Undermine Free Trade*, Oxford and New York: Oxford University Press, 2008, p.xii.

和时，南南型区域贸易协定（South-South RTAS）和南北型区域贸易协定（North-South RTAs）却方兴未艾。发展中国家和发达国家在构建区域贸易协定中之所以会出现时间上的先后，主要有两个原因。第一，发展中国家主动参与国际经贸体系的时间较晚。在 20 世纪 50 年代至 60 年代，也就是区域贸易协定刚兴起之时，大多数发展中国家采取了保护主义的进口替代型经济政策，相信通过限制外国产品，可以培育国内工业发展。但到了 80 年代后期，一方面，"亚洲四小龙"成功的出口导向型模式得到很多发展中国家的效仿；另一方面，进口替代型政策的失败也促使发展中国家寻求经济发展的转型。[1]第二，发展中国家同样在多边贸易架构中受挫。发展中国家随着对外贸易量的增加，渴望在 GATT/WTO 中发挥更大的作用，但在多边框架内的谈判必须依赖大国之间的协调，小国很难发挥实质性影响。在乌拉圭回合谈判中，支持农业保护政策的国家和支持农业贸易自由的国家立场迥异，难以调和，一度导致乌拉圭回合濒临失败，直到 1992 年美欧之间在双边层面达成《布莱尔大厦协定》（Blair House Agreement），将农业问题谈妥后，乌拉圭回合农业谈判才得以顺利开展。这让发展中国家明白，在 GATT/WTO 的谈判中，谈判力是起决定性作用的，发展中国家的利益诉求很难得到照顾。

第二节

———

超大区域贸易协定的组织生态学解释

近些年，超大区域贸易协定的出现是一个新现象，不论发达国家还是发展中国家都参与了超大区域贸易协定的谈判和构建。2013 年，美国和欧

---

[1] Jagdish N. Bhagwati, Pravin Krishna, and Arvind Panagariya, "The World Trade System Today", in Jagdish N. Bhagwati, Pravin Krishna, and Arvind Panagariya（eds.）, *The World Trade System: Trends and Challenges*, Cambridge MA: MIT Press, 2016, pp.5—6.

盟开启《跨大西洋贸易与投资伙伴关系协定》（TTIP）谈判；2015年《跨太平洋伙伴关系协定》（TPP）签署，但随后因美国的退出，其他11个成员国在保持该协定的主要法律文本不变的基础上，搁置了一些美国奥巴马政府力推的具有争议性的制度，达成《全面与进步跨太平洋伙伴关系协定》（CPTPP）；2017年9月21日，《综合性经济贸易协定》（CETA）在加拿大和欧盟之间临时生效，条约中大多数条款已经运用在两国经贸关系往来中；2019年11月4日，《区域全面经济伙伴关系协定》（RCEP）15个成员国结束谈判，并于2020年11月15日签署协定。

当然，超大区域贸易协定是否会成为区域主义发展的新潮流还有待观察，现在就断定超大区域贸易协定的崛起是未来世界经济发展趋势还为时尚早。然而，鉴于现已有大约20％的世贸组织成员已经参与了超大区域贸易协定的谈判[1]，因此该现象绝对值得进一步关注。目前，至少有以下三个问题需要研究：第一，如何界定超大区域贸易协定？它与一般区域贸易协定相比有哪些特点？第二，超大区域贸易协定为什么会出现？第三，超大区域贸易协定能否会成为一种新的潮流？

一、 超大区域贸易协定的界定

超大区域贸易协定作为一个学术概念已经被学者广泛使用，但直到目前，无论学术界还是像世贸组织这类官方机构还未给出一个清晰的定义。本尼迪克特·金斯伯里（Benedict Kingsbury）等人概括总结出超大区域贸易协定的五个特征：第一，地理和经济范围上具有延伸性；第二，关于国家管理和治理在实体和程序上具有深度和广泛的覆盖；第三，趋向于为大公司及其合作伙伴或供应链提供高度的操作自由度；第四，在参与国家之间通过管理联盟（regulatory alignment）追求经济互联；第五，采用条约

---

[1] Amitendu Palit, "Mega-regional Trade Agreements and Non-participating Developing Countries: Differential Impacts, Challenges and Policy Options", *Competition & Change*, Vol.21, Issue 5, 2017.

和机制化的形式。[1]由于金斯伯里等人主要以 TPP 为研究对象，因此他们主要强调超大区域贸易协定在经贸规则上的创新，根据这五条标准，RCEP 能否被算作超大区域贸易协定就难以判断。

一般学者将三种新近出现的区域贸易协定界定为超大区域贸易协定。第一种是美国主导型，典型代表是《跨太平洋伙伴关系协定》。这类超大区域贸易协定主要追求经贸规则的创新，它们所涉及的议题无论在深度还是广度上都超越了世贸组织规则的覆盖范围。换言之，这类超大区域贸易协定不仅是"WTO-加"（WTO plus），更是"WTO-多"（WTO more）。[2]第二类是发展中国家主导型，典型代表是《区域全面经济伙伴关系协定》。由发展中国家主导的超大区域贸易协定与由发达国家主导的超大区域贸易协定有很大差异。[3]RCEP 不像 TPP 和 TTIP 那样强调劳工与人权、知识产权和针对国企的竞争中性等经贸新规则，它主要旨在对本地区已经存在的几个"东盟＋1"经贸规则的整合，使之形成一套统一的规则，从而解决因规则重叠而导致的"意大利面碗效应"问题。[4]另外，与发达国家构建的超大区域贸易协定不同，RCEP 还给最不发达的成员国以特殊和差别待遇，并承诺给予其技术援助与能力建设支持。[5]第三是欧盟主导型，典型代表是《综合性经济贸易协定》、欧盟-越南自贸区等。由于欧盟本身已经

---

［1］ Benedict Kingsbury, David M. Malone, Paul Mertenskötter, Richard B. Stewart, Thomas Streinz, and Atsushi Sunami, "Introduction: The Essence, Significance, and Problems of the Trans-Pacific Partnership", in Benedict Kingsbury et al., （eds.）, *Mega-regulation Contested: Global Economic Ordering after TPP*, Oxford: Oxford University Press, 2019, p.3.

［2］ Peter-Tobias Stoll, "Mega-Regionals: Challenges, Opportunities and Research Questions", in Thilo Rensmann （ed.）, *Mega-Regional Trade Agreements*, Cham: Springer, 2017, p.5.

［3］ Amitendu Palit, "Mega-regional Trade Agreements and Non-participating Developing Countries: Differential Impacts, Challenges and Policy Options", *Competition & Change*, Vol.21, Issue 5, 2017.

［4］ Jeffrey D. Wilson, "Mega-Regional Trade Deals in the Asia-Pacific: Choosing between the TPP and RCEP?", *Journal of Contemporary Asia*, Vol.45, No.2, 2015.

［5］ "Guiding Principles and Objectives for Negotiating the Regional Comprehensive Economic Partnership", https://asean.org/storage/2012/05/RCEP-Guiding-Principles-public-copy.pdf, 2022-12-31.

是一个巨大的区域贸易协定，欧盟作为一个整体与域外国家形成的自贸区都可以被称为是超大区域贸易协定。近些年，欧盟虽内忧外患不断，但在构建区域贸易网络上依然不遗余力。由欧盟主导的超大区域贸易协定在特征上介于美国型和发展中国家型之间，虽然主要规则内容还是在世贸组织规则范围内，但也有不少创新之处，比如在《综合性经济贸易协定》和欧盟-越南自贸区中，欧盟都力推建立国际投资法庭，这是对投资争端解决制度的一大创新。[1]

通过概括对上述三类超大区域贸易协定的特征，我们可以总结出它们共同具备的几个基本特征，并以此来界定它们。

第一，超大区域贸易协定本质上还是区域贸易协定，但它是从现代区域贸易协定中进化出来的新物种。超大区域贸易协定不仅是地理范围上的扩大，事实上，19世纪后期出现的泛非主义和泛阿拉伯主义，以及美国在战后实行的马歇尔计划在地理范围上都非常广泛，可它们都不是现代意义上的区域贸易协定，因而不能算作超大区域贸易协定。与传统的区域贸易协定相比，超大区域贸易协定已经发生了很大的变异，这就好比城邦国家和民族国家同样是国家，但两者是不同进化阶段的物种。[2]

第二，超大区域贸易协定的"大"不仅体现在成员国覆盖的地理范围，也体现在其经济体量上。传统区域贸易协定往往限定在相邻国家之间，如今这种模式已经过时。[3]超大区域贸易协定在地理范围上不仅局限于某个传统意义上的区域，很多是跨区域的。这种跨区域性意味着超大区域贸易

---

[1] 参见 Elsa Sardinha, "The New EU-Led Approach to Investor-State Arbitration: The Investment Tribunal System in the Comprehensive Economic Trade Agreement (CETA) and the EU Vietnam Free Trade Agreement", *ICSID Review*, Vol.32, No.3, 2017。

[2] 比如唐世平的理论实际上是将诸侯国和帝国视为处在不同进化阶段的两种政治组织。参见唐世平：《国际政治的社会进化：从米尔斯海默到杰维斯》，《当代亚太》2009年第4期。

[3] Jason H. Grant, "From Multilateralism to Mega-Regionalism-Implications for Agricultural Trade Policy", in Karl Meilke and Tim Josling (eds.), *Handbook of International Food and Agricultural Policies*, *Volume III*: *International Trade Rules for Food and Agricultural Products*, Singapore: World Scientific Publishing Co Pte Ltd., 2018, p.94.

协定需要重构区域理念和认同。[1]在经济体量上，目前几个超大区域贸易协定一旦成立，都将在经贸领域具有举足轻重的地位。例如，截至2021年底，CPTPP 11个成员国的GDP总量占世界12%；RCEP 15个成员国的GDP总和更是占全球GDP的31%。[2]

第三，超大区域贸易协定或是追求制度突破与创新，或是追求制度整合。以TPP为代表的美国主导型超大区域贸易协定在很多规则上超越了世贸组织的规定，意在构建"21世纪国际经贸规则"。由于许多新规则存在较大争议，加之超大区域贸易协定成员国异质性相对传统区域贸易协定更加突出，因而谈判难度也比较大。以RCEP为代表的发展中国家主导型超大区域贸易协定虽然在规则创新上不如美国主导型，但它的价值在于实现了15个成员国之间碎片化的经贸规则制度的整合。

总的来说，如果运用组织生态学的思维看待超大区域贸易协定，则可以认为它是基于传统区域贸易协定进化出来的新物种。严格地说，该物种有三种基本类型，即美国主导的规则创新型、发展中国家主导的规则整合型和欧盟主导的综合型；宽泛地说，也可以认为该物种有两种类型，即发达国家主导的规则创新型和发展中国家主导的规则整合型。

二、 超大区域贸易协定出现的原因

（一）既有研究作出的两种解释

作为一个新物种，超大区域贸易协定之所以在近些年出现，既有研究主要提供了两方面的解释。一是经济上的原因。阿米腾杜·帕里特（Ami-

［1］ Benedict Kingsbury, David M. Malone, Paul Mertenskötter, Richard B. Stewart, Thomas Streinz, and Atsushi Sunami, "Introduction: The Essence, Significance, and Problems of the Trans-Pacific Partnership", in Benedict Kingsbury et al., (eds.), *Megaregulation Contested: Global Economic Ordering after TPP*, Oxford: Oxford University Press, 2019, pp.7—8.
［2］ 数据来源：世界银行开放数据库（World Bank Open Data）。

tendu Palit）指出，超大区域贸易协定的出现与世贸组织的失灵密切相关。在当前的世贸组织多边贸易框架下，创新性规则难以形成，无法有效解决国际贸易中出现的一些新问题。因此，包括美国在内的发达国家对多边体系非常不满，认为其限制了新一代贸易规则的制订；发展中国家亦对久拖不决的多哈回合谈判感到失望，认为在世贸组织框架下难以对当前一些不公平经贸规则进行修正。[1]

上述这种解释有一定道理。世贸组织框架下的规则制定采取"一揽子"的方式，遵循全体一致原则，这就意味着某个协议只要有某部分得不到成员国全体一致通过，整个协议就无法通过，这显然增加了规则创新的难度。即使新的规则在历经艰难的谈判后最终得以通过，其生效可能还需要经历很长时间，例如2013年世贸组织通过了《贸易促进协定》（TFA），但直到2017年该协定才正式生效，足见世贸组织在新规则的创设和应用上都存在诸多弊端。然而，这个解释还不够充分，因为以世贸组织为代表的多边贸易机制的失灵现象存在已久，它是传统区域贸易协定兴起的原因之一。因此，上述解释仍是在回答区域贸易协定为何兴起，并无法解释超大区域贸易协定的超大规模性和规则创新性。

有的学者试图从全球价值链的角度出发，指出全球价值链与世贸组织多边贸易体制的不匹配是造成区域主义兴盛的原因，这种解释其实没有看到超大区域贸易协定与传统区域贸易协定的区别。[2]当然，从全球价值链的角度的确可以解释为什么超大区域贸易协定会出现超越世贸组织制度的规则创新。自20世纪90年代以来，科学技术的发展和跨国公司的推动使得全球价值链得以形成，它对贸易规则提出了新的要求：一是要求大力削减中间品的贸易壁垒；二是需要深度的服务贸易自由化；三是要求国家在

---

［1］ Amitendu Palit, "Mega-regional Trade Agreements and Non-participating Developing Countries: Differential Impacts, Challenges and Policy Options", *Competition & Change*, Vol.21, Issue 5, 2017.

［2］ 参见程大中、姜彬、魏如青：《全球价值链分工与自贸区发展：内在机制及对中国的启示》，《学术月刊》2017年第5期。

边境内措施上加强协调。[1]因此，当世界经济基础发生了很大变化时，以世贸组织为代表的多边贸易体系作为世界经济上层建筑却没有跟上变革步伐，这就导致国家将规则创新的希望寄托于地区层面上。

对于超大区域贸易协定出现的第二种解释是从国际战略的角度出发的，大体上秉持了国际政治中的现实主义理论。从这种视角看，超大区域贸易协定是为大国追求规则主导权服务的。这种解释在理论上可以找到支撑，比如现实制度主义理论就指出，随着国际体系的变革，大国竞争主要表现为国际制度之争。[2]按照这种理论推演，美国力推 TPP 是为了在区域制度上和中国展开竞争，而 RCEP 在很大程度上就是对 TPP 的一种反制。在美国构建 TPP 的过程中，美国官方的表态为这种解释提供了充分的证据。美国国防部就将 TPP 比作另一艘航母，其针对中国的战略目标昭然若揭。[3]奥巴马总统更是明确声明，TPP 将使美国，而非中国主导世界贸易。[4]

从战略视角去解释超大区域贸易协定的出现，的确能在理论和现实中找到依据，但这种解释似乎将超大区域贸易协定视为军事同盟一般的存在，将 TPP 和 RCEP 对立起来。事实上，完全从现实主义对抗的视角似乎并不能准确把握 TPP 和 RCEP 之间的关系。TPP 和 RCEP 之间确有一定竞争关系，但它们之间也存在着一种共同演进、相互促进的关系，并不以消灭对方为目标。如果单从现实主义的视角看待 TPP 和 RCEP 的关系，就无法解释一个现象，即这两个超大区域贸易协定中，有 7 个共同的成员国。[5]众

[1] 陈靓、黄鹏：《WTO 现代化改革——全球价值链与多边贸易体系的冲突与协调》，《国际展望》2019 年第 1 期。

[2] 参见李巍：《国际秩序转型与现实制度主义理论的生成》，《外交评论》2016 年第 1 期；李巍、罗仪馥：《从规则到秩序——国际制度竞争的逻辑》，《世界经济与政治》2019 年第 4 期。

[3] "TPP as important as another aircraft carrier: US Defense Secretary", https://thediplomat.com/2015/04/tpp-as-important-as-another-aircraft-carrier-us-defense-secretary/, 2020-05-01.

[4] "President Obama: The TPP would Let America, not China, Lead the Way on Global Trade", https://ustr.gov/about-us/policy-offices/press-office/press-releases/2016/may/cross-post-president-obama-tpp-would, 2020-05-01.

[5] 7 个共同的成员国是：澳大利亚、文莱、日本、马来西亚、新加坡、新西兰和越南。

所周知，在两个对立的军事同盟中，共同的成员国是不可能存在的，因此，TPP 和 RCEP 的关系绝对不是简单的对抗与反制关系。

（二）组织生态学的视角

上述两种解释都有一定道理，但也都存在一定缺陷，而从组织生态学的视角恰恰可以对其进行补充。

超大区域贸易协定之所以能够以一种新的物种形式出现，主要是受到环境压力的催使，具体来说，就是和世界经济格局（外生性环境因素）、区域贸易协定的饱和（内生性环境因素）密不可分。

在全球经济治理中，世贸组织多边框架难以跟上时代发展潮流，已被诸多成员国所诟病，只要世贸组织不进行改革，国家还是会把外交和谈判资源投向地区层面。但是，在区域贸易协定已经饱和的情况下，简单复制过往的经验，创制出内容和形式上毫无新意的区域贸易协定已无太大实际意义，只会造出一批功能相似的制度，不仅对促进经贸合作作用不大，反而会使规则复杂化。因此，对于国家来说，只有对区域贸易协定的规模和内容作调整，才能进一步实现资源的有效配置。

这种调整首先源自美国。有学者认为，超大区域贸易协定的出现是以 TPP 的出现为标志的。这种说法不无道理，因为 TPP 的确是区域贸易协定的一次重要变异。随着发展中国家，特别是像中国这样的新兴大国利用区域贸易协定为自身的经济发展赢得了巨大的利益，地缘政治因素和地缘经济因素再次交织在一起。事实上，TPP 作为超大区域贸易协定的初次尝试，从美国的角度而言，就是为了使其成为奥巴马"重返亚太"战略的重要一环，用以制衡中国在亚太地区不断上升的影响力。[1]

美国之所以力推 TPP，除了战略上挤压中国的意图之外，更多还是出于构建一套新的制度规则以重塑全球价值链的考虑。区域贸易协定的发展

---

[1] 参见 Matteo Dian, "The Strategic Value of the Trans-Pacific Partnership and the Conse-quences of Abandoning it for the US Role in Asia", *International Politics*，Vol.54，Issue 5，2017。

虽然对多边贸易体系造成了冲击，但在客观上提高了国家之间的相互依赖度，使得全球价值链分工日趋复杂。生产一体化促进了深化区域一体化的现实需求，特别是大型跨国公司在其中扮演了重要角色，它们寻求规则的进一步统一，从而促进和保障在生产价值链、服务和数字市场、相关投资、知识产权保护以及数据流动等方面的合作。[1]世界银行经济学家的实证研究也验证了上述观点，一项关于贸易协定深化与全球价值链的研究表明：第一，全球价值链贸易的现实需求和贸易协定的深化相关；第二，全球价值链中处于高附加值产品生产环节的国家在贸易协定深化过程中获益更多；第三，世贸组织涵盖范围之外的规则（如竞争政策和投资政策）是促进贸易协定深化和全球价值链紧密的主要动力，特别是在南-北型贸易协定中尤为明显。[2]TPP 在很多领域都超越了世贸组织的规定，为经贸规则设置了很高的标准，而且其成员国中既包含美国、加拿大、澳大利亚等发达国家，也包含越南、墨西哥、马来西亚这些发展中国家，属于典型的南-北型贸易协定。因此，按照世界银行的研究结论推演，美国力推 TPP 的确有足够的内在驱动力。

对于发展中国家来说，对标深度经贸规则就意味着对国内法律和政策进行大幅修改，而在现阶段很多发展中国家的国情还不足以支持其这么做，因此它们很难在短期内加入美国主导型超大区域贸易协定。在 TPP 中，除了越南外，剩余的几个发展中国家都是中高收入国家，像新加坡这样名义上的发展中国家，实际人均收入水平比美国等发达国家还要高；而泰国、印度尼西亚、菲律宾等中低收入的发展中国家暂时无法接受 TPP 中的某些条款。[3]

---

［1］ 参见 Dan Ciuriak，"Generalized Freedom to Operate"，*Mega Reg Forum Paper*，2016/3，https://www.iilj.org/publications/generalized-freedom-operate/，2022-12-31。

［2］ Edith Laget，Alberto Osnago，Nadia Rocha and Michele Ruta，"Deep Trade Agreements and Global Value Chains"，*Policy Research Working Paper*，8491，June 2018，p. 18，https:// openknowledge. worldbank. org/bitstream/handle/10986/29945/WPS8491. pdf? sequence = 1&isAllowed = y，2022-12-31。

［3］ 越南之所以接受 TPP 条款，主要是希望借助 TPP 推进国内经济改革，参见 Amitendu Palit，"Mega-regional Trade Agreements and Non-participating Developing Countries：Differential Impacts，Challenges and Policy Options"，*Competition & Change*，Vol. 21，Issue 5，2017。

发展中国家参与构建超大区域贸易协定主要受内生和外生两个因素驱使。就内生性动力而言，经济学家实证研究表明在南-南型区域贸易协定中，传统的边境外条款依然是其参与全球价值链的重要推动力。[1]发展中国家总体上依然维持了较高的关税壁垒，因此进一步削减关税（特别是中间品的关税）仍是促进贸易自由化的有效手段。外生性动力源自组织生态学中的系统效应。TPP 等由发达国家主导的超大区域贸易协定一旦启动，将对未参与其中的发展中国家产生不利影响，具体表现在两个方面：一是由贸易转移效应带来的"优惠侵蚀"（preference erosion），发展中国家原本享有的一些贸易上的优惠待遇将随着超大区域贸易协定成员国间关税的削减而在事实上受到减损；二是由于超大区域贸易协定所建立的规则标准，给非成员的发展中国家制造了新的市场准入壁垒，这些发展中国家若是产品无法达到劳工和环保标准，或者无法对知识产权给予足够保护，就将无法进入超大区域贸易协定的成员国市场。[2]受这两个内外因素的驱使，那些无法参与高标准区域贸易协定的发展中国家就会设法整合既有区域贸易协定，使其组成体量更大、规则统一的自由贸易区，以此来对冲发达国家主导的超大区域贸易协定。

三、 超大区域贸易协定的发展前景

从组织生态学的视角看，发达国家主导的、以实现贸易规则深化为目标的超大区域贸易协定的出现是一种变异，而发展中国家主导的超大区域贸易协定是对这种变异的回应。照此逻辑推演，如果没有其他变量干扰，

---

[1] Edith Laget, Alberto Osnago, Nadia Rocha and Michele Ruta, "Deep Trade Agreements and Global Value Chains", *Policy Research Working Paper* 8491, June 2018, p. 18, https://openknowledge.worldbank.org/bitstream/handle/10986/29945/WPS8491.pdf?sequence=1&isAllowed=y, 2022-12-31.

[2] Amitendu Palit, "Mega-regional Trade Agreements and Non-participating Developing Countries: Differential Impacts, Challenges and Policy Options", *Competition & Change*, Vol.21, Issue 5, 2017.

超大区域贸易协定必将蓬勃发展，最终将整个世界经济治理体系划分为几个大型区域。然而，现实世界经济治理体系不可能仅仅受经济因素影响，政治、宗教、意识形态等都会成为干扰变量。

在当前情况下，超大区域贸易协定兴起的动力固然很强，但是阻力也很大。作为一种变异，超大区域贸易协定还要经受环境的选择。首先，迄今为止，许多超大区域贸易协定离制度设计者脑中的理想模型还有一定差距。TPP 因美国的退出，不得不转变为 CPTPP，并且将一些争议较大的制度（如投资者-东道国争端解决制度）冻结起来；CETA 也只是在欧盟和加拿大之间临时性生效，正式生效尚待欧盟各成员国的批准；TTIP 谈判已经陷入僵局，其主要议题已逐渐转入约束力更弱的美欧贸易与技术委员会（TTC）进行讨论；截至 2022 年底，RCEP 已对其大部分成员国生效，但印度似乎并未表现出加入 RCEP 的可能，这无疑是一大缺憾。因此，超大区域贸易协定尚处在环境选择的过程中，有一些阶段性的成果，但还未完全取得成功。

其次，未来超大区域贸易协定将受到国际思潮的影响。当前，反全球化、去全球化和民粹主义思潮抬头，极大地影响了全球经济治理的发展方向。反全球化思潮不仅反对全球化，也反对包括区域化在内的经济自由化措施。表面上看，美国退出 TPP 是特朗普政府的一意孤行，但其背后也有民意支持，这点在奥巴马政府时期就有表现，比如所谓"茶党"运动和"占领华尔街"运动的出现。加上 TPP 谈判受美国跨国公司游说的影响很大，这就更令那些在全球化中利益受损的民众感到担忧。未来美国乃至全球经济大环境是向着更加自由和开放的方向发展，还是向着保守和封闭的方向演化，还存在较大的不确定性，如果是前者，固然可以为超大区域贸易协定创造一个良好的生存环境，但如果是后者，超大区域贸易协定就将面临较大的环境压力。

第三，正如前文所述，相对传统区域贸易协定而言，超大区域贸易协定在区域认同感的建构上难度较高。正是因为区域认同感的缺乏，超大区域贸易协定往往更加需要一个或数个大国的参与，这样才能维系成员国的团结。TPP 的主导国是美国；而 CPTPP 得到日本的力推；RCEP 秉持了东盟主导的传统，但还是离不开大国的合作，特别是中日韩三边合作。若大国不愿提供更多公共产品，超大区域贸易体系的团结就难以维系。

尽管超大区域贸易协定面临着诸多挑战，许多国家还是看到了其未来发展的潜力。有些国家以更加积极的姿态参与超大区域贸易的谈判，其中既有发达国家，也有发展中国家。中国作为发展中大国，同样也在未雨绸缪、积极布局、务实推进：一是参与整合原有区域贸易协定，如构建RCEP；二是对既有自贸协定进行升级，向经贸自由化进一步发展，如中国和新西兰升级版自贸协定、中国和秘鲁升级版自贸协定等都在原有基础上深化和新增了许多规则；三是务实推进国内改革，如通过《外商投资法》进一步优化投资环境，建立地方的自贸试验区和海南自贸港，对标国际最高标准的经贸规则和实践。国际体系不仅是客观的体系，也是国家可以发挥能动作用的体系。如果各国都开始积极为超大区域贸易协定积极准备，那么它的兴起很可能会成为一个自我实现的预言。

为了应对超大区域贸易协定的出现，拉美国家同样也在积极布局，太平洋联盟就是智利、哥伦比亚、墨西哥和秘鲁四国为此做的准备。首先，从时间节点上看，联盟的成立正好是在 TPP 谈判的攻坚期；其次，从联盟的名称并结合其宗旨和目标来看，联盟的自我定位绝非将自身局限于拉美地区，而是试图连接整个亚太地区，这和参与超大区域贸易协定的目标完全一致；最后，在联盟的成员国中，智利、墨西哥和秘鲁三国参加了 TPP谈判，并最终成为 CPTPP 成员，哥伦比亚和美国的关系一直非常紧密，并且也正在申请加入 CPTPP。由此可见，这四个国家对于参与超大区域贸易协定都持支持态度。

当然，单看以上三点理由还不足以证明太平洋联盟和超大区域贸易协定的关系，因此本章第三节将结合拉美分体系中的区域贸易协定的发展进程，对此作进一步分析。

第三节

———

拉美区域贸易协定发展进程与太平洋联盟

受欧洲区域主义实践的鼓舞，区域主义在世界各地兴起。东亚区域一体化发展比较顺利，其演化过程呈现三个阶段，一是缺少约束力的多边自由贸易阶段，二是以"东盟＋N"为代表的双边自贸协定网络化阶段，三是向着超大自贸区发展阶段。[1]甚至连经济上欠发达的非洲国家也在区域一体化上开始了务实合作。2019年5月30日，《非洲大陆自由贸易区协定》（AfCFTA）生效，虽然其各项规定对成员国的义务要求并不高，但依然具有里程碑的意义。根据联合国非洲经济委员会的估计，该协定将使非洲内部贸易增长53％。[2]

相较而言，拉美一体化尽管起步较早，但发展并不顺利。当非盟、东盟和阿盟纷纷亮相国际舞台，"拉盟"却迟迟未能建成。[3]事实上，早在20世纪60年代，约瑟夫·奈就指出，拉美区域主义是象征性的一体化（token integration）。[4]30多年之后，拉美学者自己也承认，拉美一体化是虚构的一体化（integración-ficción）。[5]如果同欧盟相比，拉美一体化仍非常不成熟。俞培果通过实证商业周期法对拉美一体化的发展和趋势作了深入分析，研究发现，整体上，拉美自20世纪80年代初起，经济一体化水平一直很低；到80年代末和90年代初，经济一体化水平不升反降，跌入低

［1］席桂桂：《制度内选择行为与东亚经济一体化的路径选择》，暨南大学出版社2017年版，第25页。

［2］《非洲大陆自由贸易区协议生效》，中国商务部网站：http://www.mofcom.gov.cn/article/i/jyjl/k/201906/20190602871227.shtml.

［3］王友明：《国际舞台上为何迟迟不见"拉盟"》，《环球时报》2019年9月2日第014版。

［4］Joseph S. Nye, Jr., *International Regionalism: Readings*, Boston: Little, Brown and Company, 1968, p.377.

［5］Félix Peña, "El Mercosur y los Acuerdos de Integración Económica en América Latina: ¿qué lecciones pueden extraerse de la experiencia acumulada?", *Archivos del Presente*, año 2, N° 24, 1996.

谷，经历了 5 年低谷期后才逐渐稳步上升。总体而言，拉美一体化水平依然有很大提升空间。[1]

尽管拉美没有建成像欧盟这样具有超国家性质的区域性国际组织，但它并不缺少区域合作实践，许多拉美区域贸易协定至今依然有效，只是实际功能和作用各不相同。那么拉美区域贸易协定发展现状究竟如何？它们的发展进程表现出怎样的特点？是什么因素造就了这种特点？鉴于太平洋联盟也是一个拉美区域贸易协定，如能对上述这些问题作解答，就相当于对联盟成立的地区背景作了深层次的解析。

一、拉美区域贸易协定发展现状和特点[2]

拉美区域贸易协定发展总体上可以分为三个阶段。第一个阶段是 20 世纪 60 年代初到 80 年代初。这段时期，为了保护和培育国内幼稚产业，拉美地区普遍实行进口替代型发展战略，在加强区域内国家贸易的同时，限制同区域外国家的经贸往来。1960 年成立的拉丁美洲自由贸易协会（ALALC）就是在进口替代战略大行其道的背景下成立的。[3]1969 年，秘鲁、玻利维亚、厄瓜多尔、哥伦比亚和智利政府建立了安第斯集团（MCA），旨在促进该地区的一体化。[4]整个 20 世纪 80 年代被称作拉美"失去的十年"，对拉美区域主义来说也是如此，在这十年间，拉美区域主义几乎没有任何进展。[5]第二阶段是 20 世纪 80 年代末至 2008 年。在这个阶段，经济新自由主义在拉美地区的影响力先扬后抑，区域主义的发展以美洲自由贸易区（FTAA）谈判为主轴，表现为拉美独立、自强式的区域主

[1] 俞培果：《拉美经济一体化的发展与趋势研究——基于商业周期相关分析》，《西南科技大学学报》（哲学社会科学版）2016 年第 2 期。
[2] 中美洲加勒比地区的区域贸易协定规模较小且影响有限，限于篇幅，本书不展开论述。
[3] 1980 年，拉美自由贸易协会被拉美一体化协会（ALADI）取代。
[4] 1996 年，随着秘鲁重新回归，安第斯集团更名为"安第斯共同体"（CAN）。
[5] Andrés Rivarola Puntigliano, "Global Shift: The UN System and the New Regionalism in Latin America", *Latin American Politics and Society*, Vol.49, No.1, 2007.

义和美国主导的泛美主义的竞争与博弈。[1]在此过程中，美国取得的最大成就是北美自由贸易区的建立，而拉美国家的主要成就则是南方共同市场（MERCOSUR）的成立。[2]随着美洲自由贸易协定谈判陷入困境以及拉美左翼崛起，美国主导的基于经济新自由主义理念的区域一体化进程遭到抵制：委内瑞拉于 2004 年发起并形成了美洲玻利瓦尔替代计划（2009 年更名为"美洲玻利瓦尔联盟"），巴西主导的南美洲国家联盟（UNASUR）于 2008 年成立。[3]第三阶段是 2008 年至今。自 2008 年起，美国再一次介入拉美区域主义发展，但与以往建立美洲国家组织（OAS）和发起美洲自由贸易协定谈判不同，此次美国是通过主导 TPP 谈判来间接介入拉美区域主义发展的。这一阶段的主要特征是超大区域贸易协定开始对拉美地区产生影响。目前这一阶段还在进行中，其阶段性成果就是 CPTPP 和《欧盟-南共市自由贸易协定》（EU-MERCOSUR FTA）。

拉美区域贸易协定的第一个特征是多样性。按照成员国覆盖范围划分，在拉美既有覆盖地区主要国家的组织，也有次区域性国际组织，还有跨区域组织。比如，拉美自由贸易协会/拉美一体化协会（ALALC/ALADI）基本涵盖了整个拉美地区，安第斯集团/安第斯共同体、南方共同市场和太平洋联盟则是拉美重要的次区域性国际组织，CPTPP 和欧盟南方-共同市场自由贸易协定则属于跨区域自由贸易协定。从对外经济开放度来看，既有像拉美自由贸易协会/拉美一体化协会和安第斯集团/安第斯共同体这种偏内向型的组织，也有像 CPTPP 和太平洋联盟这样偏外向的组织。从组织化程度来看，既有像安第斯共同体这样组织化程度较高的组织，也有像

---

[1] 参见 Andrew Hurrell, "Regionalism in the Americas", in Louise Fawcett and Andrew Hurrell (eds.), *Regionalism in World Politics：Regional Organization and International Order*, Oxford：Oxford University Press，1995，pp.250—282。

[2] 南方共同市场的再次活跃很大程度上是 FTAA 所激起的意料之外的结果，因而它也是第二阶段进程中的一部分。参见 Alejandro Foxley, "Regional Trade Blocs：The Way to the Futures?", *Carnegie Endowment for International Peace*，2010，p.20。

[3] 严格地说，玻利瓦尔联盟和南美洲国家联盟都不是区域贸易协定，但它们都含有经济合作的相关内容，并且也是在拉美区域贸易协定发展进程中产生的，因此下文也会对其进行论述。

CPTPP 和太平洋联盟这样较为松散的组织。尽管有学者认为，随着阿根廷、巴西、厄瓜多尔和委内瑞拉政局变化，拉美区域主义的多样性可能会随着这些国家拥抱开放的区域主义而减少[1]，但鉴于 2019 年末巴西左翼重新执政和智利政治危机，拉美地区不会一边倒地"向右转"，因此区域贸易协定的多样性在中长期内可能不会改变。

　　拉美区域贸易协定的第二个特征是碎片化。欧盟虽然不是欧洲唯一的区域性国际组织，但是欧盟基本实现了对欧洲区域性国际组织的整合，而拉美覆盖成员国较多的区域性国际组织如美洲国家组织和拉美和加勒比国家共同体（CELAC）在制度成熟度上远不及欧盟，无法将政治、经济和社会治理等各种制度整合在其中。正是因为缺少一个能将整个拉美都整合在内的区域性国际组织，因而拉美次区域性国际组织数量较多，像太平洋联盟、南方共同市场、美洲玻利瓦尔联盟和安第斯共同体等都是拉美重要的次区域性国际组织。

　　拉美区域主义发展进程具有阶段性，正如拉美学者所指出的，拉美一体化进程不是线性的，而是波浪式的发展。[2]因此，拉美区域贸易协定的第三个主要特征就是盛衰起伏较大。许多区域贸易协定在初创时雄心勃勃，但随后便逐渐失去了活力，安第斯集团/安第斯共同体就是典型的例子。安第斯集团在初创时曾被外界寄予厚望，被认为是拉美区域主义的创新，发展潜力巨大，但后来因其成员国之间发生了严重分歧，导致其逐渐丧失了活力。与组织盛衰密切相关的是，拉美区域贸易协定发展还表现出一种所谓"退出式前进"（escape forward）现象，即每当成员国认为既有区域组织发展不顺利或不符合其利益时，它们不是考虑如何对其进行改革与调整，而是直接退出该区域性国际组织，转而参与其他区域性国际组织或成立新

[1] José Briceño-Ruiz, "Times of Change in Latin American Regionalism", *Contexto Internacional*, Vol.40, No.3, 2018.

[2] Gert Rosenthal, "Un Informe Crítico a 30 Años de Integración en América Latina", *Nueva Sociedad*, No.113, 1991.

的区域性国际组织。[1]

二、 拉美区域贸易协定发展的组织生态学解释

拉美区域贸易协定之所以呈现出多样性、碎片化和起伏不定的特征，是因为拉美区域贸易协定在不断发生变异，但大多难以适应拉美地区变化无常的政治和经济环境。总的来说，拉美区域贸易协定的发展是在摸索和不断试错中前行的。

（一）第一阶段：拉美自由贸易协会与安第斯集团

拉美区域贸易协定的基因来源于两个方面，除了上文提到的从欧洲成功的经验中习得的理念外，还有拉美原生的一体化理念。早在 1826 年，拉美的"国父"西蒙·玻利瓦尔就提出了构建泛美联盟的想法。玻利瓦尔一直期望建立一个美洲政治共同体，用以维护拉美的独立，防止殖民者的反扑，同时也可用来抵御日益强盛的美国给拉美造成的威胁。虽然拉美 19 世纪 20 年代至 70 年代推进政治一体化的努力并未成功，但它却为未来拉美区域一体化埋下了一颗种子。

第二次世界大战后，随着欧洲经济共同体的建立，拉美国家担心欧洲建立起来的共同市场会带来贸易转移效应，这催使它们加快了区域主义发展步伐。[2]在此背景下，阿根廷、玻利维亚、巴西、智利、哥伦比亚、厄瓜多尔、墨西哥、巴拉圭、秘鲁和乌拉圭于 1960 年建立了拉美自由贸易协会。由此可见，协会的成立本质上是整个全球范围内区域贸易协定传播和扩散的一部分。

---

[1] Ana Maria Palacio, "The Typical Case of a 'Escape Forward': Implications of the Pro-South Initiative for the Pacific Alliance", https://pacificallianceblog.com/the-typical-case-of-a-escape-forward-implications-of-the-pro-south-initiative-for-the-pacific-alliance/, 2022-12-31.

[2] Walter Mattli, *The Logic of Regional Integration: Europe and Beyond*, Cambridge: Cambridge University Press, 1999, pp.140—143.

拉美自由贸易协会成立之时，拉美地区正普遍实行进口替代战略，此时拉美和加勒比经济委员会（ECLAC）也主张拉美地区实行封闭的区域主义（closed regionalism），因此协会不可避免地实行了进口替代战略。尽管协会吸收了一些自由贸易理论，但其自由贸易仅限于区域内的部分领域，而对于同区域外国家的贸易往来，协会则筑起高墙，以保护区域内的工业化、经济发展与投资。[1]受进口替代战略的影响，协会在贸易自由化上非常谨慎，这点充分反映在其制度设计上。协会的核心内容是削减关税，成员国为了让关税减免过程得到控制，设置了两种关税转让和三类货单。一般自由贸易协定都采取关税自动减让，即谈判结束后，成员国根据时间表自动减免关税，协会则采取定期协商关税减让，并且将减免目录划分为"国家货单"（national list）、"共同货单"（common list）和"特殊货单"（special list）。其中，"共同货单"是成员国承诺后不可反悔的减让，"特殊货单"主要针对欠发达成员国给予的特殊优惠，而最主要的"国家货单"则是成员国通过逐个协商的方式制定的。

拉美自由贸易协会取得一定成绩。一是成员覆盖范围上的扩大，从1961年至1967年，哥伦比亚、厄瓜多尔、委内瑞拉和玻利维亚相继加入；二是区域内贸易额的稳步上升，比如区域内出口占拉美自贸协会总出口的比例从1962年的7.9%上升至1969年的11%；[2]三是外溢效益有所显现，比如1966年，协会成员国之间达成《互惠支付和信贷协定》（El Convenio de Pagos y Créditos Recíprocos），建立了多国的货币清算系统，这意味着一体化从贸易向货币和金融领域的外溢。[3]但总体而言，协会的发展还是不

---

[1] Pía Riggirozzi, "Reconstructing Regionalism: What Does Development Have to Do with it?" in Pia Riggirozzi and Diana Tussie, (eds.), *The Rise of Post-Hegemonic Regionalism: The Case of Latin America*, New York: Springer, 2012, p.21.

[2] Göttingen Hermann Sautter, "LAFTA's Successes and Failures", *Intereconomics*, Vol.7, Issue 5, 1972.

[3] 关于《互惠支付和信贷协定》参见 ALADI, Convenio de Pagos y Créditos Recíprocos: Aspectosbásicos, Montevideo, octubre de 2013, http://aladi.org/nsfaladi/convenio.nsf/2F867B10A3C9CD8183257D8900481CB1/$FILE/Convenio_de_Pagos_-_principales_aspectos_2013.pdf, 2022-12-31。

尽如人意。首先,贸易自由化从 1965 年开始基本陷入停滞状态,成员国之间谈妥的减让项目逐年递减,原定的每年削减货物贸易关税 8% 的目标没有实现。[1]制约协会发展的因素很多,比如政治体制上的一致性不够、基础设施落后、市场机制不健全、制度设计不完善等,但其中一个比较重要的原因是其成员国之间在幅员、经济规模、发展水平和科技实力上差别较大,因而无法照搬欧共体的理论模式进行运作。[2]协会中阿根廷、巴西和墨西哥三个地区大国不愿意向欠发达的小国提供单边减让,而小国也害怕贸易自由化带来的冲击,因而谈判难以开展下去。[3]此后,越来越多的拉美国家意识到,协会无法完全适应拉美地区环境,但要推动其改革也非易事;既然指望协会进一步消除贸易自由化中的障碍基本无望,那么就需要在次地区层面上寻求突破,安第斯集团(MCA)正是在此背景下应运而生的。[4]

从组织生态学的角度看,安第斯集团是一次新的变异。相对拉美自由贸易协会而言,它有很多创新之处。首先,在理念上,安第斯集团采取了新的一体化模式,它以"规划理论"为指导,借鉴了苏联领导的经济互助委员会的运作经验,将重点从贸易转向发展计划。[5]其次,在制度层面上安第斯集团也有许多创新,比如在关税减免上,集团不采取逐年逐项协商谈判的方式,而是采用覆盖所有货物的自动减免方式。另外,在对外投资上的共同政策、在工业和农业上的地区计划与协调以及秘书处的设立都是拉美一体化进程中新的内容。最后,由于意识到拉美自由贸易协会成员国因实力差异较大引起的问题,安第斯集团在成员构成和制度上都作了有针对性的考虑。第一,集团的创始成员国在国家规模和经济发展程度上差别并不大,玻利维亚、智利、哥伦比亚、厄瓜多尔和秘鲁基本上处于同等发展水平。一般认为,在其他条件不变的情况下,成员国之间实力越平均,一体化的潜力就越大。[6]第二,在制

---

[1][3][4]　Göttingen Hermann Sautter, "LAFTA's Successes and Failures", *Intereconomics*, Vol.7, Issue 5, 1972.

[2][5]　石瑞元:《拉美区域一体化模式和机制的变化及其今后的发展趋势》,《世界经济与政治》1995 年第 11 期。

[6]　Mario Barrera and Ernst B. Haas, "The Operationalization of Some Variables Related to Regional Integration: A Research Note", *International Organization*, Vol.23, Issue 1, 1969.

度酝酿阶段,集团创始成员国就提出要平衡阿根廷、巴西和墨西哥这些地区大国的力量。[1]第三,在一些具体制度设计上,集团加入了工业发展的部门项目(Sectorial Programs of Industrial Development),允许国家可以取得生产某种产品的区域垄断权,从而纠正拉美自由贸易协会中新工业自动向地区大国集中的问题,保证欠发达成员国能够分享到新工业发展机遇。[2]

相较于拉美自由贸易协会,集团虽然在促进区域内部贸易方面更加有效,但它仍然无法摆脱进口替代战略的束缚。事实上,在融入了经互会生产一体化的理念后,集团体现出很多计划经济的色彩,这虽然与进口替代战略相适应,却和自由贸易理念渐行渐远。集团在其宪章(《卡塔赫纳条约》)中明确指出,其目标是建立共同市场,而这个共同市场对域外国家构成了很大歧视。1970年12月31日,集团特别委员会第三届会议作出第24号决定,即《外国资本待遇和商标、专利、许可和特许权使用费的共同制度》,对外资进行严格限制。[3]

如果进口替代战略能够持续有效地维持拉美国家经济发展和政治稳定,则拉美贸易自由协会和安第斯集团都将健康发展,但事实上,从20世纪70年代开始,进口替代战略受到了巨大挑战,导致整个拉美地区外生环境发生了重大变化,致使拉美自由贸易协会和集团走向衰败。70年代初,布雷顿森林体系遭受严重打击,加之1973年的石油危机令美国经济陷入困境。危机随后扩散到拉美。由于拉美国家的进口替代战略需要依靠“借新债还旧债”的方式来维持,因此全球经济萧条意味着拉美国家借贷成本上升,令其难以偿付到期债务。债务危机随后在拉美蔓延,拉美自此陷入了“失

---

[1][2] William P. Avery and James D. Cochrane, "Innovation in Latin American Regionalism: The Andean Common Market", *International Organization*, Vol.27, Issue 2, 1973.

[3] 该决定将公司分为三类:一是国内公司,要求集团东道国的资本参与率不低于80%;二是合资公司,要求集团成员国的总资本超过51%且国有资本不低于30%;三是外资企业。在这三类公司中,只有国内和合资公司才能享受集团内部市场的贸易自由化。外资企业不能在公共服务、保险、银行和金融领域开展业务,如果已经开展了这些业务,就必须将其80%的资本卖给集团的本地企业。参见 Régimen Común de Tratamiento a los Capitales Extranjeros y Sobre Marcas, Patentes, Licencias y Regalías, Decision 24, 1970-12-31, http://www.comunidadandina.org/DocOficialesFiles/decisiones/DEC024.doc, 2020-05-01。

去的十年"。拉美经济危机所引起的直接后果就是进口替代战略的崩溃，此后拉美国家迅速实行了政治民主化和经济自由化战略。[1]随着拉美地区环境的剧变，拉美自由贸易协会和集团在新环境中未能及时作出调整，并且新的组织和谈判进程开始涌现，使其逐步被边缘化。

拉美进口替代战略之所以走向末路，一方面是因为外部经济危机的扩散效应，另一方面也是其自身弊端所致，作为改革方案的新自由主义，迅速被拉美所拥抱。

由于凯恩斯主义在应对 20 世纪 70 年代的经济危机时表现不佳，新自由主义在受到多年冷落后得以复兴。在学术上，其标志是哈耶克和弗里德曼分别于 1974 年和 1976 年获得诺贝尔经济学奖；在政策上，其标志是里根执政的美国和撒切尔夫人执政的英国分别全面实行新自由主义政策。在拉美，1973 年皮诺切特政变成功后，智利首先采用新自由主义对国内经济进行改革，启用了一批深受新自由主义思想影响的"芝加哥弟子"。智利采取新自由主义后经济表现确实不错，在其他拉美国家间产生了示范效应，70年代后期，阿根廷和乌拉圭右翼势力上台后也采取了新自由主义政策。[2]新自由主义立刻对拉美区域一体化造成了冲击，1976 年，智利退出安第斯集团，使得后者受到巨大打击。

（二）第二阶段：美洲自由贸易区、南方共同市场、拉美国家联盟和玻利瓦尔联盟

冷战结束后，美国再一次试图推动美国主导的拉美区域主义，其核心就是建立美洲自由贸易区（FTAA）。虽然在 2005 年，美洲自由贸易区谈判宣告失败，但它作为拉美区域主义的一种新的变异，其整个孕育和谈判过程对拉美区域一体化产生了重大影响：一方面，美洲自由贸易区本身是全

---

[1] Marcus Taylor, "Latin America: Power Contestation and Neo-liberal Populism", *Policy Studies*, Vol.31, Issue 1, 2010.

[2] 李罡：《拉美经济改革理论基础辨析——新自由主义经济学与拉美经济改革》，《拉丁美洲研究》2008 年第 6 期。

球经济治理发展的一部分，受《关税及贸易总协定》（GATT，以下简称《关贸总协定》）谈判的影响很大；另一方面，美洲自由贸易区的谈判进程又和南方共同市场的发展紧密相连，并且在客观上催生了南美国家联盟和玻利瓦尔联盟。

20 世纪 90 年代，美国对《关贸总协定》乌拉圭回合谈判进展缓慢颇为不满，于是试图通过启动美洲区域一体化建设来寻求突破。美国认为，此举不仅可以扩大自身在拉美地区的影响力，还可以通过给予最惠国待遇的方式利诱一些拉美国家，以刺激那些在《关贸总协定》谈判中保持沉默的国家。[1]1990 年，老布什总统提出了"开创美洲事业倡议"（Enterprise for the Americas Initiative），首次宣布要建立一个从阿拉斯加到火地岛的自由贸易区，这就是美洲自由贸易区的先声。[2]

对于拉美国家来说，20 世纪 80 年代中后期，随着"贝克计划"和"华盛顿共识"的出台，拉美地区普遍接受了新自由主义理念，总体上对美国提出的"开创美洲事业倡议"非常欢迎。

美国推进美洲自由贸易区的尝试首先从达成《北美自由贸易协定》开始。1992 年，美国、加拿大和墨西哥三国签署《北美自由贸易协定》，虽然该协定遭到美国国会阻挠，但克林顿总统在协定中加入了劳工和环境保护的相关条款后，国会最终批准了该协定。《北美自由贸易协定》的成功对美洲自由贸易区的建立起到了积极作用，其原理和上文提到的自由贸易区的组织生态学扩散原理相同。智利首先申请加入《北美自由贸易协定》，因为它担心如果被排除在该协定之外，该协定的贸易转移效应会对经济产生负面影响。这种担忧在其他拉美国家中也很普遍，成了《北美自由贸易协定》向美洲自由贸易区方向发展的重要推动力。[3]借《北美自由贸易协定》成

---

[1] Marcel Nelson, *A History of FTAA：from Hegemony to Fragmentation in the Americas*, New York：Palgrave Macmillan, 2015, pp.69—70.

[2] 储玉坤：《"美洲倡议"面面观》，《国际展望》1991 年第 10 期。

[3] Marcel Nelson, *A History of FTAA：from Hegemony to Fragmentation in the Americas*, New York：Palgrave Macmillan, 2015, p.76.

功启航之势，美国确立了其推进美洲自由贸易区的总路线图是"NAFTA＋"模式，即拉美国家陆续加入《北美自由贸易协定》，使之逐渐扩大，直至涵盖所有的美洲国家。

尽管美国提出的《北美自由贸易协定》最初得到了拉美国家普遍支持，但是巴西等拉美国家并非对此完全没有防范之心。巴西的应对策略是建立并发展自己的区域性国际组织，从而为未来的《美洲自由贸易协定》谈判增加筹码。

在经济上，巴西发起并成立了南方共同市场。南方共同市场的成立主要受到两个环境压力的驱使。第一，面对区域主义新一轮浪潮，提高在国际市场的竞争力成为阿根廷、巴西、乌拉圭和巴拉圭所面临的迫切任务。[1]特别是欧洲一体化所带来的贸易转移效应刺激各个国家加速构建自由贸易区。第二，1989 年，美国和加拿大自由贸易区正式生效，这是当时全球最大的自贸区。在这两个因素的作用下，巴西和阿根廷捐弃前嫌，开始考虑构建区域合作组织，终于在 1991 年 3 月 26 日签订《亚松森协定》，并计划在 1995 年建成共同市场。南方共同市场成立之初，发展势头良好，从 1990 年到 1997 年，地区内贸易额增长约 5 倍，并且在成立后 10 年内分别同玻利维亚、智利、以色列和秘鲁等国签订了贸易协定。[2]进入 21 世纪后，随着卢拉当选巴西总统，基什内尔当选阿根廷总统，南方共同市场的两个核心国家都由左翼执政，这使得其可资利用的合法性资源增加，厄瓜多尔和玻利维亚都表达了加入南方共同市场的意愿。

当美国提出了用"NAFTA＋"模式来构建美洲自由贸易区后，巴西立即表示反对，在 1994 年迈阿密美洲峰会上，巴西成功将有关《北美自由贸易协定》的内容从美洲自由贸易区谈判草案中删除。[3]在一年后的丹佛部

---

[1] Leonardo Campos Filho, "New Regionalism and Latin America: The Case of MERCOSUL", *Institute of Latin American Studies of London University*, *Research Paper*, No.51, 1999, p.23.

[2] Claire Felter and Danielle Renwick, "Mercosur: South America's Fractious Trade Bloc", https://www.wita.org/atp-research/mercosur-south-americas-fractious-trade-bloc/, 2022-12-31.

[3] Marcel Nelson, *A History of FTAA: From Hegemony to Fragmentation in the Americas*, New York: Palgrave Macmillan, 2015, p.78.

长会议上，巴西提出应当首先强化南方共同市场的地位，然后才会考虑加入美洲自由贸易区。[1]从此，美洲自由贸易区谈判就陷于美国主导的"NAFTA＋"模式和巴西主张的"南方共同市场和北美国家谈判"模式之间的争论，因而谈判效率大大降低。此外，1993 年巴西还提议建立南美自由贸易区（SAFTA）以抗衡《北美自由贸易协定》，但是因为南方共同市场已经起步，在生态位上与南美自由贸易区重叠，因此后者最终没有被纳入实质性谈判之中。

在政治上，巴西为了应对美国对拉美区域主义的主导，在 2000 年召开了第一届南美政府首脑峰会，此举其实是对美洲国家组织（OAS）的回应。在此次峰会上，巴西提议创建南美洲国家共同体（CSN），并且在 2004 年将其成功建立起来。2008 年，南美洲国家共同体改名为"南美洲国家联盟"。

从上述历史回顾可以看出，美国和拉美国家在经历了短暂的"蜜月期"后，双方关系中存在的问题逐渐暴露出来。除了美国和巴西在美洲自由贸易区的构建模式上的分歧外，还有三个主要原因导致美洲自由贸易区谈判举步维艰。

第一，世贸组织的成立客观上削弱了美国构建美洲自由贸易区的积极性。首先，正如前文所述，美国推动美洲自由贸易区主要动因之一是《关贸总协定》乌拉圭回合谈判进展过慢，而当乌拉圭回合谈判出现转机时，美国构建美洲自由贸易区的迫切感就相应降低。其次，开展美洲自由贸易区谈判所需的行政资源被相对削减。在美国国内，"开创美洲事业倡议"和美洲自由贸易区谈判主要由财政部主导，美国贸易谈判办公室则致力于推动建立世贸组织，这两个部门存在一定竞争关系。[2]世贸组织的成立意味着美国贸易谈判办公室在这场内部竞争中胜出，为其未来获得更多的行政资源创造了条件，而财政部用以推进美洲自贸区的行政资源因此受到挤占。最后，美国政府认为，

---

［1］ Zuleika Arashiro, *Negotiating the Free Trade Area of the Americas*, New York: Palgrave Macmillian, 2011, p.99.

［2］ 参见 Joseph S. Tulchin, "The Enterprises for the Americans Initiative: Empty Gesture, Shrewd Strategic Gambit, or Remarkable Shift in Hemispheric Relations?", in Roy E. Green (ed.), *The Enterprise for the Americas Initiative: Issues and Prospects for a Free Trade Agreement in the Western Hemisphere*, Westport: Praeger, 1993, pp.144—148。

既然有了世贸组织作为贸易谈判的平台，一些重要的议题完全可从美洲自由贸易区谈判中删除，这进一步降低了美洲自由贸易区的实际意义。比如，在农业谈判上，美国表示不会在美洲自由贸易区谈判中对巴西等拉美国家做出单边让步，因为农业问题牵涉欧洲和日本，而这却是美洲自由贸易区鞭长莫及的。此后，美国进一步提出，将把美国和拉美国家的农业谈判放在世贸组织中一并解决。在美国的压力下，拉美各国最终不得不接受美国的提议，同意将农业出口补贴问题拿到世贸组织西雅图峰会上讨论。[1]

第二，拉美国家对于新自由主义的热情也开始逐渐消退。20 世纪 90 年代，拉美在采取了新自由主义后，经济上有所增长，但是由于拉美国家经济自由化速度过快，在国内机制体制尚不健全的情况下迅速开放了贸易和金融市场，致使其经济脆弱性暴露无遗。1994 年底，墨西哥爆发金融危机，比索贬值 55%，股市下跌 35%，直接导致 1995 年墨西哥经济增长率下滑50%；1999 年，巴西也遭遇金融危机，国民生产总值比 1998 年同期下跌4%。[2]经济危机使新自由主义对拉美国家的吸引力急剧下降，这很快就反映在拉美国家的经济政策上。尽管拉美国家期望得到美国市场，但是也感受到了加速经济自由化可能带来的风险，到 90 年代末，拉美国家得了"经济调整疲劳症"，减慢了降低进口壁垒的速度。[3]对新自由主义的反对使得拉美政治生态发生了变化，左翼政府纷纷上台。2003 年，基什内尔当选阿根廷总统后公开质疑新自由主义，并且强调要再次推进南方共同市场建设，此举进一步妨碍了美国构建美洲自由贸易区的进程。[4]阿根廷随后提出的"MERCOSUR + 1"联盟，使美洲自由贸易区谈判彻底陷入僵局。

---

［1］ Marcel Nelson, *A History of FTAA: From Hegemony to Fragmentation in the Americas*, New York: Palgrave Macmillan, 2015, p. 95.

［2］ 庄起善主编：《世界经济新论》，复旦大学出版社 2008 年版，第 282 页。

［3］ ［美］罗伯特·吉尔平：《全球资本主义的挑战：21 世纪的世界经济》，杨宇光、杨炯译，上海人民出版社 2001 年版，第 245—246 页。

［4］ Miriam Gomes Saraiva and José Briceño Ruiz, "Argentina, Brasil e Venezuela: As Diferentes Percepções Sobre a Construção do Mercosul", *Revista Brasileira de Política Internacional*, Vol.52, No.1, 2009.

第三，拉美非政府组织和民众日益对自贸协定谈判感到不满。拉美非政府组织从一开始就关注自贸协定的谈判进程，在1997年贝洛哈里桑塔部长会议上，一些农业、劳工、社会和环境相关的组织组建了名为"我们的美洲"的平行论坛，表达了对自贸协定谈判的关切；在1999年圣地亚哥峰会上，非政府组织又联合组成了"美洲人民峰会"。起初，这些非政府组织和民众自发运动影响力有限，还能被纳入自贸协定谈判的进程中，比如在圣地亚哥峰会上，"西半球社会联盟"发布了名为"美洲的替代"的文件，尽管该文件表达了对自贸协定的不满，但还是被列入了正式谈判进程中。[1]然而随着非政府组织和民众自发运动对新自由主义日益不满，将其纳入体制内就变得越来越困难。亨廷顿指出，当政治制度化程度跟不上政治参与程度时，就会出现政治不稳定现象。[2]作为体制外的反对力量，非政府组织和民众自发运动对自贸协定谈判的破坏性日益凸显。在1999年多伦多部长会议上，自贸协定谈判已经失去了对非政府组织活动的控制，而2001年的魁北克城峰会以后，正式的谈判进程已经无法将非政府组织纳入正轨，因此魁北克城峰会被视为自贸协定的转折点。[3]

拉美非政府组织本就立场偏左，反对商业团体，反对自由贸易，因而它们和拉美左翼政府互相支持、互相利用，共同反对自贸协定。巴西和阿根廷的左翼尽管对新自由主义不满，但基本还是努力使自贸协定谈判在表面上不至于破裂，而委内瑞拉和古巴则发表了一些更加激进的言论，企图彻底埋葬自贸协定，代之以新的区域性国际组织。在2001年的魁北克城峰会上，委内瑞拉总统查韦斯宣布，委内瑞拉不会加入美洲自由贸易区，除非委内瑞拉全民公投要求加入。[4]在2002年基多部长会议召开之前，"西

---

[1] Marcel Nelson, *A History of FTAA：From Hegemony to Fragmentation in the Americas*, New York：Palgrave Macmillan, 2015，p.93.

[2] 塞缪尔·亨廷顿：《变革社会中的政治秩序》，李盛平、杨玉生等译，华夏出版社1988年版，第56页。

[3] Marcel Nelson, *A History of FTAA：From Hegemony to Fragmentation in the Americas*, New York：Palgrave Macmillan, 2015，p.101.

[4] Marcel Nelson, *A History of FTAA：From Hegemony to Fragmentation in the Americas*, New York：Palgrave Macmillan, 2015，p.102.

半球社会联盟"在古巴召开了会议，形成了"哈瓦那共识"，公开呼吁反对《美洲自由贸易协定》。[1]

　　2004年，查韦斯访问古巴，与古国务委员会主席卡斯特罗一拍即合，决定创立美洲玻利瓦尔替代计划（即美洲玻利瓦尔联盟的前身）。美洲玻利瓦尔替代计划光从名称上就能反映它的成立背景。一方面，该组织冠以"玻利瓦尔"的名称，说明它继承了西蒙·玻利瓦尔的遗志，因而在基因里有倡导美洲大陆团结一致对抗殖民主义和帝国主义的思想；另一方面，强调"替代"其实是强调它是对《美洲自由贸易协定》的替代方案。[2]由此可见，美洲玻利瓦尔替代计划的诞生是对20世纪90年代以来美国对拉美战略的一种防御性反应，换言之，美洲玻利瓦尔替代计划在很大程度上是《美洲自由贸易协定》谈判所催生的新变异。正因如此，美洲玻利瓦尔替代计划的理念和制度架构都和《美洲自由贸易协定》的构想大相径庭：在理念上，美洲玻利瓦尔替代计划反对新自由主义理念，以委内瑞拉提出的"21世纪社会主义"为核心指导思想，倡导公平、团结、主权和互助；在制度上，美洲玻利瓦尔替代计划在2009年更名为"美洲玻利瓦尔联盟"后，其制度架构基本定型，旨在促成社会、金融与资本、传媒、能源、体育、社会文化和生产等七大战略目标的一体化。

　　玻利瓦尔联盟成立之后，一直平稳向前发展，但从2013年开始，随着拉美政治经济生态环境的变化，它迅速走向了衰落。一方面，拉美左翼在2003—2013年的10年间所处的地区环境较好，但随后便急转直下，查韦斯和卡斯特罗相继于2013年和2016年去世，使得拉美左翼失去了主心骨，也使得联盟失去了灵魂人物。此后，委内瑞拉马杜罗政府陷入内外交困的局面，巴西、阿根廷、厄瓜多尔、玻利维亚左翼处境艰难，使得联盟所依赖的社会思想基础发生动摇。另一方面，2003—2013年，国际初级产品价格

---

[1] Marcel Nelson, *A History of FTAA: From Hegemony to Fragmentation in the Americas*, New York: Palgrave Macmillan, 2015, p.106.

[2] [美]艾米娜·塔赫森：《美洲玻利瓦尔替代计划：超越新自由主义》，许峰译，《国外理论动态》2011年第4期。

基本维持在高水平，联盟成员国因此获得了较大的经济利益，然而此后的大宗商品价格下跌，特别是美国页岩气革命带来的石油和天然气价格的下降，对委内瑞拉和玻利维亚等国的经济造成严重的负面影响，由此带来的一系列经济和社会问题进一步削弱了联盟的经济基础。正是经济周期和政治周期在短期内同时发生调整和变化，使得联盟的发展陷入了困境。[1]

（三）前两个阶段的总结

总结拉美区域贸易协定发展进程的前两个阶段，不难发现，在第一阶段，受全球层面区域性国际组织发展多米诺骨牌效应的影响，拉美地区也不可避免地开启了区域一体化发展进程。在第一阶段中，拉美区域主义的"基因"主要来源于两种观念，一是欧洲区域主义的成功经验，二是拉美自生的追求独立与统一的玻利瓦尔主义。在这两种观念的结合下，拉美区域主义发生了第一次"变异"，即美洲贸易自由协会。此后，在美洲贸易自由协会的基础上，借鉴了经互会的经验后，拉美区域贸易协定又发生了一次小"变异"，即安第斯集团。在第二阶段中，冷战的结束被美国解读为资本主义的胜利，在此背景下，美国力推新自由主义理念并得到了拉美国家的支持，拉美区域主义发展因此有机会迎来新的"变异"，即美洲自由贸易区谈判。然而，美洲自由贸易区谈判进程推进得异常艰难，它最终没有实现成功的"变异"。但是，《美洲自由贸易协定》的谈判对拉美地区环境产生重大影响，它激发了三个新的拉美区域性国际组织，一是相对温和、以经济合作为主的南方共同市场，二是以政治协作为主的南美洲国家联盟，三是在拉美左翼崛起后出现的玻利瓦尔联盟。虽然查韦斯和卡斯特罗等领导人对玻利瓦尔联盟的创立起到了至关重要的作用，但这背后还有其深刻的历史渊源、动因和必然性，而非个别拉美领导体制的偶然迸发。[2]

---

[1] 李慧：《拉美政治生态变化下的美洲玻利瓦尔联盟》，《拉丁美洲研究》2016 年第 6 期。
[2] 贺钦：《拉美替代一体化运动初探——以玻利瓦尔联盟-人民贸易协定为例》，《拉丁美洲研究》2012 年第 3 期。

正是在这种不断"变异"的过程中，拉美区域贸易协定一个接着一个出现，但新出现的拉美区域贸易协定面对拉美"翻烧饼"式的剧烈环境变化，发展势头都难以延续。在面对环境的剧烈变化时，组织要么主动调整生态位，以适应新的环境，要么就蛰伏而等待环境出现新的变化，但无论采取何种策略对组织本身都是消耗。

美洲贸易自由协会和安第斯集团随着拉美进口替代战略的失败而走向衰落。当拉美环境由封闭的区域主义向开放的区域主义转化之时，集团尝试在生态位上作出调整，于1996年更名为"安第斯共同体"，在边界开放、宏观经济政策协调、设立统一关税、建立统一农业政策、加强社会发展等方面取得了新的进展，迎来自身发展的新机遇。[1]但此后，拉美政治生态再次发生变化，左翼力量上台，共同体随即分裂为两个阵营：左翼的厄瓜多尔和玻利维亚与右翼的智利和哥伦比亚，前者对后者同美国协商签署自由贸易协定感到非常不满。委内瑞拉反应更为激烈，查韦斯在2006年直接宣布退出共同体。这种分裂的局面使得共同体再次归于沉寂。

美洲自由贸易区谈判兴起于新自由主义得势之时，而衰败于新自由主义失势之际。受该谈判刺激而取得发展的三个新的区域性国际组织，同样无法适应政治生态环境变化。南方共同市场的发展一直不温不火，至今尚未实现建立共同市场的目标；玻利瓦尔联盟因拉美政治和经济环境的剧烈变化，发展动力始终不足；2018年8月以来，哥伦比亚、厄瓜多尔、巴拉圭、阿根廷、智利、巴西、秘鲁、乌拉圭相继宣布暂停参与南美洲国家联盟，对该组织造成了重大打击，截至2022年底，南美洲国家联盟的相关活动已基本陷入停滞。

总之，在经历了进口替代工业化和开放的区域主义两个阶段，经历了新自由主义和左翼政治的反思后，拉美区域主义仍然在不断探索之中。[2]

---

［1］郭德琳：《安第斯共同体的新步伐》，《拉丁美洲研究》2002年第1期。

［2］杨洁勉等：《大体系：多极多体的新组合》，天津人民出版社2008年版，第463页。

组织生态学理论认为，环境的易变性会形成多样化的组织形式，它是较长时期内变革和选择的积累。[1]拉美区域贸易协定的发展之所以会出现多样化、碎片化和发展起伏的特征，其实是由拉美的环境易变性所决定的。

三、 超大区域贸易协定与太平洋联盟的出现

伴随着超大区域贸易协定的酝酿和成立，拉美区域贸易协定的发展进入了第三阶段。从组织生态学的视角看，超大区域贸易协定给世界经济环境和拉美地区环境带来了巨大改变，因而催生了新的变异。太平洋联盟正是在这个阶段成立和发展起来的。事实上，联盟一方面是后霸权区域主义（post-hegemonic regionalism）时代的新自由主义在拉美地区的新尝试，另一方面也是智利、哥伦比亚、墨西哥和秘鲁为参与超大区域贸易协定的准备。换句话说，联盟一方面是前两个阶段拉美区域贸易协定发展的逻辑延伸，另一方面又是超大区域贸易协定谈判催生的新的变异。

《美洲自由贸易协定》谈判失败后，拉美区域主义发展进入了所谓的"后霸权时代"。[2]美国虽然不再像以往那样强力推动拉美区域主义，但也并非对拉美事务置之不理。美洲自由贸易区虽然失败，但《北美自由贸易协定》总体上是成功的，它对许多拉美国家依然具有吸引力。智利早在1996年和1998年就分别同加拿大和墨西哥签订自由贸易协定，并且在2003年和美国签署自贸协定；哥伦比亚和秘鲁均于2006年与美国签署自贸协定，又于2008年同加拿大签署自贸协定。这一系列双边自贸协定将智利、哥伦比亚、墨西哥和秘鲁同美国和加拿大深度绑定，是太平洋联盟新自由主义基因的来源。

更为重要的是，超大区域贸易协定谈判进程更加深刻地塑造了太平洋

---

[1]　［美］迈克尔·汉南、约翰·弗里曼：《组织生态学》，彭璧玉、李熙译，科学出版社2014年版，第12—15页。

[2]　参见 Pia Riggirozzi and Diana Tussie（eds.），*The Rise of Post-Hegemonic Regionalism：The Case of Latin America*，Dordrecht：Springer，2012。

联盟诞生的背景。对拉美影响最大的超大区域贸易协定是《跨太平洋伙伴关系协定》（TPP）、《跨大西洋贸易与投资伙伴关系协定》（TTIP）和《综合性经济贸易协定》（CETA）。事实上，由于拉美国家对它们始终保持着高度关注，在它们酝酿和谈判阶段，系统性效应已经出现。

TPP 的前身是由文莱、智利、新加坡、新西兰于 2005 年签订的《跨太平洋战略经济伙伴关系协定》（TPSEP）（2006 年生效），但当时它并非以建立超大区域贸易协定为目标，直到 2008 年美国小布什政府开始和 TPSEP 开展谈判。此后，在奥巴马政府时期，美国明确了其战略目标，即扩展 TPSEP，直到构建起一个高标准的超大区域贸易协定。TTIP 谈判于 2013 年正式启动，虽然该协定的谈判进程最终因美欧之间巨大的分歧而于 2016 年暂停，但 2013—2016 年的七轮谈判还是引起全世界的高度关注。CETA 谈判始于 2009 年，虽然也遇到许多问题，但总体上比较顺利，2016 年，加拿大和欧盟双方最终签署协议。

拉美对于以上三个超大区域贸易协定谈判均迅速作出了反应，南方共同市场和欧盟自贸谈判正是在此背景下于 2010 年重启的。

根据经济学家测算，如果美欧之间货物贸易实现零关税，欧盟对美国出口额将增长 7％—18％，美国对欧盟的出口额将增长 8％—17％。[1]因此，当时看来，TPP 和 CETA 给成员国带来的经济利益同样可观。对于非成员国来说，尽管上述三个超大区域贸易协定所构建的贸易网络能够为其带来一些间接利益，但是它所带来的贸易转移效应依然不容小觑。据经济学家估算，在拉美地区，那些与美国和欧盟都没有签署自由贸易协定的国家受到贸易转移效应的影响最大。[2]鉴于南方共同市场的四个创始成员国

---

［1］ Fredrik Erixon and Matthias Bauer, "A Transatlantic Zero Agreement: Estimating the Gains from Transatlantic Free Trade in Goods", *ECIPE Occasional Paper*, No.4, 2010, p.2, https://ecipe.org/wp-content/uploads/2014/12/a-transatlantic-zero-agreement-estimating-the-gains-from-transatlantic-free-trade-in-goods.pdf, 2022-12-31.

［2］ Osvaldo Rosales and Sebástian Herreros, "Mega-regional Trade Negotaitions: What is at State for Latin America", *Inter-American Dialogue*, January 2014, http://www.thedia-logue.org/wp-content/uploads/2015/04/Rosales_Trade_1.pdf, 2022-12-31.

（阿根廷、巴西、巴拉圭和乌拉圭）当时并没有同美国或欧盟达成自由贸易协议，如果 TTIP 和 CETA 都建立，将对南方共同市场造成巨大冲击。例如，阿根廷和欧盟都对美国出口红酒，一旦 TTIP 达成，阿根廷出口至美国的红酒将被欧盟的红酒所替代。同理，阿根廷、巴西和乌拉圭在牛肉出口上和美国存在竞争关系，如果 TTIP 达成，在欧盟市场，美国的牛肉会更有竞争力。更让南方共同市场成员感到不安的是，欧盟 2012 年 10 月宣布，自 2014 年 1 月 1 日起，阿根廷、巴西、乌拉圭和委内瑞拉将不再享受其给予发展中国家的普惠制待遇（GSP），而要按照欧盟根据世贸组织规则所确定的最惠国待遇支付关税；美国于 2012 年 5 月中止阿根廷继续享受普惠制待遇的资格，并且因为后者没有认真履行投资仲裁判决，巴西、巴拉圭和乌拉圭同样受到了美国在普惠制待遇上的刁难。[1] 此外，南方共同市场成员国还意识到，如果再不做出反应，它们未来还将承受规则标准上的歧视。超大区域贸易协定以为全球经贸规则树立新标杆为目的，如果南方共同市场被排除在体系之外，那些数字流动规则、国有企业竞争规则、环保和人权标准或将成为它未来不得不面对的新贸易壁垒。

在环境压力下，有两条路可供选择，一是重启与欧盟的自贸区谈判，二是开启和美国的谈判。在现实中，鉴于南方共同市场早在 1999 年就曾和欧盟进行过自贸区谈判，已有一定基础，而与美国既没有开展自贸谈判的经历，又在政治和意识形态上存在矛盾，因此最终选择继续和欧盟开展谈判。

2019 年 6 月 28 日，欧盟和南方共同市场就欧盟-南方共同市场自由贸易协定文本达成一致，待双方成员国议会批准后可进入领导人签署和生效环节。欧盟-南方共同市场自由贸易协定不是传统的区域贸易协定，而是超大区域贸易协定，这不仅体现在其巨大的体量上，还体现在其规则的深度和广度上。从条约文本上看，欧盟-南方共同市场自由贸易协定不仅包含关税减免等传统自贸协定的内容，还加入了政府采购、竞争政策、国有企业、

---

[1] Osvaldo Rosales and Sebástian Herreros, "Mega-regional Trade Negotaitions: What is at State for Latin America", *Inter-American Dialogue*, January 2014, http://www.thedialogue.org/wp-content/uploads/2015/04/Rosales_Trade_1.pdf, 2022-12-31.

知识产权和可持续发展等最新的经贸规则。[1]由此可见，欧盟-南方共同市场自由贸易协定是在环境变化条件下，拉美区域主义发展的新变异。当然，除了 TPP、TTIP 和 CETA 对南方共同市场的影响之外，太平洋联盟的崛起也是欧盟-南方共同市场自由贸易协定产生的重要动因。联盟自 2011 年成立起，发展迅速，在拉美地区对南方共同市场构成一定挑战，并且联盟四个成员国同美国和欧盟的关系更加紧密，这就意味着南方共同市场如果再不作出调整，将错失重要战略机遇。

实际上，太平洋联盟也是拉美地区对超大区域贸易协定谈判的回应，但它走了一条与南方共同市场不同的道路。南方共同市场选择和欧盟签订自贸协定，与欧盟进行绑定，以对冲 TTIP 和 CETA 的贸易转移效应。太平洋联盟的建立则是智利、哥伦比亚、墨西哥和秘鲁四国效仿 TPP 制度，在参与 TPP 构建进程的同时又保持一定的独立性，为未来参与或构建其他超大区域贸易协定做准备。

首先，智利、哥伦比亚、墨西哥和秘鲁四国支持美国主导 TPP。美国在构建美洲自由贸易区失败后，一直在寻找重新介入的机会，以重塑自身在拉美的霸权，而 TPP 正是美国的抓手。[2]美国力推 TPP 其实具有塑造全球规则和地区霸权的双重属性，甚至可以说，TPP 是"各国自愿参与的美洲自由贸易区"（FTAA of the willing）。[3]在美国决定支持并主导 TPP 后，智利、墨西哥、秘鲁三国均表示欢迎。智利本就是 TPSEP 的成员国，可被视为 TPP 重要的创始国。美国接过主导权后，智利依然乐见 TPP 的扩大和深化，智利官员强调 TPP 可以成为一个"意义重大的协定"，将使得

[1] 参见 Nuevo acuerdo comercial entre la Unión Europea y el Mercosur: Acuerdo de principio, Bruselas, 1 de julio de 2019, https://trade.ec.europa.eu/doclib/docs/2019/july/tradoc_158249.pdf, 2022-12-31。

[2] Rubrick Biegon, "The United States and Latin America in the Trans-Pacific Partnership: Renewing Hegemony in a Post-Washington Consensus Hemisphere?", *Latin American Perspectives*, Vol.44, Issue 4, 2017, p.82.

[3] Juan Carlos Hidalgo, "Building a Free Trade Area of Most of the Americas", October 31, 2012, https://www.cato.org/blog/building-free-trade-area-most-americas, 2022-12-31.

"意大利面碗效应"式的规则和协议重新归于有序；秘鲁对加入TPP犹豫不决，选择观望其他国家的加入情况，但同时它和美国始终保持沟通；墨西哥在美国贸易代表办公室的劝说下，同意达成一个高标准的贸易协定，加入那些北美自由贸易协定未能囊括的议题。[1]

其次，太平洋联盟在理念上选择了新自由主义。《北美自由贸易协定》谈判失败并不意味着新自由主义的失败，它并没有退出历史舞台，依然在思想市场上占据一席之地。美国同秘鲁和哥伦比亚分别在2009年和2012年签署了自由贸易协定，进一步巩固了新自由主义价值理念。太平洋联盟的前身——拉美太平洋之弧论坛（FAPLA）就选择了新自由主义。秘鲁当年提出论坛，很大程度上是为了摆脱智利、秘鲁和哥伦比亚在拉美左翼当道的地区环境下受孤立的局面，因此论坛有意将玻利维亚、委内瑞拉排除在外，并对厄瓜多尔和尼加拉瓜进行限制，然后北上连接墨西哥，以形成一种支持民主、自由市场和开放的区域安排。[2]

最后，太平洋联盟在制度上大量借鉴了TPP规则，许多条款几乎完全复制TPP，超越了世贸组织标准。[3]虽然联盟在规模上达不到超大区域贸易协定的标准，但在规则的深度和广度上已经可以和当今标准最高的经贸规则相匹配。

智利、哥伦比亚、墨西哥和秘鲁四国没有选择完全融入TPP，而是建立了太平洋联盟，这样做的好处就在于可以对冲TPP谈判的不确定性风险。联盟四国意识到，TPP谈判过程必将是艰苦的。对墨西哥来说，农产品市场准入和汽车原产地问题是它最大的关切；智利希望TPP缩短制药业

---

［1］ Rubrick Biegon，"The United States and Latin America in the Trans-Pacific Partnership: Renewing Hegemony in a Post-Washington Consensus Hemisphere?"，*Latin American Perspectives*，Vol.44，Issue 4，2017.

［2］ Carlo Dade and Carl Meacham，"The Pacific Alliance: An Example of Lessons Learned"，*CSIS Report*，July 11，2013，pp.2—3，https://csis-prod.s3.amazonaws.com/s3fs-public/legacy_files/files/publication/130711_CDadeCMeacham_PacificAlliance.pdf，2022-12-31.

［3］ 详见本书第四章。

知识产权保护期限；秘鲁在药品专利权保护和投资争端解决机制上有不同意见。[1]因此，在TPP谈判结果不确定的情况下，通过成立太平洋联盟，在仿照TPP规则的总体指导思想下，先对那些四国共识度较高的议题达成法律规则，不失为明智之举。从这个意义上说，对于四个成员国来说，太平洋联盟其实是TPP的"早期收获"。

本章小结

本章运用组织生态学的宏观框架来分析区域贸易协定的进化历程，深度分析了太平洋联盟的成立背景。

区域贸易协定的进化大致经历了三个阶段。第一阶段是二战结束后到冷战结束前，这一阶段区域贸易协定开始出现，主要在发达国家之间订立；第二阶段是冷战结束后到2009年，这一阶段区域贸易协定大量涌现，发达国家和发展中国家都参与进来，亚太地区尤为活跃；第三阶段是2009年至今，区域贸易协定增长速度明显放缓，但超大区域贸易协定谈判方兴未艾。

组织生态学对上述进程的解释是：首先，区域贸易协定利用GATT/WTO有意为其制定的例外性条款，实现了国际经贸规则的一次重大"变异"。在"选择"机制中，区域贸易协定所代表的歧视策略战胜了基于最惠国待遇的非歧视策略，实现了对本地策略的"侵入"。区域贸易协定在"选择"中胜出后，未达成协定的国家为了赢得更多的福利，同时为了防止贸易转移效应所造成的福利减损，纷纷效仿其他国家成功的经验，建立区域贸易协定。区域贸易协定因此得到了"遗传"和"扩散"。其次，区域贸易协定作为一个物种数量不断增长，当数量快要到达环境容量的极限时，其增长速度必然放缓，因为当整个世界都充满了区域贸易协定时，其事实上的歧视性策略不再具有明显优势，边际效益递减，而边际成本递增。最后，

---

[1]　这三个国家在TPP中对这些领域作出了不同程度的保留。

当传统区域贸易协定优势递减时，规模更大、规则更加自由的区域贸易协定将拥有更多优势，而全球价值链日益深化也支持区域贸易协定向更深和更广的方向发展，这就是超大区域贸易协定出现的驱动力。目前，TPP、TTIP、CETA等超大区域贸易协定正孕育着国际经贸规则的第二次重大"变异"。虽然这个进程还在进行中，仍有待环境的选择，但如排除其他因素，单就超大区域贸易协定和传统的区域贸易协定来说，前者无疑更具优势。

拉美区域贸易协定的发展同样遵循了进化理论，只不过因为拉美地区环境变化过于剧烈，造成很多拉美区域贸易协定没能发展壮大，因此使拉美区域贸易协定发展呈现出多样性、碎片化和大起大落的特征。拉美贸易自由协会和安第斯集团随着拉美进口替代战略的失败而走向衰落；《美洲自由贸易协定》谈判兴起于新自由主义得势之时，而衰败于新自由主义失势之际；南方共同市场、南美国家联盟和玻利瓦尔联盟同样受到拉美多变的政治经济环境的羁绊。

TPP、TTIP、CETA等超大区域贸易协定的谈判发挥了"鲶鱼效应"，为拉美区域主义发展带来了新动力。它重新激活了南方共同市场和欧盟的自贸协定谈判，因为对于南方共同市场成员国来说，如果它们不参与到超大区域贸易协定的构建中，未来很可能会成为其牺牲品。智利、哥伦比亚、墨西哥和秘鲁同样也感受到了超大区域贸易协定所带来的环境压力，因此四国在效仿TPP制度的基础上建立了太平洋联盟，在参与TPP构建进程的同时又保持了一定的独立性，为未来参与或构建其他超大区域贸易协定做准备。

第四章

太平洋联盟的
主要经贸规则分析

　　区域贸易协定的核心是法律规则。解读区域自由贸易协定的法律规则，就如同生物学家对生物开展基因测序一样重要。太平洋联盟（AP）的法律规则主要体现在《太平洋联盟框架协议附加议定书》（PAAP）及其两个修正议定书中。为了进一步验证上一章的基本观点，即联盟是其四个成员国为参与或构建超大区域贸易协定所作的准备，本章将重点分析附加议定书的各项具体规则，考察其对接超大区域贸易协定的规则是否存在制度障碍。

　　为了找到合适的参照系，本章在研究附加议定书的同时，将对照世界贸易组织（WTO）和《跨太平洋伙伴关系协定》（TPP）在相同议题上的规定。截至2020年5月1日，世贸组织已有164个成员，其制度规则可以被视为国际经贸规则的基准。因此，以世贸组织规则作为参照，可以考察太平洋联盟的经贸规则是否超越了基准水平。TPP被普遍认为是高标准的国际经贸规则，尽管其目前已被《全面与进步跨太平洋伙伴关系协定》（CPTPP）所替代，但这并不妨碍它作为比较分析的标尺。上一章通过区域组织生态理论推演出太平洋联盟与TPP渊源颇深，两者具有相似的"表现型"，而参照TPP规则可以进一步考察联盟在"基因型"上是否同样存在相似性。

第一节

————

太平洋联盟的货物贸易规则

货物贸易规则是经贸规则的基础。太平洋联盟的货物贸易制度主要由五个部分组成：一是市场准入制度（包括国民待遇、关税免除、非关税措施、特殊海关制度、农产品和市场准入委员会）；二是原产地规则；三是贸易便利化规则；四是《实施卫生与动植物检疫措施协定》（以下简称《SPS协定》）；五是《技术性贸易壁垒协定》（以下简称《TBT协定》）。

一、　市场准入制度

货物的市场准入是世贸组织最为关注的问题之一，因而其市场准入规则相当成熟，是大部分区域贸易协定的重要参考。《附加议定书》和 TPP关于市场准入的大部分规则，都能在世贸组织协定中找到对应条文，并且一些核心内容更是奉行"拿来主义"，直接援引世贸组织规则，从而节省立法成本。比如，在国民待遇问题上，世贸组织要求其成员给予进口货物的待遇，不得低于本国相同产品的待遇（GATT 1994 第 3 条）；《附加议定书》和 TPP 都将 GATT 1994 第 3 条及其解释性注释纳入自身条约文本中并直接适用（PAAP 第 3.3 条，TPP 第 2.3 条）[1]；再比如，在关于限制使用非关税措施的问题上，世贸组织在原则上不允许成员以禁令、配额和进口许

---

[1]　太平洋联盟和 TPP 在附件中同时提出了适用世贸组织国民待遇原则的例外情形。联盟关于国民待遇的例外如下。智利：二手车进口；哥伦比亚：在 2017 年 4 月 30 日前对酒精类饮料征税，对进口货物适用进口许可证、世贸组织争端解决机构授权的措施；墨西哥：矿石燃料、翻新轮胎、旧衣物、钻石、二手车、汽车底盘和使用过的货物、世贸组织争端解决机构授权的措施；秘鲁：旧衣物和鞋子，二手车和机动车引擎、零部件、轮胎和其他使用过的货物、使用放射性原料的机械和设备、世贸组织争端解决机构授权的行动（PAAP附件 3.3）。TPP 国民待遇例外条款参见其附件 2-A。

可证或其他数量限制措施来限制进出口，但是还规定了 6 种例外情形（GATT 1994 第 11.1 条）[1]。《附加议定书》和 TPP 在原则上禁止数量限制的同时，将 GATT 1994 第 11.1 条直接纳入其条约文本中（PAAP 第 3.6 条，TPP 第 2.11.1 条）。

但是，《附加议定书》和 TPP 的有些条款相比世贸组织规则对贸易自由化更加有利。《附加议定书》在市场准入制度上超越世贸组织制度主要体现在关于进口许可证制度上。《附加议定书》虽然将世贸组织框架下的《进口许可证程序协定》（AILP）纳入其中，但是《附加议定书》规定给予进口许可证必须在 20 个工作日内完成（PAAP 第 3.8.2 条），而世贸组织框架下的《进口许可证程序协定》对非自动进口许可证的授予时间限定在 30 天之内（按先来先办的原则，申请书已收到并列入考虑范围）或 60 天（考虑一并办理所有申请的情形）（AILP 第 3.5.f 条）。因此，在进口许可证的办理上，《附加议定书》的规则比世贸组织的对应规则更为高效和简便。

TPP 和世贸组织在市场准入方面的规则最大的不同在于增加了再制造货物条款。该条款创新性地规定了对再制造货物不得适用进出口限制（TPP 第 2.12 条）。鉴于很多国家将废旧物品等同于再制造货物，将其排除在国民待遇的范围之外，TPP 这项规定的实际效果就是促使成员国不要将再制造物品和二手货品同等对待，取消针对再制造品的进口限制。[2]TPP 还提出了出口许可程序的透明度，这在经贸规则中还属首次（TPP 第 2.14 条）。

当然，作为市场准入最核心且可量化的指标莫过于关税免除。根据《附加议定书》附件第 3.4 条减让承诺表显示，太平洋联盟四个成员国对域

---

[1] 这六种情形包括：粮食等必需品的出口限制；为实施国际贸易中商品归类、分级和销售标准或法规而必须实施的进出口禁止或限制；为保障国际收支而实施的数量限制；符合世贸组织《保障措施协定》的进口数量限制；符合 GATT 1994 第 20 条一般例外条件下的数量限制；根据 GATT 1994 第 21 条安全例外所采取的进口数量限制。
[2] 中国社会科学院世界经济与政治研究所：《〈跨太平洋伙伴关系协定〉文本解读》，中国社会科学出版社 2016 年版，第 33 页。

内大部分商品都将实行零关税，这相对其在世贸组织中按照最惠国待遇确定的关税有大幅度削减。有学者计算，《附加议定书》生效后，智利将立即对 7 607 类商品实行零关税，占其所有进口商品的 97.7%；哥伦比亚将立即对 7 182 类商品实行零关税，占 96.4%；墨西哥将立即对 11 776 类商品实行零关税，占 96%；秘鲁将立即对 7 423 种商品实行零关税，占 98.3%。剩余产品将在协议签署后 3—17 年内逐渐削减，最终，在减让过渡期满（即 2030 年）之时，对于智利来说仅有 28 种进口商品（占比 0.3%）未实行零关税，而哥伦比亚、墨西哥和秘鲁则分别是 33 种商品（0.4%）、33 种商品（0.3%）、34 种商品（0.5%）。[1] 虽然在太平洋联盟成立之前，四国在拉美一体化协会（ALADI）、安第斯集团（CAN）和三国集团（G-3）框架下已经签署一系列双边经济补充协定（ACE）和自由贸易协定，互相承诺削减进口关税，但前述大部分协定都设置了过渡期，因此相较于这些双边协定，四国在《附加议定书》中做出的关税减让不仅在关税税率上进一步降低，在实际效果上还相当于使得双边协定的减让承诺立即实现。例如，根据哥伦比亚和墨西哥 2011 年签订的自贸协定，墨西哥最终将对 81% 的商品实行零关税并向哥伦比亚开放，而在《附加议定书》中，墨西哥将对 96.4% 的商品实行零关税并向联盟成员国立即开放。

　　太平洋联盟四国在《附加议定书》中的减让承诺幅度不仅大于在世贸组织中给出的最惠国税率，甚至还大于智利、墨西哥和秘鲁这三个 TPP 成员国在 TPP 减让表中作出的承诺。2016 年，《太平洋联盟框架协议》正式生效，假定 TPP 在 2015 年（即协定签署之年）同年生效，则两者的零关税比重如表 4.1 所示：

---

[1] Camilo Pérez Restrepo and Alma Sofía Castro Lara, "The Pacifc Alliance: WTO+ and WTOx?", in Pierre Sauvé, Rodrigo Polanco Lazo and José Manuel Álvarez Zárate (eds.), *The Pacifc Alliance in a World of Preferential Trade Agreements: Lessons in Comparative Regionalism*, Cham: Springer, 2019, pp.69—71.

表 4.1　智利、哥伦比亚、墨西哥和秘鲁四国在 TPP 和太平洋联盟中零关税比重对比

	TPP 实施第一年零关税比重	太平洋联盟生效第一年零关税比重
智　利	94.74	97.7
哥伦比亚	—	96.4
墨西哥	76.99	96
秘　鲁	80.04	98.3

注：采用卡米洛·佩雷斯·雷斯特雷波（Camilo Pérez Restrepo）和阿尔玛·索菲娅·卡斯特罗·拉拉（Alma Sofía Castro Lara）统计的数据。需要指出的是，他们是根据《附加议定书》附件第 3.4 条统计的结果，以《附加议定书》签署年（即 2014 年）为基期，但《附加议定书》实际生效是在 2016 年，故太平洋联盟栏数值可近似视为 2016 年零关税比重。

数据来源：中国社会科学院世界经济与政治研究所国际贸易室：《〈跨太平洋伙伴关系协定〉文本解读》，中国社会科学出版社 2016 年版，第 20 页；Camilo Pérez Restrepo and Alma Sofía Castro Lara, "The Pacifc Alliance：WTO＋ and WTOx?", in Pierre Sauvé, Rodrigo Polanco Lazo and José Manuel Álvarez Zárate（eds.）, *The Pacifc Alliance in a World of Preferential Trade Agreements：Lessons in Comparative Regionalism*, Cham：Springer, 2019, p.69。

二、原产地规则

原产地规则是用来核实产品产地的标准，以确定其是否有资格享受某种关税优惠。原产地规则有助于贯彻和开展反倾销和保护措施、决定某个产品是否应当享受最惠国待遇或优惠待遇、开展贸易统计、执行标签和标记要求、开展政府采购。制定原产地规则本属于各国政府主权范围之内的事情，但如果各国为了保护国内中间产品生产者的利益，而将原产地规则制定得过于严苛，则会形成贸易壁垒，扭曲国际贸易市场。随着全球生产环节日益复杂，原产地规则需要跟上时代发展。

GATT 1947 没有对原产地规则作特别规定，仅仅在第 9 条中规定了在原产地标记上各国应当开展合作，而实际上将制定规则的权利留给了各成员，各成员可以制定自己的原产地规则，甚至可以根据不同情况设置几套原产地规则。但是，GATT/WTO 一直致力于建立一套统一的原产地规则，并于 1994 年达成《原产地规则协定》，但是鉴于各国情况不同，世贸组织

允许国家在特惠贸易中使用不同的原产地规则，因此许多区域贸易协定中都有自己的原产地规则来判断是否给予进口产品以关税优惠待遇，太平洋联盟和 TPP 也不例外。由此可见，世贸组织框架内的原产地规则和区域贸易协定中的原产地规则在目的和宗旨上有较大差别。前者旨在建立一套统一的规则，防止国家将原产地规则作为一种商业政策和贸易工具，从而限制、扰乱或扭曲国际贸易；后者主要是为了自由贸易区内的关税优惠而制定的配套规则。当然，《原产地规则协定》为各国制定适合自己的原产地规则提供了重要参考和"基础设施"，比如其附件 2 对优惠原产地规则作了限制。

从实体性规则来看，太平洋联盟的原产地标准由三部分组成：一是在成员国领土内完全获得或生产；二是完全在成员国领土内生产且仅使用原产的原料；三是在符合《附加议定书》附件第 4.2 条关于特定原产地规则的条件下完全在成员国领土内生产、使用原产原料（PAAP 附件第 4.2 条）。由此可见，太平洋联盟的原产地标准的整体框架和大多数区域贸易协定相似，综合运用了完全获得标准和实质性改变标准。TPP 的原产地标准（TPP 第 3.2 条）在总体框架上和《附加议定书》的完全一致，因此，其差别体现在实质性改变标准的一些具体规定。

《附加议定书》附件第 4.2 条对实质性改变标准作了细化：一是符合税则归类改变标准（CTC），即一项货物与生产该货物的原材料归入不同的税号可被认定为对该货物发生了实质性改变；二是区域价值成分标准（RVC），即该地区对非原产材料进行制造或加工后所得产品的增值比率超过了一定门槛后，可被认定为对该货物发生了实质性改变；三是在少数情况下，既需要税则归类改变，同时还须超过最低区域价值成分比例；四是在 HS 编码第 27—29 章，以及 39.01—39.14 章的货物（在此项下少数货物需要替代性地区价值成分）还需要化学反应或是税则归类改变。再进一步细化，在税则归类改变标准中，《附加议定书》一般使用类改变，但同时也使用章改变和品目改变；在区域价值成分标准的计算方式上，太平洋联盟采用两种方式,即"扣减法"和"净值法"(PAAP 第 4.4 条)。[1]在区域价值成分的门槛设置上,联盟对一般产品规定为 50%,对 HS 编码第 87 章中的汽车产品设置的门槛为 30%、35%或 45%。

相比之下,TPP 的实质性改变标准较《附加议定书》的对应标准更为复杂。在税则归类改变标准中,TPP 设定了若干 HS6 位码区间,进口原材料和最终产品只有处于不同区间才能被认为符合标准。[2]在区域价值成分的计算方法上,TPP 采用了四种方法,分别是价格法、扣减法、增值法和净成本法(仅限于汽车产品)(TPP 第 3.5 条)。基于不同的计算方法,TPP 为区域价值设置了不同的门槛,基于原材料价值进行核算,门槛为 30%—35%;基于非原材料价值核算,门槛为 40%—45%;对于汽车类产品,按照原材料价值方法核算,门槛为 40%—45%;基于非原产材料价值核算,则须达到 45%—50%。[3]

除了以上基本制度外,《附加议定书》还制定了几项重要的原产地规则。第一,微小加工或处理条款,即对一些细微加工的操作不赋予原产地,如简单的干燥、冷冻、筛选、切割、涂漆、抛光、包装、稀释等加工(PAAP 第 4.7 条)。该条款在 TPP 中并不存在,因为 TPP 的实质性改变规则较为复杂,已经将微小改变的情形排除在外,并且 TPP 还规定了关于纺织服装和汽车的特定加工工序规则,因此也就无需再规定微小加工处理条款。

第二,中性成分和间接材料条款。前者是指当指定的中间材料用于生产商品时,出于分类和确定商品来源的目的,将不考虑包含在所述中间材料中的非原始材料(PAAP 第 4.5 条);[4]无论产地如何,间接材料都将被视为原始材料(PAAP 第 4.6 条)。TPP 则仅含有间接材料条款(TPP 第 3.16 条)。

---

[1] 扣减法的计算公式为:RVC=(货物价格-非原产材料价格)÷货物价格×100%;净值法的计算公式为:RVC=(净成本-非原产材料价格)÷净成本×100%。
[2][3] 李大伟:《类 TPP 原产地规则条款对中国参与全球价值链的影响研究》,《宏观经济研究》2017 年第 12 期。
[4] 间接材料是指用于生产,验证或检验其他货物但未实际纳入其中的商品;中间材料是指由商品生产者生产并用于生产该商品的原材料。

第三，累积规则。累积规则是指，任一缔约方的原产货物或材料在另一缔约方用于生产另一货物时，该货物或材料就应当被视为原产于后一缔约方。累积原则有利于生产一体化的开展，是整合区域价值链的重要规则。《附加议定书》规定了适用累积原则的两个情形：（1）在缔约方一方领土内的一种商品中纳入了源自另外一个或多个缔约方领土的材料（PAAP 第 4.8.1 条）；（2）如果商品在一个或多个缔约方的领土内由一个或多个生产者生产（PAAP 第 4.8.2 条）。TPP 中也有相似的规定（TPP 第 3.10 条）。但与 TPP 相比，太平洋联盟增加了一个限制性条款，即只有享受零关税的货物可以采用累积原则（PAAP 第 4.8.3 条）。鉴于太平洋联盟中绝大部分货物贸易已经享受了零关税，该限制性条款的实际效果有限。

第四，微量条款。《附加议定书》规定，如果非原产地材料不超过所述货物离岸值的 10%，即便关税分类不变更，也可以被视为原产货物；但是对于 HS 编码第 1—24 章的货物，采用非原产材料与最终商品不同的情况；对 HS 编码第 50—63 章的货物（即纺织品），则按照货物总重量计算不超过 10%（PAAP 第 4.9 条）。TPP 也将微量条款设置为 10%（TPP 第 3.11 条）。太平洋联盟和 TPP 都将微量条款设置为 10%，这是一个相对比较宽松的设置，相比之下，《北美自由贸易协定》（NAFTA）将该数字设置在 7%。[1]

第五，地域原则。《附加议定书》要求货物的制造和加工必须在缔约方境内进行才能被认定为原产地货物，因而它规定货物运输只能采用直运、转运和临时储藏以保证商品不在缔约方境外受到其他操作，且需在非缔约方境内海关的严格控制下（PAAP 第 4.15 条）。TPP 同样有相同的条款（TPP 第 3.18 条）。此外，联盟还对易碎材料和商品（PAAP 第 4.10 条），附件、备件、工具和教学材料或信息（PAAP 第 4.11 条），零售包装和包装材料的处理（PAAP 第 4.12 条），包装材料和运输容器（PAAP 第 4.13

---

[1] 吕越、金泷蒙、沈铭辉：《包容性区域一体化协定的模式探究——基于亚太地区 FTA 原产地规则比较》，《国际经贸探索》2018 年第 2 期。

条），成套或批量货物（PAAP第4.14条）等方面作了相关技术规定，这些规定与大多数区域贸易协定的原产地规则总体差别不大。

值得一提的是，TPP对纺织服装类产品制定了严格的原产地规则，除了规定小于10%的微小含量才可以被认定为原产货物外，还特别强调，如果货物中含有弹性纱线，则只有当这种纱线是在一个或多个缔约方领土内全部制成的情况下，该货物才可以被视为原产货物（TPP第4.2.4条）。这条"从纱开始"的原产地规则被学者解读为是为了限制中国纺织品出口。[1]太平洋联盟并没有仿照TPP制定这条规则。

三、 贸易便利化

在经过八个回合的谈判后，世贸组织各成员对降低货物贸易的关税及非关税壁垒达成了诸多共识，在货物贸易领域合作中，"低垂的果实"（low-hanging fruit）已经被采摘完毕。然而，世贸组织成员发现，在进口海关手续与政府机构行政效率方面，各成员仍有必要做进一步规范。如果进口海关手续异常复杂且漫长，进口货物通关成本就会增加，从而构成事实上的市场准入壁垒，在此背景下，贸易便利化规则就被提上谈判议程。[2]实际上，GATT 1994第5条、第8条和第10条已经对贸易便利化的相关问题作了规定，只是其制度设计还不够细致完善。

在此背景下，在1996年的新加坡部长会议上，世贸组织成员就开始要求货物贸易理事会对简化贸易程序开展解释和分析工作。经过数年的解释工作，2004年7月，世贸组织成员正式同意启动谈判进程，以期简化货物贸易和中转的通关流程，提升成员内部海关管理规范，增强履约监督，同时提高对发展中国家的技术援助与能力建设。2004年10月，贸易谈判委员会组建了"贸易便利化谈判小组"（Negotiating Group on Trade Facilitation），

［1］ 李大伟：《类TPP原产地规则条款对中国参与全球价值链的影响研究》，《宏观经济研究》，2017年第12期。
［2］ 曹建明、贺小勇：《世界贸易组织》，法律出版社2011年版，第136页。

将谈判和研究工作常态化。此后，世贸组织成员、非政府组织以及个人都向谈判小组提供了诸多建议，在综合了各方意见的基础上，协定草案于2013年巴厘岛部长会议上形成。为提高谈判效率并且为条约生效做准备，世贸组织在总理事会下设立了"贸易便利化筹备委员会"（The Preparatory Committee on Trade Facilitation），以开展条约审议工作。2014年7月，条约审议工作完成。2014年11月27日，世贸组织总理事会通过了《修正〈马拉喀什建立世界贸易组织协定〉议定书》（Protocol Amending the Marrakesh Agreement Establishing the World Trade Organization），将《贸易便利化协定》（TFA）作为附件纳入《马拉喀什建立世界贸易组织协定》（Marrakesh Agreement Establishing the World Trade Organization），开放供成员接受。《贸易便利化协定》将在2/3世贸组织成员（108个成员）接受后生效。2017年2月22日，当乍得、约旦、阿曼和卢旺达四国递交了批准书之后，《贸易便利化协定》生效。根据预测，协定如果能够得到执行，可有效减少贸易环节的繁文缛节，从而将平均贸易成本降低14.3%，其中工业产品平均降低18%，农产品平均降低10.4%。[1]

除了在多边层面贸易便利化规则之外，相关谈判在区域层面也在深入开展，太平洋联盟和TPP也不例外。总体上，联盟在贸易便利化上的制度设计超越了《贸易便利化协定》的规定，属于对后者的深化和落实，特别是关于海关管理部门的信息交流、运用国际标准和自动化信息加速货物放行、简化关税程序、对授权的经济运营商互相承认以及建立对外贸易单一窗口（Ventanilla Única de Comercio Exterior）等。

附加议定书和TPP关于贸易便利化的具体规则非常类似，处于同一深度，只不过在个别条款的文字表述上，TPP为了照顾12个不同国家的情况，作了一些技术处理，而《附加议定书》因其四个成员国拥有相同的语言和相似的文化背景，故在立法上略微简洁一些。比如，在贸易便利化中

---

[1]　WTO, "Speeding Up Trade: Benefits and Challenges of Implementing the WTO Trade Facilitation Agreement", *World Trade Report 2015*, 2015, p.78, https://www.wto.org/english/res_e/booksp_e/world_trade_report15_e.pdf，2022-12-31.

最为重要的货物放行制度中，TPP 规定了一种担保放行的方式，换言之，只要进口商提供了符合条件的担保，就可在货到之前实现提前放行（TPP 第5.10 条）。《附加议定书》虽然也有相关规定，但却没有出现在正式的条款中，而是以注释的形式作了一个补充说明（PAAP 第 5.4 条）。又如，关于违法的惩罚措施，《附加议定书》的规定比较笼统，授权缔约方使用民事或行政手段对违法行为予以制裁（PAAP 第 5.11 条），而 TPP 的规定较为细致完善，增加了一些程序性事项，以防行政权力滥用（TPP 第 5.8 条）。当然，《附加议定书》中也有一些规定是 TPP 不具备的，比如第 5.8 条关于授权经济运营商（Operador Económico Autorizado）和第 5.9 条关于对外贸易单一窗口的相关规定，这些都是《附加议定书》在参照《贸易便利化协定》有关规定的基础上，因地制宜而采取的一些调整。

正因为有了《附加议定书》和 TPP 的规定，太平洋联盟四个成员国在承担贸易便利化的义务上做得相当出色。事实上，《贸易便利化协定》的制定过程并不顺利，有学者指出它过分倾向于商人和发达国家的利益，印度甚至差点因此阻挠了协定的通过。[1]为了得到发展中国家的支持，《贸易便利化协定》第二部分主要针对发展中国家与最不发达国家制定了"特别且有区别的待遇"（SDT），允许其对每个条款自主决定执行的时间，并且可以请求技术援助和能力建设。具体而言，其将协定执行分为 A、B、C 三类：A 类为自协定生效时即执行的条款（对于最不发达国家而言，则延至协议生效一年之后执行）；B 类为自协议生效后经过一段过渡期才须执行的条款；C 类为自协议生效后经过一段过渡期且要求获得能力建设上的援助和支持后方须执行的条款。《附加议定书》和 TPP 没有设置相应的过渡期和区别原则，这就意味着成员国需要对文件中规定的各项贸易便利化规则立即落实到位。在这种严格规则的推动下，太平洋联盟的四个成员国在贸易便利化上的表现远超大部分发展中国家。根据世贸组织统计，智利和墨西哥

---

[1] Autar Krishen Koul, *Guide to the WTO and GATT：Economics，Law and Politics*，Singapore：Springer，2018，pp.213—214.

将所有承诺置于 A 类，并且已经 100％履行了承诺；哥伦比亚将大部分承诺置于 A 类（占 96.6％），仅将第 5.3 条（测试程序）和第 7.9 条（易变质货物）置于 B 类，并且已经履行了全部承诺；秘鲁略显保守，但还是将大部分承诺置于 A 类（占 87％），截至 2022 年底，已经履行 97.1％的承诺。[1]

四、《SPS 协定》与《TBT 协定》

关税和数量限制属于边境外措施，而《实施卫生与动植物检疫措施协定》（《SPS 协定》）和《技术性贸易壁垒协定》（《TBT 协定》）属于边境内措施，本质上属于一国主权范围内的事务，国家原本有权利采取任何行动，但是随着国家间相互依赖日益加剧，国与国之间的界限也日益模糊，边境内措施同样要受国际规则的约束。

（一）《SPS 协定》

卫生和贸易原本是两个不同的问题领域，但是随着国际经贸往来日益频繁，两者关系日益密切，如果没有相关法律规则的约束，就可能会出现两种极端情况：一方面，如果禁止国家采取卫生与动植物检疫措施，则病虫害会随着货物贸易入境，对进口国产生灾难性的影响；另一方面，如果任由各国随意采取卫生与动植物检疫措施，则可能会构成新的贸易壁垒，成为实施贸易保护主义的借口。

GATT 1947 没有关于卫生与动植物检疫措施的规定，在乌拉圭回合谈判后，各国达成《SPS 协定》，后来成为世贸组织基本协议之一。

《附加议定书》第 6 章专门用一章的篇幅来规定卫生与动植物检疫措施，并明确将《SPS 协定》的主要条款纳入其中（PAAP 第 6.4 条），但是在以下 7 个方面制定了超出《SPS 协定》范围之外的规定。

第一，《附加议定书》规定，为协调各成员国的卫生与动植物检疫措

---

[1] 参见世贸组织贸易便利化协议数据库（FTAD）：https://tfadatabase.org/。

施，将由太平洋联盟卫生与动植物检疫委员会制定一个工作计划（PAAP
第6.5.2条），但对于究竟该工作计划以什么形式开展《附加议定书》没有
详述。或许是因为在技术上还存在一些障碍，尤其是太平洋联盟在动植物
检疫上还未建成电子检验证书，截至2022年12月，该计划尚未出台。

第二，《附加议定书》要求成员国承诺及时答复另一缔约方提出的任何
关于等价性的请求（PAAP第6.6条）。所谓等价性是指如果采用某种不同
的卫生与动植物检疫措施，对维护卫生和动植物健康具有相同保护水平，
即可被认为是具有等价性的措施。《SPS协定》规定卫生与动植物检疫措施
不得超过适当的保护水平（《SPS协定》第5.6条），而该"适当的保护水
平"其实是由成员方自行决定的。因此，《附加议定书》的这条规定相当于
对等性措施的应用施加了一定限制，赋予其他成员国征询和监督的权利。
这条规则在TPP中也有体现（TPP第7.8条）。

第三，加强风险评估纪律（PAAP第6.7条）。《SPS协定》要求成员采
取的卫生与动植物检疫措施是建立在风险评估的基础上，而非主观猜测
（《SPS协定》第5.1条）。《附加议定书》进一步要求各国在风险评估时仅提
供"非常必要"的信息，而出口方可以提供科学证据来帮助进口方开展风
险评估。《附加议定书》的这条规定通过允许缔约方对风险评估发表评论，
从而增加了制度的透明度。

第四，关于识别无病虫区或病虫害低度流行区，联盟成员国承诺适用
《促进〈实施卫生与动植物检疫措施协定〉第6条实际实施的指南》，并且
作为实行快速程序的基础，同意认可成员国关于遵守国际标准、指南和建
议的自我宣言（PAAP第6.8条）。TPP在该领域也作了相似的制度规定
（TPP第7.7条）。

第五，太平洋联盟要求成员国在《SPS协定》第7条和附件B的基础
上，进一步强化透明度和信息交流（PAAP第6.9条）。鉴于卫生与动植物
检疫措施可以偏离国际标准，且不受最惠国待遇的限制，透明度和信息交
流制度其实是对卫生与动植物检疫措施灵活度的一种代偿机制。TPP同样
要求各成员国在卫生与动植物检疫措施发生变化时及时与其他成员国沟通，

从而增加透明度（TPP 第 7.7 条）。

第六，关于控制、检查和批准程序，太平洋联盟要求成员国除了《SPS协定》第 8 条和附件 C 的规定之外，各缔约方必须在不超过 45 天的期限内，尽可能回应关于其已建立的控制、检查和批准程序的信息请求（PAAP 第 6.10 条）。

第七，进口方可检查出口方的主管当局及其检查和控制系统，具体核查访问的条款和条件应共同商定（PAAP 第 6.11 条）。当然，如有关货物的贸易事先已获授权，此类核查的延迟不应导致该类货物的贸易暂停。

（二）《TBT 协定》

《TBT 协定》是指那些强制性或非强制性确定商品某些特征的技术法规或技术标准，以及旨在检验商品是否符合这些技术法规或技术标准的认证、审批和测试程序所形成的不合理贸易障碍。[1]国家对产品实行技术检查的初衷应当是保证货物的质量，然而不必要、不适当的技术标准和认证程序会造成贸易壁垒，而且即便国家没有动机通过技术标准来实行贸易保护主义，由于各国标准不同所造成的贸易障碍依然会影响到贸易通畅。正因为此，在乌拉圭回合谈判中，各成员在原东京回合《技术性贸易壁垒守则》的基础上制定了《TBT 协定》。然而，《TBT 协定》并不完美，还存在一些弊端。首先，它在贸易争端解决的适用性上比较有限；其次，《TBT 协定》的附件，即《关于制订、采用和实施标准的良好行为规范》与国际标准化机构不接轨，影响了协定对贸易的促进作用；第三，当一个成员的技术标准制定得比国际标准更加严格，《TBT 协定》不要求其证明该标准的科学依据；最后，《TBT 协定》在促进国际政策一致性方面为各成员所带来的利益不确定性较大。[2]

《附加议定书》第 7 章对技术性贸易壁垒作了规定，明确指出其目的之

---

[1] 曹建明、贺小勇：《世界贸易组织》，法律出版社 2011 年版，第 132 页。

[2] Autar Krishen Koul, *Guide to the WTO and GATT：Economics，Law and Politics*, Singapore：Springer, 2018，p.488.

一是"深化各缔约方之间关于技术性贸易壁垒问题的一体化和现有协定"（PAAP 第 7.1.b 条）。与卫生与动植物检疫措施章节一样，《附加议定书》同样将世贸组织框架下的《TBT 协定》纳入其中，但在具体制度上作了一些修订（PAAP 第 7.3 条）。TPP 也纳入了《TBT 协定》的核心条款，但是采用了正面列举法（TPP 第 8.4.1 条）。

第一，关于技术法规，《TBT 协定》要求成员保证技术法规的制定、采用和实施不会对贸易造成不必要的障碍，除非有正当目的（legitimate objective），但是对"正当目的"没有做出定义，只是通过开放式列举方式加以说明。《附加议定书》虽然也未对"正当目的"作详细阐释，但要求各缔约国应任何其他缔约国的请求，解释其不接受该缔约方技术法规的原因（PAAP 第7.6 条）。

第二，关于合格评定程序，《附加议定书》具有自身特色。一是要求成员国尽可能按照国际标准和技术性贸易壁垒章节的规定执行；二是对其他成员国合格评定机构的认证、批准、授权和承认适用国民待遇，若一方不接受在另一缔约方领土内实行合格评估程序的结果，应在该另一方的要求下，解释其决定的原因，以便采取必要的纠正措施；三是鼓励成员国承认在其他成员国境内进行的合格评定的结果；四是要求成员国之间加强与这些机制和其他类似机制的信息交流（PAAP 第 7.7 条）。在这些规定中，最核心的条款是要求缔约国如果不接受合格评定程序，就应给出理由，这是对《TBT 协定》第 6.3 条的深化，是贯彻国民待遇的具体举措，有利于成员国之间在合格评定程序上保持一致。TPP 在这个问题上也有相同的规定（TPP 第 8.6.14 条）。

TPP 在透明度上作了更加细致的规定，但其核心条款和太平洋联盟有相似之处，比如要求其成员在受到另一缔约方的请求后，尽快但不晚于 60 天提供该缔约方对技术法规或合格评定程序的提案所作的重要修改（如有）的描述，包括针对评论意见所作的修改（TPP 第 8.7.14 条）。

第三，关于特定商品的专门技术壁垒。《附加议定书》在《第一次修正议定书》中加入了《消除化妆品产品技术性贸易壁垒的附件》，要求成员国协调化妆品的定义和根据这些产品的国际标准制定的标签规定，确定良好的生产规范，建立市场监察制度，取消"免费销售证书"，并调整其输入审查制度。（《第一次修正议定书》附件第 7.11 条）。TPP 中特定商品的范围更广一些，包括药品、化妆品、医疗器械及包装食品和食品添加剂专用配方（TPP 第 8.13 条）。

第四，在机制体制上，《附加议定书》要求建立技术性贸易壁垒委员会（PAAP 第 7.9 条），其职能和 TPP 内的技术性贸易壁垒委员会相似（TPP 第 8.11 条）。除此以外，联盟还建立了技术性贸易壁垒次级组（El Subgrupo de Obstáculos Técnicos al Comercio），旨在消除不必要的技术壁垒，促进在技术标准、监管和评价程序上的合作。

第二节

———

太平洋联盟的服务贸易规则

服务业（第三产业）已然成为全球经济的重要组成部分，且其重要性正在不断上升。服务贸易在 1970 年只占世界贸易额的 9%，而到 2018 年已经超过 20%，并且自 2011 年起，服务贸易的增长速度超过货物贸易，世贸组织据此预测，到 2040 年，服务贸易额将占世界贸易总额的三分之一。[1]

经过艰难的谈判，参与谈判的各方终于达成《服务贸易总协定》（GATS），成为多边层面关于服务贸易最重要的法律文件。在协定最初谈判和起草阶段，服务贸易对很多成员来说还是一个非常陌生的议题，各成员（特别是发展中成员）对该议题的谈判普遍持谨慎态度。作为各成员妥协的最终结果，协定中的一些条款偏离了最初设计，无法适应服务贸易快速发展的现

---

[1] WTO, "The Future of Service Trade", *World Trade Report 2019*, 2019, p.14, https://www.wto.org/english/res_e/booksp_e/00_wtr19_e.pdf, 2022-12-31.

状。鉴于此，当今许多区域和双边经贸协定在制定服务贸易规则时，都会在该协定的基础上结合其自身实际情况作修改，从而起到促进并规范服务贸易的作用，《附加议定书》和 TPP 就是两个典型的例子。

《附加议定书》中共有五个章节直接涉及服务贸易，分别是跨境服务贸易（第 9 章）、投资（第 10 章）、金融服务（第 11 章）、海事服务（第 12 章）、电信服务（第 14 章）。其中，跨境服务贸易属于综合性制度规定，而金融、海事和电信则属于专门性规定。除海事服务之外，以上内容在 TPP 中也能找到对应章节。

一、跨境服务贸易

第一，关于定义和适用范围。《附加议定书》将跨境服务贸易定义为：从一个缔约方领土到另一个缔约方领土提供服务；在一个缔约方的领土内，由其领土内人员向其他缔约方人员提供的服务；一缔约方的人员到另一缔约方的领土内提供服务（PAAP 第 9.1 条）。由此可见，《附加议定书》所定义的跨境服务贸易涵盖三种服务贸易形式，即跨境提供、境外消费和自然人流动。《附加议定书》将另外一种服务贸易形式（商业存在）规定在投资章节中。与《附加议定书》一样，TPP 也是专章对跨境服务贸易进行了规定，其定义亦完全相同（TPP 第 10.1 条），这在以往双边和区域贸易协定中未曾出现，属于篇章安排上的创新。[1]

在适用范围上，《附加议定书》和 TPP 的规定都较《服务贸易总协定》更为细致。《服务贸易总协定》规定，"本协议适用于各成员方影响服务贸易的措施"（GATS 第 1 条第 1 款）。在实践中，各方对如何理解该条中"影响"一词的具体含义不无争议，甚至动用了世贸组织争端解决机制。[2]《附加议定书》吸取了《服务贸易总协定》在本条中规定过于模糊的教训，

---

[1] 中国社会科学院世界经济与政治研究所：《〈跨太平洋伙伴关系协定〉文本解读》，中国社会科学出版社 2016 年版，第 112 页。

[2] 曹建明、贺小勇：《世界贸易组织》，法律出版社 2011 年版，第 246 页。

将适用范围确定为"一缔约方采取或维持的、影响另一缔约方的服务提供者的跨境服务贸易的措施",具体包括:(1)服务的生产、分销、营销、销售和供应;(2)购买或使用或支付服务;(3)获取和使用与提供服务有关的分配和运输系统,或电信网络和服务;(4)在其领土内存在另一方的服务提供者;(5)授予保证金或其他形式的财务担保,作为提供服务的条件(PAAP 第 9.2.1 条)。TPP 和《附加议定书》在此处的规定完全一致(TPP 第 10.2.1 条)。在适用范围的排除上,《附加议定书》明确指出,跨境服务贸易的规定不适用于金融服务、航空服务、政府采购,也不适用于缔约方及其国企给予的补贴或捐赠,包括政府支持的贷款、担保和保险(PAAP 第 9.2.3 条)。TPP 在适用范围上较《附加议定书》略微宽泛一些,未将航空服务排除在外(TPP 第 10.2.3 条)。

第二,关于义务规定模式。《服务贸易总协定》将成员应当遵守的义务分为普遍义务和具体义务,前者指所有成员都应履行的义务,后者则指在具体服务贸易领域中,各成员经谈判后承诺履行的义务。《附加议定书》和 TPP 都没有采用这种分类。在具体义务中,《服务贸易总协定》实行了承诺表的方式记录各成员作出的开放承诺。在该项制度的谈判中,各国曾就采取正面清单还是负面清单模式展开了激烈争论,发展中国家倾向于前者,而发达国家力推后者。最终,在发展中国家的努力下,协定采用了正面清单,也就是说,在协定中,各成员只对减让承诺表中明确列出的服务部门承担相应的开放义务。[1]《附加议定书》的做法和该协定完全相反,它取消了承诺表制度,这就意味着它实际上采用了负面清单模式,即原则上一律开放各个服务门类,除缔约方明确作出保留的领域之外。TPP 同样采用了彻底的负面清单的方式。[2]这种义务规定模式上的差异是《附加议定书》和 TPP 区别于《服务贸易总协定》最重要的方面,它深刻影响了服务贸易的核心条款,比如市场准入条款和国民待遇条款。

---

[1] 曹建明、贺小勇:《世界贸易组织》,法律出版社 2011 年版,第 260 页。
[2] 中国社会科学院世界经济与政治研究所:《〈跨太平洋伙伴关系协定〉文本解读》,中国社会科学出版社 2016 年版,第 112 页。

第三，关于待遇适用。《附加议定书》和《服务贸易总协定》一样，都含有最惠国待遇条款和国民待遇条款，但在适用方式上有不同之处。关于最惠国待遇条款，协定将其放在"普遍义务"部分，这意味着其原则上适用于服务贸易的各个部门，但与此同时，协定又规定了关于最惠国待遇的豁免规则，允许各成员根据附件规定自行做出选择（GATS 第 2 条第 2 款）。具体而言，各成员可以在服务与贸易承诺表中列出最惠国待遇豁免清单；待协定生效后，任何新的豁免内容，若豁免期超过 5 年，则必须提交服务贸易理事会审议，但原则上豁免期不得超过 10 年（GATS 关于第 2 条豁免的附件）。该条款反映了协定赋予成员的灵活性，是谈判妥协的结果，但在客观上却为一些成员不履行应当履行的义务提供了制度漏洞。[1]关于国民待遇条款，协定将其置于"具体义务"部分，允许各成员方按照正面清单的方式与其他成员方进行谈判（GATS 第 17 条）。太平洋联盟在最惠国待遇条款中没有设置豁免规则，这就要求其成员国必须给予另一缔约方的服务和服务提供者不低于在相似情况下给予其他任何缔约方或非缔约方的服务和服务提供者的待遇（PAAP 第 9.4 条），这与 TPP 的规定完全一样（TPP 第 10.4 条）；《附加议定书》和 TPP 的国民待遇条款则属于普遍义务（PAAP 第 9.3.1 条，TPP 第 10.4 条）。尽管如此，《附加议定书》和 TPP 规定的最惠国待遇和国民待遇也并非完全不受限制，两者都增加了"不符措施"（non-conforming）条款，允许成员对国民待遇、最惠国待遇、市场准入和当地存在作出保留（PAAP 第 9.7 条，TPP 第 10.7 条）。采用"不符措施"的手段而非豁免的方式效果相似，但在透明度和可预见性上都更高。

第四，关于新增条款。《附加议定书》增加了一些《服务贸易总协定》中没有的条款，进一步完善了服务贸易制度。一是"当地存在"条款。《附加议定书》规定，任何一缔约方不得要求另一缔约方的服务提供者在其境内设立或维持代表处或任何形式的企业，或将获得居民资格作为跨境提供服务的条件（PAAP 第 9.5 条）；TPP 也有相同的规定（TPP 第 10.6 条）。

---

[1] 曹建明、贺小勇：《世界贸易组织》，法律出版社 2011 年版，第 251 页。

二是"利益拒绝"条款,《附加议定书》规定,缔约方可以拒绝给予由非缔约方拥有或控制的或者在缔约国内没有实质性商业活动的公司享受本服务贸易协定所给予的利益(PAAP第9.16条);TPP也作了相同规定(TPP第10.10条)。这一条款的目的在于防止域外国家的企业或空壳公司享受优惠待遇。三是关于补贴的制度。在《服务贸易总协定》谈判过程中,成员显然意识到了补贴会扭曲服务贸易市场,但是并没有形成实质性的规则,只是提出了建构一个关于补贴的多边规则框架的基本思路(GATS第15条)。《附加议定书》则要求缔约方定期交换关于补贴的信息,包括捐赠、豁免或税收抵免,以及与服务贸易有关的政府现有或未来支持的贷款、担保和保险(PAAP第9.11.1条)。此条规定虽然距离完整的补贴规则尚且很远,但还是向前进了一步,甚至连TPP中都没有相关规定。

第五,关于专业服务的规定。《附加议定书》在附件中将专业服务列入其中,特别强调了工程师的临时执照(PAAP附件第9.10条),帮助其通过自然人流动的方式提供服务,体现了《附加议定书》对工程技术人员专业服务的重视。TPP对专业服务的涵盖内容更广,包括工程和建筑服务、工程师的临时执照和注册以及法律服务(TPP附件第10.1条)。这种对专业服务作特别规定的做法仅出现在《附加议定书》和TPP之中,在以往的区域贸易协定中还未曾出现。

二、投资制度

投资和服务贸易中的商业存在高度相关,从篇章安排上看,《附加议定书》中的投资制度被放在跨境服务贸易和金融服务贸易之间,可见《附加议定书》将投资制度作为了服务贸易的一部分。

迄今为止,国际投资规则尚未在全球层面有一个完整的制度框架,基本上是通过双边投资协定和区域贸易协定中的投资章节规定的。鉴于投资和贸易是两个联系密切的领域,世贸组织框架下有《与贸易有关的投资措施协定》(TRIMs)。但是该协定仅适用于和贸易有关的投资,而且规则相当简单,只有9个条文和1个附件。相较而言,《附加议定书》和TPP的规则要复杂得多,《附加议定书》包含33个条文和6个附件,TPP有29个条文和14个附件。

《附加议定书》的投资规则重在保护投资者的利益,营造良好的投资环境,为其成员国吸引外资提供制度保障。第一,关于投资的定义与覆盖范围。《附加议定书》将投资定义为投资者直接或间接拥有或控制的、具有投资特征的任何资产,其特征包括资本或其他资源的投入、获取收益或收益的预期和风险的承担等,具体形式包括:(1)公司;(2)股份、资本及其他形式的公司股权参与;(3)公司债券或其他债务工具;(4)期货、期权或其他衍生工具;(5)交钥匙合同、建筑、管理、生产特许权、收入分享合同及其他类似合同;(6)知识产权;(7)国内法律所授予的许可、授权、准许和类似权利;(8)其他有形或无形的、动产或不动产的财产权或财产相关的权利(PAAP第10.1条)。由此可见,该定义外延相当宽泛,既包括直接投资也包括间接投资,并且在具体涵盖的资产方式中采用了非封闭式列举,为未来可能的资产方式留足了空间。在大多数国际投资协议中,投资定义仅限于直接投资,而将证券类投资排除在外,《与贸易有关的投资措施协定》虽然没有对投资给出定义,但却明确指出其所涉及的投资仅指和货物贸易有关的投资(TRIMs第1条),因而在范围上比《附加议定书》窄很多。TPP与《附加议定书》对投资的定义完全一致(TPP第9.1条)。

在时效范围上,《附加议定书》明确指出,投资规则不适用于《附加议定书》生效之前发生的任何行为或事件或任何不再存在的情况,不论此类行为或情况的后果如何(PAAP第10.2.3条)。换句话说,太平洋联盟投资规则仅适用于《附加议定书》签订之后的增量投资,且对于已经存在的投资争端不再适用。TPP在该问题上作了相似的规定(TPP第9.2.3条)。当然,《附加议定书》的规定并不意味着其成员国对存量投资不给予保护,事实上,《附加议定书》并没有替代四个成员国此前达成的6个双边投资协定,存量投资依然可以在后者中得到相应保护。

第二,对投资者的保护。《附加议定书》给予了投资者较高的待遇,包括国民待遇和最惠国待遇,且都适用于准入前和准入后情形(PAAP

第 10.4 条、第 10.5 条）。随着投资自由化的发展，一般投资协定中都会设置国民待遇条款，但究竟是给予有限的准入后待遇还是给予全面的准入前待遇，各国有不同做法。[1]《附加议定书》的规定保证了内外资一致和外资与外资平等，并且将待遇扩展到设立、收购、扩张、管理、运作、经营和销售等各个环节，体现了相当高的对外开放水平。TPP 在这个问题上和《附加议定书》的规定一致（TPP 第 9.4 条、第 9.5 条）。相较于《附加议定书》和 TPP，《与贸易有关的投资措施协定》给予投资者的待遇要低很多，仅通过条款间接指引的方式规定了国民待遇。该协定第 2 条规定，任何成员不得实施与 GATT 1994 第 3 条（国民待遇）不相符的措施。而且，该协定给予的国民待遇是"正面清单"，而非如《附加议定书》和 TPP 一样覆盖所有内容。在该协定的附件解释性清单中，列举了两项与国民待遇不相符的措施：一是要求企业购买或使用原产于国内或来源于国内的产品；二是要求企业将购买或使用的进口产品的数量和价值与出口数量或价值挂钩（TRIMs 附件：示例清单）。

　　《附加议定书》还给予投资者以公平公正待遇。公平公正待遇因其概念的模糊性、保护的绝对性和无条件性曾受到许多拉美国家的抵制，因而在 20 世纪 90 年代以前，公平公正待遇条款一直处于"沉睡"状态。[2]但是，在美国的大力推动下，特别是在北美自由贸易区的实践中，美国成功将公平公正待遇同习惯国际法联系在一起，在一定程度上限制了公平公正待遇被给予过于宽泛的解释，这才使得该条款逐渐被接受并推广开来。《附加议定书》在公平公正待遇的具体认定上做到了平衡，一方面引入了习惯国际法中的"最低标准待遇"来确定公平公正待遇的下限，另一方面通过穷尽式列举的方式将其上限确定为"包括依照世界主要法律体系中的正当程序原则，不在刑事、民事、行政司法程序中拒绝司法以及'充分保护与安全'"（PAAP 第 10.6 条），从而增加了该条款适用时的可操作性。

---

[1]　余劲松：《国际投资法》，法律出版社 2018 年版，第 201 页。
[2]　余劲松：《国际投资法》，法律出版社 2018 年版，第 206—207 页。

TPP 在公平公正待遇条款中的规定与《附加议定书》一致（TPP 第 9.6.2 条）；而《与贸易有关的投资措施协定》中没有此条款。

在具体操作层面上，《附加议定书》还设置了禁止业绩要求（performance requirements）条款[1]，以更好地限制东道国对权力的滥用。规定缔约方不得强制要求投资者在设立和运营过程中履行相关义务（PAAP 第 10.8.1 条）。[2]不仅如此，还要求缔约方不得以给予或继续享受优惠为条件，为投资者设定额外义务[3]（PAAP 第 10.8.2 条）。TPP 对禁止业绩要求的规定与太平洋联盟类似，但是比联盟增加了两项条款，将范围扩大至购买和使用相关技术和许可合同（TPP 第 9.9 条）。《与贸易有关的投资措施协定》通过援引 GATT 1994 的规则，同样对禁止业绩要求作了规定（TRIMs 第 2 条），但在所列举的内容上不如《附加议定书》和 TPP 详细，其规定仅限于与货物贸易相关的内容，不包括强制技术转让（GATT 1994 第 3 条、第 4 条、第 11.1 条）。由此可见，《附加议定书》和 TPP 在禁止业绩要求上和世贸组织规则最大的差异在于对强制技术转让的规定。

此外，《附加议定书》原则上禁止东道国对外国投资者的财产采取征收行为（包括间接征收），除非满足四个条件，即出于公共目的、以非歧视的方式、按照规定支付赔偿、按照正当程序原则并提供"充分保护与安全"（AP 第 10.12 条）。TPP 和《附加议定书》对于征收的规定基本一致，但在

---

[1] 也翻译作"履行要求"。
[2] 具体包括：（1）出口一定程度或百分比的商品或服务；（2）达到一定程度或百分比的当地含量；（3）获取、使用或授予在其境内生产的货物优先权，或要求从其境内的人处获取货物；（4）以任何方式将进口的数量或价值与出口的数量或价值，或当与所述投资相关的外汇流入量相关联；（5）限制在其境内销售此类投资所产生的货物或服务，或以任何方式要求说明销售额与出口数量、价值或以外币产生的利润之间的关系；（6）向其境内的人转让技术、生产过程或其财产的其他知识；（7）仅从该缔约方的境内专门提供其生产的产品或其为特定区域市场或世界市场提供的服务。
[3] 具体包括：（1）达到一定程度或百分比的当地含量；（2）获取、使用或授予在其境内生产的货物优先权，或要求从其境内的人处获取货物；（3）以任何方式将进口的数量或价值与出口的数量或价值或与所述投资相关的外汇流入量相关联；（4）限制在其境内销售此类投资所产生的货物或服务，或以任何方式要求说明销售额与出口数量、价值或以外币产生的利润之间的关系。

征收的赔偿问题上明确使用了"赫尔规则"（Hull Rule），即要求对投资给予"及时、充分、有效的支付和赔偿"（TPP 第 9.7.1 条）。或许因为"赫尔规则"并不受发展中国家青睐，因而《附加议定书》在条文没有明确使用"及时、充分、有效"的表述，但从其关于补偿的具体要求和计算方式上来看，《附加议定书》和 TPP 并无太大差别。

第三，争端解决机制。《附加议定书》为投资保护设定了较为完善的争端解决机制，不仅包括国家间争端解决（第 17 章），还包括投资者-东道国争端解决机制（ISDS），这点和 TPP 相同。一般认为，投资者不是国际法的主体，不具有独立提出诉讼或承担责任的资格，但是 ISDS 制度给予投资者直接起诉东道国的权利，因而是对国际法的创新。《与贸易有关的投资措施协定》在争端解决上只适用于世贸组织框架下的争端解决机制，不适用于 ISDS。就 ISDS 管辖范围来看，《附加议定书》实际上赋予其相当宽广的范围，允许它接受任何与投资相关的争议（PAAP 第 10.16.1 条）。《附加议定书》的规定甚至比 TPP 还要宽泛一些，后者仅列出了三类情形，即违反条约义务、违反投资授权和违反投资协议（TPP 第 9.18.1 条）。在裁判场所的选择上，《附加议定书》也给予投资者相当大的灵活性，投资者可以选择到世界银行集团下的国际投资争端解决中心（ICSID）仲裁，使用 ICSID 仲裁规则或 ICSID 附加便利规则，也可以选择到联合国国际贸易法委员会（UNCITRAL），适用 UNCITRAL 仲裁规则，甚至可以到其他仲裁庭中适用任何其他仲裁规则（PAAP 第 10.16.3 条）。TPP 也同样给投资者提供了灵活的选择，在该问题上的规定与太平洋联盟基本一致（TPP 第 9.18.4 条）。但是 ISDS 机制争议性较大，关于 ISDS 的制度改革正在被专家学者热议。[1]有鉴于此，《附加议定书》中智利和墨西哥对 ISDS 提出了保留，其中智利提出，ISDS 不适用于其 1974 年第 600 号法令（即外国投资法）中的相关规定（PAAP 关于第 600 号法令的附件），而墨西哥则对 ISDS 提出了完全保留（PAAP 关于争端解决排除的附件-墨西哥）。

---

[1] 参见王鹏：《国际投资仲裁的多边改革与中国对策》，《国际政治研究》2018 年第 2 期。

当然，在给予投资者保护的同时，附加议定书也设置了一定义务要求，比如规定了企业社会责任（CSR）条款，要求企业将人权、劳工权利、环境、反腐、消费者权益等责任纳入其内部政策（PAAP 第 10.30.2 条）。相对 TPP 的企业社会责任条款（TPP 第 9.16 条），《附加议定书》的约束力更强，规定也更为详细，这在很大程度上弥补了其序言中未提及关于劳工和环境相关内容的缺漏，使其更加接近于 TPP 投资规则的宗旨。

2012 年，美国和欧盟发布《关于国际投资共同原则的声明》，确立了 7 项共同原则，确定了投资制度的高标准。[1]《附加议定书》的投资规则虽然不是发达国家主导的，但总体上却反映了美国和欧洲等发达国家关于国际投资法的最新主张，因此它也是投资自由化标准较高的规则。联合国贸易和发展会议（UNCTAD）对《附加议定书》和 TPP 的投资规则作了系统分析，通过对比可以发现，尽管两者在一些条款上的规定存在差异，但在核心条款上基本一致。[2]

三、金融服务

世贸组织金融服务规则谈判是一个曲折的过程，由于美国最终撤回了谈判出价，导致乌拉圭回合没有形成一个统一的金融服务法律文件，而是通过《金融服务附件》《金融服务第二附件》和《金融服务承诺谅解》三份文件，为后续金融服务谈判做准备。此后经过各方努力，世贸组织通过了《金融服务贸易协定》，作为《服务贸易总协定》的一部分，其主要内容是各成员方的金融开放承诺表，而美国直到 1998 年才加入。因此，《服务贸易总协定》框架下的金融服务规则主要由两个附件、《金融服务贸易协定》以及《金融服务承诺谅解》组成。

---

[1] "U.S.-EU Shared Principles for International Investment", https://www.ivr.uzh.ch/dam/jcr:ffffffff-c590-5f1b-ffff-ffffaae1ee48/Statement_EU_USA.pdf, 2022-12-31.

[2] 参见联合国贸发会议投资政策中心数据库（UNCTAD Investment Policy Hub），https://investmentpolicy.unctad.org/international-investment-agreements。

《服务贸易总协定》关于金融贸易服务的谈判显然难以令美国完全满意，因此早在美加自贸协定以及后来《北美自由贸易协定》的文本中，就采取了对金融服务贸易进行专章规定的方式，TPP也采用了同种方式。尽管没有美国的直接参与，《附加议定书》还是在其第11章中专章就金融服务作了规定，这是议定书非常突出的成就。在太平洋联盟四个成员国的六对双边贸易协定中，仅哥伦比亚-墨西哥自由贸易协定和秘鲁-墨西哥自由贸易协定规定了金融服务。

《附加议定书》在金融服务自由化上开放力度较大，并对《服务贸易总协定》中的一些制度进行了细化。首先，在对金融服务的定义上，《服务贸易总协定》将关于商业银行和投资银行业务共计16类服务都囊括进来，覆盖范围非常广[1]，因此《附加议定书》和TPP在这里未做变动，沿用了《服务贸易总协定》的定义。然而，与《服务贸易总协定》不同的是，《附加议定书》加入了新金融服务条款，要求每一缔约方应允许另一缔约方的金融机构根据其国内法律，在类似情况下向其金融机构提供任何新的金融服务（PAAP第11.7.1条）。鉴于金融服务的形式会随着时代的发展而变化，《附加议定书》加入新金融服务条款就相当于进一步开放了金融服务的范围。TPP中也有相同的规定（TPP第11.7条）。其次，《附加议定书》采用准入前国民待遇，具体体现在金融服务机构的设立上。《附加议定书》规定，各缔约方应在其法律允许的范围内，允许另一缔约方的投资者在其境内设立金融机构，而不对数量、形式加以特定类型的限制或法律要求（PAAP第11.5.1条）。TPP同样明确表示给予准入前国民待遇（TPP第11.5条），而《服务贸易总协定》尚未在金融领域实现准入前国民待遇。最后，《附加议定书》对涉及金融服务的争端解决机制作了新的补充，这点在《服务贸易总协定》中没有规定。《附加议定书》规定，在处理金融服务的争端时，要在第17章规定的基础上，要求仲裁员具备金融方面的专业知识和经

---

[1]　Autar Krishen Koul, *Guide to the WTO and GATT: Economics, Law and Politics*, Singapore: Springer, 2018, p.556.

验（PAAP 第 11.20.2 条），并将任命仲裁庭主席的时限宽限到 30 天（PAAP 第 11.20.3 条），还对执行措施（赔偿或利益暂停）做了一些限制性要求（PAAP 第 11.20.4 条）。就金融机构的商业存在而言，《附加议定书》还对投资者-东道国争端解决机制制度的适用程序作了细化（PAAP 第 11.21 条）。TPP 中也有相同的规定（TPP 第 11.21 条、第 11.22 条）。

四、 海事服务

《附加议定书》的海事服务规则包括影响国际海运服务的措施和由另一缔约方的服务提供者提供的连通服务。在适用范围上，《附加议定书》第 9 章（跨境服务贸易）和第 10 章（投资）的规则都适用于海运服务（PAAP 第 12.2.2 条）。这意味着海事服务包含了全部四种服务贸易模式。除了商业存在（即投资）之外，如果《附加议定书》第 12 章与另一章之间有任何不相容之处，则以第 12 章的规定为准（PAAP 第 12.2.3 条），这就确定了《附加议定书》中的海事服务法律规则是跨境服务贸易的特别法。

作为该章的核心内容，《附加议定书》要求各缔约方在其港口向另一缔约方的船舶提供的待遇不低于其给予本国船舶的待遇，包括免费进出、停留和离境、使用港口和相关设施、进入码头和装卸等（PAAP 第 12.4 条）。《附加议定书》还规定，一缔约方的海运服务供应商在另一缔约方境内经营时，有权根据该另一缔约方的法律在其境内设立代表机构（PAAP 第 12.5 条）。

此外，《附加议定书》还规定了一些旨在促进海运的纪律，包括关于承认船只国籍和船员旅行证件（PAAP 第 12.7 条）、电子信息交流（PAAP 第 12.9 条）和确定联系点的规则（PAAP 第 12.12 条），并且强调要加强在海运服务、海洋培训、港口管理等方面的合作（PAAP 第 12.11 条）。

尽管《附加议定书》在海事服务上作的规定比较简单，但已领区域贸易协定之先，甚至连 TPP 都还没有形成完整的海事服务规则。在世贸组织框架下，关于海事服务的谈判进展一直不顺利，海运大国的利益分歧较大，因而至今未能形成一套完整的海事服务贸易规则。

五、电信服务

电信服务是服务贸易中非常重要的领域，是一个价值超过 1.5 万亿美元的全球市场。因此，各国对电信服务非常重视，在谈判中出价较为谨慎。电信服务可以分为基础电信服务和增值电信服务。[1]早在乌拉圭回合谈判时，各国就开始围绕电信服务进行出价，但是相关谈判进展并不顺畅。目前《服务贸易总协定》框架仅就基础电信服务达成了协议，规定在《〈服务贸易总协定〉第四议定书》及其附件之中。[2]然而，《服务贸易总协定》规则相当简单，仅包含 7 个实质条款，包括目的、适用范围、定义、透明度、公共电信交通网络和服务的接入与使用、技术合作以及与其他组织的关系（《服务贸易总协定》关于电信服务的附件）。

TPP 专章规定了电信服务，不仅涵盖了基础业务和增值业务，还根据电信行业的最新发展趋势制定了一些新的条款。与《服务贸易总协定》相比，TPP 在谈判方式、覆盖范围、规范的内容和监管措施上都增加了许多新的内容。[3]

《附加议定书》和 TPP 在电信服务领域的规定基本相同。《附加议定书》第 14 章专章规定电信服务，其《第一次修正议定书》还对部分条款进行修订，增加了一些内容，具体包括在紧急情况下促进网络的使用、阻止移动终端被盗窃或丢失、促进宽带合作、确保互联网中立、列出相互和技

---

[1] 美国曾对基础服务和增值服务定义如下：基础服务包括声频电话服务、分组交换数据传输业务、线路交换数据传输业务、电传服务、电报服务、传真服务、私人租用线路服务、卫星服务；增值服务包括电子邮件服务、语音信箱、电子数据交换服务、在线数据的加工与信息处理、在线数据库存储与检索、增值传真、代码规则转换等服务。但是上述列举并非穷尽式的，随着电信技术的不断发展，一些新的服务项目正在不断出现。

[2] 当然，许多国家在乌拉圭回合谈判中对增值业务作出了承诺。在乌拉圭回合谈判后，也有国家就两种电信业务做出单边承诺。

[3] 中国社会科学院世界经济与政治研究所：《〈跨太平洋伙伴关系协定〉文本解读》，中国社会科学出版社 2016 年版，第 159—160 页。

术合作的领域、建立关于公共电信服务质量的监测和监督措施、确定电信服务的最终用户的权利等。除了竞争性保障、监管机构和普遍服务以外，大多数条款都比《服务贸易总协定》中的条款更为详细。

比如，在适用范围上，《附加议定书》较《服务贸易总协定》有所拓展。《附加议定书》电信服务章节适用于：（1）所有与接入和使用公共电信网络和服务有关的措施；（2）公共电信服务提供者的义务有关的措施。附加议定书的电信服务章节原则上不适用于与无线电或电视广播和有线广播或电视节目转播有关的措施（PAAP 第 14.2 条）。TPP 在适用范围上与太平洋联盟完全一致（TPP 第 13.2 条）。

再比如，《附加议定书》规定了携号转网规则，而《服务贸易总协定》中无此规定。《附加议定书》要求各缔约方确保其各自境内的公共电信服务供应商在合理、非歧视性的条件下提供携号转网服务（PAAP 第 14.5 条）。哥伦比亚和秘鲁对该条款作了一定保留。就哥伦比亚而言，携号转网条款仅适用于移动业务，在技术和经济可行的范围内适用于固定电话业务；就秘鲁而言，该条款仅适用于移动业务，而固定电话服务将在《附加议定书》生效三年后适用。TPP 对此作了相同的规定（TPP 第 13.5.4 条），只是哥伦比亚和秘鲁没有做出保留。

第三节

————

太平洋联盟的其他经贸规则

除了货物和服务贸易两个最主要的规则外，当代经贸规则还包含诸多与贸易有关的规则。在《附加议定书》中，其他重要的经贸规则包括政府采购、电子商务、争端解决机制和监管改善规则。另外，太平洋联盟中还有一个独具特色的机构——拉美一体化市场（MILA），它是联盟金融规则的重要组成部分，在拉美金融领域具有重要影响力。由于拉美一体化市场是在联盟成立后才被并入其框架体系中的，此时，联盟的相关规则和机制已经存在，因而《附加议定书》中没有关于一体化市场的规定。

一、政府采购

政府采购是一国经济中十分重要的组成部分，一些国家还将政府采购作为宏观经济的调控手段。如果对政府采购领域不加以规范，国家就有可能采取歧视性的政策保护国内产业。在《关贸总协定》谈判中，关于政府采购的内容一直是一项重要的议题。然而，由于各方对政府采购难以形成共识，《政府采购协定》（GPA）不得不采用复边协议的形式，由世贸组织（及其前身）成员自行决定是否加入。

《政府采购协定》一直保持不断向前发展，总体上是朝着日益开放、透明、自由的方向的。《关贸总协定》东京回合谈判首先达成了 GPA 1979，其涵盖范围仅限于货物贸易。此后《政府采购协定》经过了 3 次修改：1987 年达成了 GPA 1987；在 1994 年乌拉圭回合谈判后达成 GPA 1994，将范围进一步扩大到服务贸易，还设置了审议机制，允许个人竞标者在国内法院向采购实体提出异议；经过将近 20 年的艰苦谈判，2012 年协定终于又进行一次修订，并已于 2014 年 4 月 6 日生效。新版协定简化并优化了 GPA 1994，增加了新的服务和公共采购内容。[1]GPA 2012 的制度设计较为完善，标准相当高，截至 2022 年末，共有 21 个成员（包括 48 个世贸组织成员，其中，欧盟 27 国计为 1 个成员），36 个观察员（其中包括智利和哥伦比亚），以及包括中国在内的 11 个世贸组织成员正在寻求加入 GPA 2012。

太平洋联盟四国都不是 GPA 2012 及其之前版本的成员，但是通过《附加议定书》政府采购规则，四国之间建立了一个共同的监管框架，更新了四国之前双边协议中关于透明度、国民待遇、非歧视、争端解决和电子产品采购的规定，并且对促进中小企业参与政府采购作了特别规定。

---

[1]　贺小勇：《中国尽早加入〈政府采购协定〉的法律建议》，《经贸法律评论》2019 年第 6 期。

《附加议定书》于 2014 年签署，TPP 于 2015 年签署，二者和 GPA 2012 不仅在达成的时间上非常相近，而且在内容上也几乎照搬了 GPA 2012，只是 TPP 的一些技术性细节更丰富，语言精确度较 GPA 2012 而言更高一点。[1]但通过细节对比，可以看出，相较 GPA 2012 而言，《附加议定书》和 TPP 在政府采购制度上更加接近。

第一，在适用范围上，TPP 较 GPA 2012 有明显的扩大，包含以"建设-运营-转让"合同（BOT）和以公共工程特许合同的方式作出的政府采购契约（TPP 第 15.2.1.b 条）。[2]对此，智利、墨西哥和秘鲁都没有提出保留。《附加议定书》在适用范围上和 TPP 完全一致（PAAP 第 8.2.1.b 条）。

第二，在授予合同的信息公布上，GPA 2012 要求采购实体在合同授予后不迟于 72 天作出公告（GPA 2012 第 16.2 条），TPP 和《附加议定书》都要求采购实体应当在合同受理后立即作出信息公布（TPP 第 15.16.3 条，PAAP 第 8.14.1 条）。

第三，在 GPA 2012 的最后条款中，要求委员会就中小企业问题进一步开展工作（GPA 2012 第 22.8 条）。在该问题上，TPP 向前更进了一步，在第 15.21 条中专门规定了便利中小企业参与政府采购的一些措施，包括提供优惠待遇等。《附加议定书》同样专门设置了促进和鼓励中小企业参与政府

---

[1] 例如，在适用范围的例外中，GPA 2012 和 TPP 都规定，在关于使用国际组织或国际援助、贷款或其他援助资金上，如果该资金有自己独特的适用程序和条件，则可以作为适用政府采购规则的例外；TPP 在此基础上明确提出一条例外之例外条款，即如果国际组织或援助方的采购程序和条件没有限制供应商的参加，则仍需按照 TPP 规则处理，而 GPA 2012 对此没有规定。这就意味着，如果某项国际援助资金未规定使用方式，对 TPP 成员国来说就需要适用 TPP 政府采购规则，而在 GPA 2012 框架下，这个问题就比较复杂，有待对条约的进一步解释。因此，TPP 文本中的表述具有限缩适用例外范围的可能性，避免了当事国因理解上的分歧对此提出不同解释。又如，在采购方式上，TPP 明确规定，采购实体原则上应当使用公开招标，限制性招标是例外情形（TPP 第 15.4.4 条）；GPA 2012 则是将公开招标、选择招标和限制性招标作为三种并列的招标方式，并没有明确表达采购者应当以公开招标为首选（GPA 2012 第 4.4.a 条）。

[2] TPP 对 BOT 合同和公共工程特许合同定义为：主要目的为建造或修复基础设施、厂房、建筑物、设施或其他政府工程的合同安排，根据此安排，采购实体授予供应商在一特定期限内的临时所有权或控制、经营、在合同有效期内对使用此类工程收取费用的权利，作为其履行合同安排的报酬（TPP 第 15.1 条）。

采购的条款，并且比 TPP 还要略微详细一些（PAAP 第 8.21 条）。

此外，除了哥伦比亚还不是 TPP 成员之外，太平洋联盟其余三个国家在附加议定书和 TPP 中设置的政府采购门槛金额完全一致（PAAP 附件 8.2H 部分，TPP 附件 15-A），这再次证明了两者的相似性。

表 4.2　世贸组织、TPP 和太平洋联盟政府采购规则比较

	GPA 2012	TPP	《附加议定书》
适用范围	不适用 BOT 与公共 工程特许合同	涵盖 BOT 与公共 工程特许合同	涵盖 BOT 与公共 工程特许合同
授予合同公告	不迟于 72 天公布	立即公布	立即公布
中小企业	要求委员会进一步 开展工作	专门规定	专门规定

二、电子商务

随着互联网的兴起，电子商务成为了国际经贸的重要组成部分。世贸组织早就意识到电子商务的巨大潜力，在 1998 年 5 月的部长会议上通过了《全球电子商务宣言》，并于同年 9 月通过了《电子商务工作计划》，由服务贸易理事会、货物贸易理事会、与贸易有关的知识产权理事会和贸易与发展委员会负责运营。尽管此后每年，总理事会都会收到新的《电子商务工作计划》报告，但在规则构建上还没有取得实质性进展。2019 年二十国集团大阪峰会发布《大阪数字经济宣言》，宣布启动"大阪轨道"（Osaka Track），推动建立多边层面的全面的数字经济规则，其中包括电子商务。然而，鉴于印度、印度尼西亚和南非等重要发展中国家拒绝在宣言上签字，全面的数字经济规则在多边层面的谈判未来前景不明。因此，在世贸组织框架下具有实质性意义的规则依然是 1998 年的《全球电子商务宣言》（Declaration on Global Electronic Commerce），它要求世贸组织成员延续对电子商务免征关税的做法。[1]但是《全球电子商务宣言》从形式上来说并不

---

[1] Declaration on Global Electronic Commerce, 20 May 1998, WT/MIN（98）/DEC/2, https://www.wto.org/english/tratop_e/ecom_e/mindec1_e.htm, 2022-12-31.

是严格意义上的法律规则，虽然可以作为国际习惯法存在的重要依据，但其约束力和正式的国际条约相比仍然较弱。

虽然电子商务多边层面规则进展缓慢，但在区域层面已经取得较大进展，一些区域贸易协定加入了电子商务的相关规则，《附加议定书》和TPP也不例外。

《附加议定书》第13章专章规定了电子商务规则，但是相关规定除关税条款和个人信息保护条款外，大多是一些实质意义不大的规定，而《第一次修正议定书》对第13章的规则进行了大幅度修订，加入了非歧视待遇条款、商业信息跨境流动条款、禁止要求计算机设备位置条款等重要内容，并且明确了电子商务的规则不适用于政府采购。具体而言，附加议定书电子商务规则的核心内容如下。

第一，关税条款。要求缔约方不得向电子传输类的数字产品征收进口或出口关税（包括服务费和收费），但是可以征收内部税费除外，前提是它不与《附加议定书》相冲突（PAAP第13.4条）。TPP在税收条款上与《附加议定书》的规定相同（TPP第14.3条）。

第二，个人信息保护条款。规定各缔约方应采用或维护法律、法规或行政措施，以保护参与电子商务的用户的个人信息，并且就其保护个人信息的立法交流信息和经验（PAAP第13.8条）。TPP也有个人信息保护条款，但是比太平洋联盟内容更多一些，比如要求各缔约方公开关于对电子商务用户个人信息保护的信息，包括如何使个人取得救济以及如何使商家遵守法律要求（TPP第14.8.4条）。

第三，非歧视待遇条款。禁止对电子产品歧视对待，不论其来自缔约方还是第三方，（PAAP第13.4条，《第一次修正议定书》新增部分）。TPP同样规定了电子产品的非歧视待遇条款（TPP第14.4条）。

第四，商业信息跨境流动条款。允许缔约方出于商业目的，通过电子方式提供跨境信息传输（包括个人信息）（PAAP第13.11条，经《第一次修正议定书》修改）。TPP中也有同样的规则（TPP第14.11条）。

第五，禁止要求计算机设备位置条款。规定各缔约方不得强制要求将计算机设备安置在其领土范围内，并以此作为在其境内开展商业的条件（PAAP 第 13.11 条，《第一次修正议定书》新增部分）。TPP 也有相同的规则（TPP 第 14.13 条）。

TPP 确立了世界上电子商务的最高标准，它一方面覆盖并深化了之前自由贸易协定（如美韩自贸协定、中韩自贸协定、中澳自贸协定）中关于电子商务的规定，还根据电子商务的最新发展，制定了一些新的条款。[1]《附加议定书》同样规定了高度自由化的电子商务规则，其标准高于大多数美国和联盟成员国之间的自由贸易协定，甚至高于欧盟缔结的自由贸易协定。[2]特别是在《附加议定书》第一次修订后，更是将电子商务规则的自由化程度提高了一个等级。通过对比可以发现，《附加议定书》和 TPP 在电子商务领域的规则基本一致，其标准都超过了许多自由贸易协定。

表 4.3　电子商务规则比较

	美国（最近）签署的自由贸易协定	欧盟（最近）签署的自由贸易协定	TPP	服务贸易协定（TISA）	《附加议定书》
是否适用世贸组织协定	是	是	否	是	否
跨境数据流动无限制	仅在美韩自贸定中是	否	是	是	是
网上消费者保护（防止商业欺诈）	是	是（加强合作的语言表述）	是	是（规定了两个关于网上消费者保护和数据保护的不同条款）	是
个人信息保护	是	是（参照国际标准）	是	是	是
自由商业电子通信	否	是（仅加强合作）	是	是	是
禁止转移或开放源代码	否	否	是	是	否

---

[1]　中国社会科学院世界经济与政治研究所：《〈跨太平洋伙伴关系协定〉文本解读》，中国社会科学出版社 2016 年版，第 171 页。

[2]　María del Carmen Vásquez Callo-Müller, "Situating the Pacific Alliance in Global Electronic Commerce Regulation", in Pierre Sauvé, Rodrigo Polanco Lazo and José Manuel Álvarez Zárate（eds.）, *The Pacifc Alliance in a World of Preferential Trade Agreements*: *Lessons in Comparative Regionalism*, Cham：Springer, 2019, p.194.

（续表）

	美国（最近）签署的自由贸易协定	欧盟（最近）签署的自由贸易协定	TPP	服务贸易协定（TISA）	《附加议定书》
接入互联网	否（但是美韩自贸协定中包含接入并使用互联网进行电子商务的条款）	否	否	是	否
禁止计算机设备本地化要求	否	否	是	是	是
电子签名认证	是	否	是	是	是
无纸化贸易	是	是	是	否	是
电子产品免征关税	是	是	是	是（电子交付）	是
电子产品非歧视待遇	是	未明确电子产品，除了服务	是	否	是
网络安全承诺	否	否	否（仅倡导合作）	否	否
国际合作	是（在中小企业、数据隐私、消费者保护和跨境数据流动方面）	是（在电子认证、互联网服务提供者责任、垃圾电子信息处理、消费者保护、无纸化贸易方面）	是	是（在数字素养方面）	是
透明度	是	否	否	否	是

注：María del Carmen Vásquez Callo-Müller 教授的研究完成于 2015 年，2018 年此文收入该论文集出版后没有更新该表。笔者在其研究基础上，结合《第一次修正议定书》的新规定作了更新。

资料来源：María del Carmen Vásquez Callo-Müller, "Situating the Pacific Alliance in Global Electronic Commerce Regulation", in Pierre Sauvé, Rodrigo Polanco Lazoand José Manuel Álvarez Zárate（eds.）, *The Pacifc Alliance in a World of Preferential Trade Agreements：Lessons in Comparative Regionalism*, Cham：Springer, 2019, pp.195—196。

三、 争端解决机制

争端解决机制是《附加议定书》制度的重要组成部分，太平洋联盟在《框架协议》中要求缔约方自签署协定之日起 6 个月内就争端解决机制的建立开展谈判（《框架协议》第 12 条）。为落实《框架协议》的要求，《附加议定书》第 17 章专章规定了争端解决机制，旨在提供有效、高效且透明的争议解决过程（PAAP 第 17.2 条）。具体而言，《附加议定书》规定的争端解决机制核心内容如下。

首先，关于条约适用范围。《附加议定书》争端解决机制适用范围较广，包括：（1）关于《附加议定书》条款解释和适用任何条款；（2）成员国直接违反条约义务或其采取的某项措施违反国内义务；（3）可能导致缔约方期待利益受损的措施（PAAP 第 17.3 条）。事实上，《附加议定书》特别重视期待利益的减损，特别是在市场准入、原产地规则、实施卫生与动植物检疫措施、技术性贸易壁垒、政府采购和跨境贸易服务领域（PAAP 附件 17.3）。这种做法其实沿袭了太平洋联盟国家的双边协议中的做法。[1]

然而，《附加议定书》同时规定了三种不适用争端解决机制的情形：第一，哥伦比亚和秘鲁之间涉及安第斯共同体（CAN）相关事务的争端（PAAP 第 17.3 条注释 1）。也就是说，如果某个争议事项既触及共同体的条约，又触及联盟的条约，解决这种法条竞合的办法就是适用共同体的争端解决机制。第二，关于电信服务章节中新增条款，涉及在紧急情况下使用电信网络、被盗或丢失的移动终端设备、宽带和网络中立性等内容（PAAP 第 14.22.a 条，经《第一次修正议定书》修改）。第三，《第一次修正议定书》对《附加议定书》第 15 章的修订部分，即关于监管改善的相关规定（《第一次修正议定书》附件 4）。

其次，关于裁判场所的选择。规定如果某一项争议除了涉及《附加议定书》之外，还涉及成员国在世贸组织或其他贸易协定中的义务时，起诉方可以自由选择裁判场所来解决争端，但是一旦做出选择后则不能悔改（PAAP 第 17.4 条）。正是基于该规定，太平洋联盟才明确将哥伦比亚和秘

---

[1] 在哥伦比亚-智利自贸协定、哥伦比亚-墨西哥-委内瑞拉自贸协定、智利-墨西哥自贸协定、智利-秘鲁自贸协定以及秘鲁墨西哥自贸协定中都是这样规定的。José Manuel Álvarez Zárate and Diana María Beltrán Vargas, "The Pacific Alliance Dispute Settlement Mechanism: One More for the Heap", in Pierre Sauvé, Rodrigo Polanco Lazo and José Manuel Álvarez Zárate（eds.）, *The Pacifc Alliance in a World of Preferential Trade Agreements: Lessons in Comparative Regionalism*, Cham: Springer, 2019, p.240.

鲁之间涉及安第斯共同体相关条款的争端排除出其争端解决机制的适用范围，因为在共同体规定中隐含着优先适用安第斯共同体法庭的含义。[1]

第三，关于磋商、斡旋、和解和调停程序。鼓励争议双方通过磋商等非诉讼方式解决争端。规定就争端解决机制适用范围内的任何事项，争议双方中的任何一方都可以通过书面形式申请磋商，由提出磋商的一方向另一方提交申请并解释缘由，包括查明有关措施的情况以及索赔的法律依据（PAAP 第 17.5.3 条）。在具体实践中，磋商是申请仲裁的前置程序，只有当磋商没有达成结果时，才可以启动仲裁。在磋商的任何时候，争议双方可以在符合条件的情况下，以书面形式要求自由贸易委员会介入，由其行使斡旋、和解和调停措施（PAAP 第 17.6.3 条）。《附加议定书》还特别指出，在争端解决的任何时候，争议双方都可以协商使用斡旋、和解和调停措施（PAAP 第 17.23.1 条），且不影响其他程序的进行（PAAP 第 17.23.3 条）。

第四，关于仲裁程序。《附加议定书》争端解决机制的核心是仲裁程序。规定在以下四种情况下可设立仲裁庭：第一，争议双方自由贸易委员会介入请求提交后 10 天内没有召开会议；第二，在自由贸易委员会介入后召开会议 30 天后，争议仍未得到解决；第三，在自由贸易委员会开展合并审查程序，但在最近一次程序结束后的 30 天内争议未得到解决；第四，争议双方协商的磋商时限届满，争议仍未解决（PAAP 第 17.7.1 条）。仲裁庭由三名仲裁员组成，其中两名由争议双方指定，可以是其国民，同时推荐 4 名候选人担任仲裁庭主席（PAAP 第 17.13.2 条）。仲裁庭主席由双方共同协商决定，若未能达成协议，则将在临时轮值主席国代表提出的候选人中抽签择定主席（PAAP 第 17.13.4 条）。还规定了较为详细的仲裁程序规则，要求仲裁必须做到以下七点：第一，争议方至少拥有以出庭形式提出初步申诉和反驳的机会；第二，争议方有在仲裁庭前至少举行一次听证会的权

---

[1] 《关于建立安第斯共同体法院的卡塔赫纳条约》第 4 条规定："成员国有义务采取必要步骤，执行构成《卡塔赫条约》法律制度的规则。它们在此还承诺不采用或采用任何反对这些规则或以任何方式限制其适用的措施。"其中，"这些规则"如果被解释为在安第斯共同体法院内解决争端，似乎也并无不妥之处。

利；第三，争议各方有提出口头辩论的权利；第四，仲裁庭的听证会向公众开放，但争议一方指定为机密的信息除外；第五，仲裁庭的决定以及争议方重要的文件和书面文件是保密的；第六，争议一方向仲裁庭提交的所有信息和文件均提供给争议的其他方；第七，保护争端任何一方指定为机密信息的信息（PAAP 第 17.14.3 条）。仲裁结束后，仲裁庭出具初步仲裁报告，包含书面文件和口述摘要、基于事实和法律的结论、关于争端当事方是否履行了《附加议定书》义务或相关措施是否使其利益减损的决定、提出建议或执行仲裁裁决的方式（PAAP 第 17.15.5 条）。争议的任何一方可以在 15 天内就初步报告提出书面意见，交由仲裁庭审查（PAAP 第 17.15.7 条），并在此后 15 天内作出最终裁决报告（PAAP 第 17.16.1 条）。

最后，关于裁判的执行。规定如下：第一，争议双方应就仲裁庭的决定、结论和建议的最终裁决达成协议（PAAP 第 17.19.1 条）；第二，如果争议双方没能就最终裁决达成协议，则被诉方可以按照申诉方请求就临时赔偿开展谈判，直到争议得到解决（PAAP 第 17.20.1 条）；第三，如果双方既没有在规定时限内就裁决达成协议，也没有就赔偿达成共识，则申诉方可以对被诉方实施报复措施，即暂停对其履行义务直到双方争议得到解决，但报复措施必须符合比例原则（PAAP 第 17.20.1 条）；第四，针对该报复措施，被诉方可以提起仲裁（PAAP 第 17.22.1 条）。由此可见，太平洋联盟的争端解决机制中并没有强有力的执行措施，基本上还是鼓励缔约方通过友好协商的方式解决纠纷，即便在执行阶段亦是如此。虽然《附加议定书》规定仲裁庭的最终裁决是终局性的、不可上诉的且对双方都有约束力，但裁决的执行却依赖双方协议、临时补偿或暂停履行义务的方式。

太平洋联盟的争端解决机制与 TPP 基本相同，区别仅在一些细节上。在适用范围上，TPP 并没有像《附加议定书》一样加入诸多排除条款，而且特别强调在 TPP 生效 6 个月后，可以就《与贸易有关的知识产权协定》（TRIPS）中的利益减损问题提交争端解决（TPP 第 28.3.2 条）。在时限问题上，TPP 和《附加议定书》也有一些差别，比如要求被诉方在收到申诉方磋商请求后要在 7 日内给予书面答复（TPP 第 28.5.2 条）。在裁判程序上，TPP 使用专家组（panel）而非仲裁庭来进行裁判，但其实除了名称上的不同，专家组在人员构成和职权范围上都和《附加议定书》中的仲裁庭相似（TPP 第 28.9 条）。TPP 比《附加议定书》多了国内程序和私人商业争端解决的规定（TPP 第 28.21 条、第 28.22 条），但是这两条规定都不是争端解决机制的主要内容。

与世贸组织争端解决机制相比，整体而言，《附加议定书》和 TPP 都没有《关于争端解决规则与程序的谅解》（DSU）的法治化程度高。该谅解是世贸组织最重要的部分之一，经历了多年的发展，在制度上已经比较成熟。在 GATT 1947 中就有争端解决机制，但其设计存在缺陷，因而基本处于荒废状态，乌拉圭回合谈判对其做了大刀阔斧的改革：一是设立了上诉机构（Appellate Body），形成了专家组和上诉机构两级审理模式，二是改变了争端解决机构的投票规则，采用"反向一致"（negative consensus）规则。由此可见，该谅解和太平洋联盟争端解决机制最大的区别在于，太平洋联盟的仲裁最终报告是无法上诉的（PAAP 第 17.16.3 条）。正因为此，《附加议定书》和 TPP 都加入了裁判场所自由选择条款，争议双方可以在《关于争端解决规则与程序的谅解》中解决争议，只要其对所涉及的问题有管辖权。当然，这并不意味着太平洋联盟和 TPP 的争端解决机制是多余的，因为那些超出世贸组织规则范围之外的条款，还是需要在专门的争端解决框架下处理。

四、监管改善规则

国内市场监管向来都是国家主权范围之内的事情。但是，一方面，一国对国内市场的监管可能存在歧视，比如对国内和外资企业适用不同标准的案例比比皆是；另一方面，国家之间在监管规则上的差异会影响贸易和投资的效率。因此，监管一致规则成了国际经贸规则中的新内容。

《附加议定书》起初没有制定监管一致规则，但《第一次修正议定书》在《附加议定书》第 15 章中加入了监管改善规则，要求四个成员国通过建立和实施透明度措施、公开协商措施、互相审查措施等，促进监管程序和服务的简化。TPP 专章规定了"监管一致"，虽然在名称上与《附加议定书》的"监管改善"有所不同，但实际内容基本相同。

第一，关于监管改善的定义，《附加议定书》的解释是："在计划、制作、公布、实施和审议过程中采用良好的国际监管实践，来促进国家公共政策目标的实现；也指政府间为实现促进国际贸易、投资、经济增长和就业等目标而增强监管合作的努力。"（PAAP 第 15.2.1 条，《第一次修正议定书》新增部分）TPP 对监管一致的定义和该定义基本相同（TPP 第 25.2.1条），唯一的差别在于，《附加议定书》采用了"良好的国际监管实践"的表述，而 TPP 使用了"良好的监管实践"的表述。

第二，关于监管措施的具体范围，《附加议定书》没有作具体规定，而是要求缔约方必须在 3 年内确定并公开监管措施涵盖的范围，并致力于达到显著的覆盖范围（PAAP 第 15.3 条，《第一次修正议定书》新增部分）。TPP 也作了相同规定，但要求缔约方必须在 1 年内确定涵盖范围（TPP第 25.3 条）。

第三，在良好监管实践的实施规则上，当拟制定的涵盖监管措施的经济影响或其他影响超过了门槛水平，《附加议定书》鼓励成员国的监管部门开展监管影响评估（PAAP 第 15.5.1 条，《第一次修正议定书》新增部分）。TPP 作了同样的规定（TPP 第 25.5.2 条）。《附加议定书》还考虑到四国存在制度、社会、文化和法律和发展上的差异，可以视情况采取不同的监管措施（PAAP 第 15.5.2 条，《第一次修正议定书》新增部分）。该条款和TPP 完全一致（TPP 第 25.5.2 条）。虽然太平洋联盟成员国只有四个，且差异度并不大，但鉴于未来联盟存在扩员或对接其他区域贸易协定的可能性，该条款还是有很大意义的。

第四，在机制体制上，《附加议定书》要求成立监管改进委员会，负责审议和执行关于监管合作的有关问题（PAAP 第 15.6 条，《第一次修正议定书》新增部分）。TPP 同样设置了监管一致委员会（TPP 第 25.6 条）。

通过以上对比可以发现，《附加议定书》的监管改进规则和 TPP 的监管一致规则总体上是相同的。

五、 拉美一体化市场

拉美一体化市场是太平洋联盟四个成员国证券市场一体化的具体实践。

实际上，拉美一体化市场并非在联盟成立后建立的，早在 2009 年 9 月 8 日，圣地亚哥证券交易所（Bolsa de Comercio de Santiago）、哥伦比亚证券交易所（Bolsa de Valores de Colombia）和利马交易所（Bolsa de Valores de Colombia）就与哥伦比亚证券登记结算公司（DECEVAL）、智利证券登记结算公司（DCV）及秘鲁证券市场中央登记和结算公司（CAVALI）签署意向协议，确立了拉美股票市场一体化模式。2010 年 6 月 8 日，上述机构之间签署证券市场一体化实施协议，至 2011 年 5 月 30 日，拉美一体化市场正式投入运营，并开启了智利、哥伦比亚和秘鲁三国之间的跨国证券市场交易。2011 年 7 月，联合标普（S&P）发布拉美一体化市场指数，重点推出了基准 S&P MILA 40。2013 年 6 月 24 日，拉美一体化市场在纽约举行了国际日活动，其相关机构和投资人代表集聚盛会。2013 年 12 月，拉美一体化市场实现其架构内操作数量最高的突破，交易总额超过 9 500 万美元。2014 年 6 月，太平洋联盟第九届峰会将拉美一体化市场纳入其框架中，其标志就是会议声明中以拉美一体化市场的名义接受墨西哥证券交易所（Grupo Bursátil Mexicano）与其证券登记结算公司（INDEVAL）加入拉美一体化市场，因而在 2014 年 7 月太平洋联盟与标普联合推出的拉美一体化市场指数中，首次出现墨西哥市场。2014 年 12 月 2 日，墨西哥证券交易所在智利发行人上进行了第一笔交易。

拉美一体化市场的成立，旨在支持签署国股票市场一体化，协调各国不同的交易规则，使得所涉国家投资者可以通过统一平台进行交易活动，有效消除交易障碍，为投资者提供更多投资机会，从而提高股市流动性，推动各国经济发展，进而为这些国家实现更强的竞争力提供更大、更稳定的市场，最终目的是将经济体转换为最佳货币区域，从而实现货币统一和金融一体化。[1]

拉美一体化市场是首个在尚未实现整合域内上市企业的情况下，就通过技术手段建立一体化的跨国交易市场。[2]这种对证券市场的整合超过了世贸组织规则范围，TPP 中也不存在类似规则。

第四节

太平洋联盟中尚在建构的规则

环保、劳工和人权等问题已经成为经贸延伸问题出现在经贸规则的谈判中。太平洋联盟对这些问题同样非常重视，正在通过建立工作组的方式在环保、劳工、妇女问题、人员流动、知识产权和中小企业等领域开展研究和治理工作，并形成了诸多法律与政策文件。

一、环境保护

环境保护并不是太平洋联盟重点关注的议题，无论在《框架协议》还是《附加议定书》中，都没有专门针对环保的制度设计，这点和 TPP 有所不同。美国向来重视在区域贸易协定中加入环境条款，在《北美自由贸易协定》和之后的美洲自由贸易区谈判中都有所体现。在 TPP 中，美国延续了以往的做法，要求加入环保内容，因此 TPP 第 20 章对环保作了专章规定。

[1] Juan Benjamín Duarte-Duarte，Laura Daniela Garcés-Carreño，Silvia Juliana Vargas-Ayala y Valentina María Vásquez-González，"Evaluación de la Integración Financiera entre los Países Pertenecientes al Mercado Integrado Latinoamericano"，*Editorial Universidad de Politécnica de Valencia*，INNODOCT 2018.

[2] Diana María Ariza Villar y María Fernanda Díaz Moya，"Mercado Integrado Latinoamericano (MILA)：¿objetivos no cumplidos?"，*Tesis de MBA*，*Universidad EAFIT*，Bogotá，2015.

自从 2015 年巴黎气候变化大会后，环保问题同样引起太平洋联盟的重视，特别是应对气候变化的议题。事实上，早在巴黎气候变化大会前一年，国际上已经普遍认为气候变化治理将迎来新的曙光，在 2014 年 12 月的第二十届联合国气候变化大会（COP20）上，太平洋联盟发表了《太平洋联盟关于气候变化宣言》，表达了四国将积极参与全球气候治理。[1]但这次表态其实更多是为了展现太平洋联盟作为一个整体在国际舞台上的亮相，并没有达成实质性的制度安排和行动计划。直到 2016 年 3 月 30 日，在第二十届拉美和加勒比环境部长论坛上，太平洋联盟召开了第一届环境部长会议，提出要加强四国的可持续发展，并决定建立环境与绿色增长技术组（GT-MACV）。2016 年 6 月太平洋联盟部长理事会会议批准成立该技术组，在同年 7 月 1 日的联盟峰会上，四国总统发表《波瓦拉宣言》，明确该技术组的构成。[2]GTMACV 在机构设置上属于典型的跨政府网络，它由太平洋联盟四个成员国的外交部和环境部负责，其主要职责包括：（1）识别公共部门和私营部门实现绿色增长的挑战和机遇；（2）开展对话和行动，以促进环境承诺的发展和执行；（3）开展政府与私人部门之间的合作活动；（4）建立一个平台，制定和推进共同的环境议程，该议程涉及共同的环境优先事项，并有助于实现 2030 年可持续发展议程。

在环境与绿色增长技术组的推动下，太平洋联盟在上述四个目标领域都取得了一定进展。首先，进一步完善了机制体制建设。在 2017 年 6 月卡利峰会上，四国总统明确承诺推动绿色增长战略，以应对气候变化的挑战，并建立一个监测、报告与核查减排的共同制度（MRV）。[3]MRV 的建立对

［1］ DECLARACION DE LOS PRESIDENTES DE LA ALIANZA DEL PACIFICO EN MATE-
RIA DE CAMBIO CLIMATICO EN LA COP 20 / CMP 10, Lima, 10 de diciembre de 2014,
https://alianzapacifico.net/download/declaracion-en-materia-de-cambio-climatico-cop20-
diciembre-10-de-2014/?wpdmdl=1185, 2022-12-31.

［2］ Declaración de Puerto Varas, 1 de julio de 2016, https://alianzapacifico.net/download/de-
claracion-de-puerto-varas-julio-1-de-2016/?wpdmdl=1181, 2022-12-31.

［3］ Declaración de Cali, 30 de junio de 2017, https://alianzapacifico.net/download/declaracion-
de-cali-junio-30-de-2017/?wpdmdl=1167, 2022-12-31.

于应对气候变化至关重要。一方面，它是建立和参与碳排放权交易市场的"基础设施"，另一方面，它也是履行《巴黎协定》的技术保证。为此，在该技术组下又设置了一个次级组，即 MRV 和气候变化次级技术组（SGT-MRV），旨在协调四个成员国各自的 MRV 制度，并在联盟层面进一步推进制度融合，具体活动包括技术交流、能力建设和分析研究。就人员组成来说，SGT-MRV 相较环境与绿色增长技术组更加专业化，包括四国专门负责气候变化的部门。其次，进一步促进政府和私营部门之间的合作。2016 年 4 月 28 日，在联盟的推动下，27 家公司联名签署公开信，表达将与政府合通力合作，致力于为绿色增长营造良好环境。最后，在环境与绿色增长技术组的推动下，联盟还在 2017 年 6 月 21—22 日召开了"太平洋联盟环境表现与绿色发展"研讨会，旨在交换开展绿色增长的知识、经验和教训。

起初，太平洋联盟在环保领域的合作仍十分有限，各成员国基本上将注意力放在气候变化上，而 TPP 所涉及的领域则包括：保护臭氧层（TPP 第 20.5 条）、保护海洋环境免受船舶污染（TPP 第 20.6 条）、生物多样性（TPP 第 20.13 条）、外来物种入侵（TPP 第 20.14 条）、节能减排（TPP 第 20.15 条）、海洋渔业捕捞（TPP 第 20.16 条）等并不在联盟议程范围内。从 2019 年起，联盟开始着手应对塑料污染的治理工作。在 2019 年 7 月的利马峰会上，四国签署《可持续的塑料管理宣言》，决定将通过公共、私营部门和国际组织的合作，来对塑料制品进行管控。[1]在机制体制上，联盟主要通过技术工作组和次级技术工作组来开展活动，而 TPP 则设置了环境委员会和联络点（TPP 第 20.19 条）、磋商机制（TPP 第 20.20 条至第 20.22 条）和争端解决机制（TPP 第 20.23 条）。

世贸组织未就环保问题达成条约，始于 2014 年的《环境产品协定》谈判目前已经停滞。但是，由于环保和贸易的联系日益紧密，国际贸易机制

---

[1] Declaración de Lima, 6 de julio de 2019, https://alianzapacifico.net/download/declaracion-de-lima/?wpdmdl = 17500，2022-12-31.

对环保问题的忽视招致很多批评。[1]鉴于此，世贸组织于 1995 年成立了贸易与环境委员会，致力于帮助政府就和贸易有关的环境政策开展对话。在多哈回合谈判中，贸易与环境委员会被赋予开展相关谈判的职责，包括环境措施对市场准入的作用、知识产权协定与生物多样性和环境标签。近年来，世贸组织开始通过发布联合声明倡议（JSIs）的形式，试图以诸边（pluralateral）途径争取在环保议题上取得突破，具体有"贸易与环境可持续""化石燃料补贴改革"和"塑料污染"等议题。

由此可见，环保有关的规定在贸易协定中占据日益重要的位置可能是未来的发展趋势。TPP 处于领先地位，已经成功将经贸与环保联系在一起；世贸组织正在朝这方面努力；太平洋联盟也在日益关注环保问题。

二、劳工问题与妇女问题

（一）劳工问题

劳工问题在世贸组织中是一个争议较大的问题。劳工权利涉及人权问题，发达国家和发展中国家本就存在巨大分歧。劳工标准可以对贸易产生巨大的影响，一方面，人为压制工人的待遇，降低生产成本，会造成不公平竞争；另一方面，国家之间劳动力的稀缺程度存在差异，将劳工标准制定得过高不利于劳动力成本较低的国家发挥其比较优势，则成为一种事实上的保护主义。此外，关于劳工问题究竟是由世贸组织还是国际劳工组织（ILO）来负责也有分歧，尽管这两个国际组织的秘书处一直保持着沟通与合作。

正因为此，世贸组织框架下至今没有形成任何关于劳工问题的协议，当然相关的研究和谈判还是在进行之中。1996—1999 年，劳工问题一度在世贸组织中被热议，在 1996 年新加坡部长会议上，世贸组织成员国确定了

---

[1] Autar Krishen Koul, *Guide to the WTO and GATT: Economics, Law and Politics*, Singapore: Springer, 2018, p.612.

四项核心劳工标准，分别是结社自由、无强迫劳动、无童工、无歧视（包括性别歧视）。相较国际劳工组织确定的劳工标准涵盖范围而言，这四项核心标准只是很小一部分，但却已经是世贸组织能够在劳工问题上形成的最大共识了。[1]

劳工问题同样不是太平洋联盟的工作重点，在其正式的法律文件中没有特别规定，这点与 TPP 有很大差别。然而，作为一个不可回避的问题，相关工作依然在开展。2015—2016 年，联盟四个成员国的劳动部通过数次电话会议，专门讨论一体化机制中的劳工议程。作为这几次电话会议的成果，联盟决定在四个领域开展合作，分别是青年就业、消除童工、劳动力迁移以及社会保障。2016 年 7 月 1 日，在第 11 届联盟峰会上，劳工技术工作组正式成立，使得劳工问题的相关工作正式化、机制化。此后，经研究，认为之前确定的四个合作领域和其他机制有重叠之处，比如，拉共体已将青年就业问题作为在劳工领域的工作重点，而在国际劳工组织内，已经有 27 个成员国在推进"消除童工倡议"，因此决定将工作重点缩减为两项，即劳工迁移和社会保障。

鉴于美国没有签署任何一个国际劳工组织框架下的条约，但却在 TPP 中加入了劳工标准，从中可以看出美国寻求以自己制定的标准代替国际标准。从 TPP 条约文本的第 19 章来看，TPP 的劳工标准主要涵盖以下几方面内容：结社自由、集体谈判、强制劳动、童工、就业与职业歧视、工资、工作时间、职业安全与健康。相较世贸组织的四个核心标准而言，TPP 涵盖的面更广，并且已经将其落实到了具体法律条文中。此外，TPP 还倡导成员国在加强劳工权益保护上开展合作，并确定了 21 项合作领域（TPP 第19.10 条）；通过开展合作性劳工对话（TPP 第 19.11 条）、建立劳工理事会（TPP 第 19.12 条）和联络点（TPP 第 19.13 条）、提高公众参与（TPP 第

---

[1] 国际劳工组织的劳工标准涵盖以下领域：结社自由、集体谈判、强制劳动、童工、机会和待遇平等、三方协商、劳动管理部门、劳动检查、就业政策、就业促进、职业指南与培训、就业安全、工资、工作时间、职业安全与健康、社会保障、孕妇保护、社会政策、外来工人、HIV/艾滋病、海员、渔民、码头工人、部落原住民、其他特别种类的工人。

19.14 条）和倡导劳动磋商（TPP 第 19.15 条）以保证和劳工有关的机制得以有效运行。

总的来说，世贸组织在劳工领域的规则规范缺失，且推进规则建立的动力不足，在可见的将来难以取得实质性进展。太平洋联盟关于劳工问题的讨论正在开展，但是成员国显然比较谨慎，先从劳动迁移和社会保障这两个争议较小的领域开展工作。TPP 在劳工领域确立了较高的标准，并且将其与经贸往来挂钩。

（二）妇女问题

另一个和劳工问题紧密相关的就是性别平等问题。尽管太平洋联盟在正式的法律文本中没有提及妇女问题，但在 2015 年第 10 届太平洋联盟峰会成立了性别工作组，以进一步保护妇女权益，促进女性参与太平洋联盟的贸易和发展。[1]工作组成立后，特别强调与其他国际组织的合作。比如，2016 年，性别工作组邀请经合组织访问联盟四个国家，就妇女在经济生活中的平等问题开展调研，而经合组织在此基础上完成了调研报告，就性别平等问题的现状、对经济发展的影响，以及如何实现性别平等问题作了分析。[2]再比如，性别工作组发起成立了太平洋联盟妇女企业家共同体，旨在鼓励妇女参与经济活动，通过联盟的平台建立商业网络，交流信息，提高领导能力。该共同体得到了美洲开发银行的支持，并对接了"美洲连接"（Connect Americas）平台。[3]在 2019 年的第 14 届峰会上，四国共同宣布鼓励在联盟所有的技术工作组以及各种项目和活动中对性别问题进行监督，

［1］ Declaración de Paracas，20 de julio de 2015，https：//alianzapacifico. net/download/declara-cion-de-paracas-julio-20-de-2015/，2022-12-31.

［2］ 参见 OECD，*Igualdad de Género en la Alianza del Pacífico：Promover el Empoderamiento Económico de la Mujer*，Paris：Éditions OCDE，2016。

［3］ Comunidad Mujeres Empresarias AP，https：//connectamericas. com/es/community/comu-nidad-mujeres-empresarias-ap＃/，2022-12-31.

特别强调妇女企业家因性别原因面临的结构性障碍。[1]

TPP 将妇女问题纳入了法律条文中，尽管从文字表述上来看都是一些不具实质约束力的条文。TPP 第 19 章劳工章节规定，缔约方可以在推动妇女平等及就业利益并消除歧视方面开展合作（TPP 第 19.10.6 条）；第 23 章（发展问题）规定，缔约方应考虑开展合作，在帮助妇女培养技能，增强妇女对市场、技术和融资的接触机会，发展妇女领导人网络等方面交流信息和经验（TPP 第 23.4.2 条）。

世贸组织同样承认妇女参与经济活动有助于全球贸易的增长。自 2001 年起的历届世贸组织公共论坛上都设有性别问题专场。2017 年 12 月，世贸组织发布《贸易和妇女经济赋权的布宜诺斯艾利斯宣言》，号召全世界消除妇女参与经济活动的障碍，得到 121 个世贸组织成员和观察员的支持。目前，世贸组织正在计划成立妇女企业家项目，帮助妇女了解关于经济发展和世界贸易的信息和工具。

由此可见，虽然妇女问题属于比较边缘化的议程，但太平洋联盟、TPP 和世贸组织都对此有所关注。太平洋联盟在实践中处于领先地位，而 TPP 则在法律上处于领导地位。

三、人员流动

在货物、服务、资本、人员流动"四大自由"中，人员流动自由是比较难以实现的制度，只有在一体化程度非常高的区域性国际组织中才能得以实行。世贸组织没有专门就人员流动自由作规定，仅将其规定为服务贸易的一种类型。

尽管如此，作为以深度一体化为目标的区域性国际组织，太平洋联盟在创立之初就将推进人员流动自由作为未来发展目标，要求成员国促进移民部门和领事机构之间的合作，便于缔约方人员流动和移居（《框架协议》

---

[1] Declaración de Lima，6 de julio de 2019，https://alianzapacifico.net/download/declaracion-de-lima/，2022-12-31.

第 3.1 条）。

为此，从 2012 年开始，联盟成员国开始调整国内法律法规。2012 年 11 月，墨西哥宣布免除对哥伦比亚和秘鲁的签证，由于墨西哥早已和智利实现了签证互免，因而墨西哥实现了对所有三个国家的非劳工签证免除。2013 年 5 月，秘鲁宣布对智利、哥伦比亚和墨西哥三国商人 183 天内停留的非劳工活动免除签证。太平洋联盟正在研究促进人员流动的措施，包括青年人旅行与工作协议和领馆合作机制等。

TPP 也十分重视人员流动，但仅限于商务人员的临时入境合作。TPP 鼓励成员国对商务人员的临时入境提供便利，并将商务旅行的便利与亚太经合组织商务旅行卡挂钩（TPP 第 12.5 条），以实现"借船出海"的效果。但是，TPP 并没有给各成员国施加强制义务，而是通过附件的形式，由各国自行提供减让表。

由此可见，在人员流动自由上，太平洋联盟和 TPP 都开展了相关实践，而且联盟在开放程度上更高一些，当然，这和联盟成员国较少有关。

四、 知识产权

知识产权是自由贸易协定中的新议题。在美国的大力推动下，TPP 对知识产权的保护水平显著高于世贸组织框架下的《与贸易有关的知识产权协定》（TRIPS），具体体现在十个方面：第一，加强对商业窃密的惩罚力度；第二，加强对国企知识产权实施细则的约束；第三，积极应对亚太地区盗版现象；第四，将知识产权保护拓展到线上数字领域；第五，促进新的电子商务交付模式的发展；第六，完善对版权的例外和限制条款；第七，限制互联网域名恶意抢注；第八，加强对生物制药领域的知识产权保护；第九，完善针对地理标识的诉讼程序和惩罚措施；第十，强调缔约方的合作。[1]

---

[1] 中国社会科学院世界经济与政治研究所：《〈跨太平洋伙伴关系协定〉文本解读》，中国社会科学出版社 2016 年版，第 207—209 页。

鉴于知识产权规则的谈判比较复杂，联盟成员国尚未形成完整的成文规则。但是，联盟绝非在知识产权领域无所作为，相关谈判和研究工作仍在按部就班地开展。

首先，通过首脑峰会的方式筹备设立知识产权工作组。2012 年 11 月，在加的斯峰会上宣布将成立专家委员会，讨论知识产权问题，并将其作为实现一体化的重要部分。[1]该专家委员会后来成为知识产权工作组。在 2013 年 1 月的圣地亚哥峰会上，再次强调在知识产权领域继续开展探索性工作的重要性。[2]

其次，四国就知识产权领域开展具体合作。在 2013 年 5 月的卡利峰会上，指示知识产权工作组拟订并执行一项工作计划，联合各国负责知识产权的部门开展具体的合作行动，促进交流经验，扩大它们之间的通信联系，以便更好地利用知识产权制度。[3]此后，四国政府的知识产权负责部门一直保持着接触，并在 2015 年 10 月签署《太平洋联盟知识产权办公室联合宣言》，决定在以下三个领域开展合作：第一，签署关于快速专利程序的协议，促进该领域快速、经济和高质量的审查，简化申请人程序，并减轻在上述领域的工作量；第二，探讨协调并简化商标领域手续的可能措施，包括实施统一的注册申请表格，以及具体制定传播信息和技术转让技术平台的试点方案，并举办关于经验和信息交流的讲习班和研讨会；第三，搭建工作平台，继续努力在传播信息和技术转让的技术平台上实施试点项目，并举办讲习班和研讨会。[4]

最后，太平洋联盟建立了"专利处理快速通道"。作为联盟知识产权办公室迄今为止取得的最重要的成就之一，该机制旨在协调和简化商标注册

---

[1] Declaración de Cádiz，17 de noviembre de 2012，https://alianzapacifico.net/download/declaracion-de-cadiz-noviembre-17-de-2012/?wpdmdl = 1165，2022-12-31.

[2] Declaración de Santiago，26 de enero de 2013，https://alianzapacifico.net/download/declaracion-de-santiago-enero-26-de-2013/?wpdmdl = 1187，2022-12-31.

[3] Declaración de Cali. Mayo 23 de 2013，https://alianzapacifico.net/download/declaracion-de-cali-mayo-23-de-2013/?wpdmdl = 1169，2022-12-31.

[4] Declaración Conjunta de las Oficinas de Propiedad Intelectual de la Alianza del Pacífico，20 de noviembre de 2015，https://alianzapacifico.net/declaracion-conjunta-de-las-oficinas-de-propiedad-intelectual-de-la-alianza-del-pacifico/，2022-12-31.

程序，并且为信息传播和技术转移搭建实验平台。"专利处理快速通道"的建立将降低专利申请的成本，且有利于中小企业和教育机构的参与。[1]

五、 中小企业

大型企业，特别是跨国公司对贸易规则的制定和实施有重大影响，而中小企业（SMEs/PYMES）却没有太多的话语权。各国逐渐认识到广大中小企业对全球贸易的参与度较低，未能融入全球价值链体系。由于中小企业通常提供了大量的劳动力供给，如果中小企业始终无法参与全球贸易体系，那就意味着这些劳动力很可能无法分享到贸易红利，进而影响贸易可持续发展。在此背景下，许多贸易谈判开始增加中小企业议题。

世贸组织虽然没有专门规定中小企业参与国际贸易，但在多项制度中考虑到中小企业：一是通过降低企业的可变成本和固定成本，提升透明度来帮助中小企业；二是通过《反倾销协定》《补贴和反补贴措施协定》《与贸易有关的知识产权协定》《服务贸易协定》《政府采购协定》，并在关于电子商务规则的谈判中照顾中小企业；三是制定针对中小企业的一些工作项目，以提高中小企业能力，比如贸易援助（aid for trade）、提高一体化框架（enhanced integrated framework）以及标准和贸易发展设施（standards and trade development facility）等。[2]

在区域贸易协定中，与中小企业相关的条款也越来越多。在 1990 年前，只有 2 个区域贸易协定含有中小企业条款，而且内容相当简单，比如在《南太平洋区域贸易和经济合作协定》中，只有一个条款提到中小企业，即要求澳大利亚和新西兰在双边和区域发展援助措施中可包含那些对中小

---

[1] María del Carmen Vásquez Callo and Camilo Pérez Restrepo, "Patent Cooperation Mecha-nisms in the Pacific Alliance: An Initial Assessment of the Effectiveness of the Patent Prose-cution Highway for Intra-regional Trade Integration", *World Trade Institute Working Paper*, No. 16, 2016, p.15, https://www.wti.org/media/filer_public/18/ca/18cab13c-a98f-44f1-8361-23c249d12e59/working_paper_no_16_2016_vasquez_and_perez.pdf, 2022-12-31.

[2] WTO, "Leveling the trading field for SMEs", *World Trade Report 2016*, 2016, pp.130—146, https://www.wto.org/english/res_e/booksp_e/world_trade_report16_e.pdf, 2022-12-31.

型工业和农工业有利的投资；到 2016 年 5 月，已有总共 136 个区域贸易协定明确提及中小企业，并且在 2015 年生效的区域贸易协定中，有 88％的条约明确提及中小企业。[1]需要特别指出的是，美洲地区和亚太地区的许多区域贸易组织同样重视中小企业。在美洲地区，安第斯共同体（CAN）是第二个将中小企业相关条款写入正式条约中的区域性国际组织；《北美自由贸易协定》也包含了许多中小企业相关条款。[2]在亚太地区，亚太经合组织对中小企业议题的重视程度不断提高，事实上，亚太经合组织是首个探讨如何通过经济合作来解决中小企业问题的区域贸易协定。[3]

由于 TPP 也是亚太地区的区域贸易协定，加之美国在谈判过程中大力倡导将中小企业议题纳入条约文本，最终，TPP 用专章规定了中小企业内容，这在区域贸易协定中属于首例。尽管 TPP 的中小企业章节篇幅很短，仅有 3 个条文，但其独立成章则证明了 TPP 成员国对该问题足够重视。该章第 1 条涉及信息共享，要求缔约方通过设立网站的方式，为中小企业提供参与外贸与投资的必要信息（TPP 第 24.1 条）。这个条款非常具有针对性，因为中小企业因人才有限，往往无法得到参与对外经贸的有用信息。第 2 条涉及设立中小企业委员会，为服务中小企业提供了机制载体（TPP 第 24.2 条）。第 3 条是排除性条款，特别指出本章产生的任何事项不适用于 TPP 第 28 章所规定的争端解决机制（TPP 第 24.3 条）。此外，在 TPP 的其他章节中，也有为中小企业设计的条款，比如在政府采购章节中，TPP 特别强调要为中小企业参与政府采购提供公正透明的环境（TPP 第 15.21 条）。

《附加议定书》虽然没有像 TPP 一样专章规定中小企业内容，但是在一些条款中体现了对中小企业的照顾。比如，在政府采购章节中，《附加议定书》完全仿照 TPP，规定了促进微小中型企业（MSMEs/MIPYMES）的

---

[1] WTO, "Leveling the trading field for SMEs", *World Trade Report 2016*, 2016, pp.116—117, https://www.wto.org/english/res_e/booksp_e/world_trade_report16_e.pdf, 2022-12-31.

[2] WTO, "Leveling the trading field for SMEs", *World Trade Report 2016*, 2016, p.117, https://www.wto.org/english/res_e/booksp_e/world_trade_report16_e.pdf, 2022-12-31.

[3] 中国社会科学院世界经济与政治研究所国际贸易研究室：《〈跨太平洋伙伴关系协定〉文本解读》，中国社会科学出版社 2016 年版，第 274 页。

参与，包括帮助微小型企业获取公开招标的信息、设立电子门户网站、开发微小型企业数据库等各种活动（PAAP 第 8.21 条）。再比如，在电子商务章节中，《附加议定书》要求成员国共同努力，促进微小型企业使用电子商务（PAAP 第 13.12 条）。

为进一步促进中小企业参与太平洋联盟内的经贸活动，联盟还设立了中小企业技术组，其职能与 TPP 中的中小企业委员会有相似之处。在 2019 年利马峰会上，中小企业技术组联合创新技术组和金融一体化工作组共同打造了微小型企业融资平台；鼓励微小中型企业参与创意产业和服务业贸易，利用好联盟经济联合的优势；促进微小型企业数字化，缩小其同大型企业在信息和通信技术上的竞争差距。

由此可见，中小企业已经引起了包括世贸组织在内的多边规则的注意。尽管《附加议定书》没有专章规定中小企业问题，但无论在规则还是实践上，都不比 TPP 落后。

本章小结

本章对太平洋联盟的各项制度作了分析和梳理，通过对比世贸组织规则和 TPP 规则，可以得出以下结论。

第一，与世贸组织规则相比，太平洋联盟所适用的经贸规则不仅在深度上进一步深化，在议题覆盖的广度上也有进一步拓展，换言之，在经贸规则上兼具"WTO-加"和"WTO-多"的性质。

从深度上看，有学者认为，一个区域贸易协定如果能在 10 年的期限内，对 85％的货物贸易实现零关税，就可以算是深度自由贸易协定[1]，

---

[1] Ganeshan Wignaraja, Dorothea Ramizo and Luca Burmeister, "Asia-Latin America Free Trade Agreements: An Instrument for Inter-Regional Liberalization and Integration?", *ADBI Working Paper Series*, No. 382, September 2012, p. 21, https://www.adb.org/sites/default/files/publication/156237/adbi-wp382.pdf, 2022-12-31.

而太平洋联盟已对区域内几乎所有货物贸易实现了零关税，显然符合该条件。在服务贸易领域，联盟规则涵盖了所有服务贸易类型，而世贸组织对金融服务、海事服务和电信服务的规则都不够完善。此外，在市场准入规则、原产地规则和贸易便利化规则上，太平洋联盟都略详细一些；在实施卫生与动植物检疫措施和技术性贸易壁垒方面，太平洋联盟较世贸组织规则作了进一步深化。

从广度上看，太平洋联盟中包含一些世贸组织尚未涵盖的规则，特别是电子商务规则和投资规则。虽然太平洋联盟在如环保、劳工、人员流动和妇女权利等领域尚未形成正式的法律规则，但是相关工作已经通过设立技术工作组的形式有条不紊地开展。特别是在人员流动方面，四国已经通过改变国内签证政策，有条件地实现了签证互免。

第二，与TPP规则相比，太平洋联盟和TPP在市场准入、原产地规则、实施卫生与动植物检疫措施、技术性贸易壁垒规则、服务贸易、政府采购、电子商务和争端解决机制等核心规则上基本一致，在有些领域甚至还超越了TPP规则范围，比如海事服务和拉美一体化市场所体现的金融规则。当然，TPP总体上标准还是比太平洋联盟较高，特别是TPP已经形成比较完整的环保、劳工、竞争中性和知识产权规则。这些都是区域贸易协定谈判中最为敏感的规则，即便在当前的CPTPP中，一些国家也有所保留。太平洋联盟对这些规则采取相对谨慎的态度，但是如果联盟与其联系国在贸易谈判中涉及这些规则，可以按照技术工作组的建议，建构起一套规则。此外，TPP中有一些排斥第三国的条款，比如关于纺织品和服装类产品的原产地规则，而太平洋联盟中没有相关规定，因此它并不像TPP那样具有较强的地缘政治含义。

第三，太平洋联盟中尚存在一些制度空白，比如贸易救济规则，但这并不影响联盟参与和构建超大区域贸易协定。联盟还没有反倾销和反补贴的相关规则，这一方面与其成员国较少，贸易摩擦不会太多有关，另一方面也有助于联盟保持充分的灵活性。联盟虽然未涵盖贸易救济规则，但四个成员国作为世贸组织成员依然可以援引世贸组织规则实行贸易救济。此外，如果联盟未来和某个超大区域贸易协定对接，它可以直接适用后者的贸易救济规则。

通过对太平洋联盟的"基因测序"可以认为，联盟是新一代经贸规则，在标准上超过了世贸组织，虽然联盟规则在深度上略低于 TPP，但两者具有高度的相似性。这或许也能说明从 TPP 谈判到太平洋联盟成立，在具体制度层面，组织生态学中的"遗传"机制起了一定作用。综上所述，太平洋联盟参与或构建超大区域贸易协定已无制度上的障碍。

表 4.4　太平洋联盟与世贸组织、TPP 规则比较

	与世贸组织相比	与 TPP 相比
货物贸易规则		
1. 市场准入	四国在联盟中的关税显著低于其最惠国待遇（MFN）关税	智利、墨西哥和秘鲁三国在联盟中的关税略低于在 TPP 中的关税
2. 原产地规则	《附加议定书》和《原产地规则协议》的宗旨不完全一样；《附加议定书》的规则更加细致	基本一致，但 TPP 更加复杂，标准更高
3. 贸易便利化	与《贸易便利化协定》基本一致，但有新增条款	基本一致，但有新增条款
4. 实施卫生与动植物检疫措施	深化了《SPS 协定》	基本一致
5. 技术性贸易壁垒	深化了《TBT 协定》	基本一致，但 TPP 关于特定商品的专门技术壁垒涵盖范围更广
6. 纺织品贸易	与世贸组织一致，视为普通商品，无专门规定	专章规定
7. 贸易救济	联盟未作规定；世贸组织中有	联盟未作规定；TPP 中有
服务贸易		
1. 跨境服务贸易	深化了《服务贸易总协定》	基本一致
2. 投资（商业存在）	深化了《与贸易有关的投资措施协定》	核心条款基本一致，个别条款略有不同
3. 金融服务	深化了《服务贸易总协定》	基本一致
4. 海事服务	《附加议定书》专章规定，《服务贸易总协定》未作规定	《附加议定书》专章规定，TPP 未作规定
5. 电信服务	深化了《服务贸易总协定》	基本一致

(续表)

	与世贸组织相比	与 TPP 相比
其他规则		
1. 政府采购	与《政府采购协定》基本一致，范围略宽	基本一致
2. 电子商务	专章规定；世贸组织没有规定	基本一致
3. 争端解决机制	世贸组织的国家争端解决机制法制化程度更高，但《附加议定书》有 ISDS	基本一致
4. 监管一致	世贸组织没有规定	基本一致
5. 证券市场	世贸组织没有；联盟中有拉美一体化市场	TPP 没有；联盟中有拉美一体化市场
6. 环境保护	世贸组织正在开展《环境货物协议》谈判；联盟正在关注，但没有形成法律规则	TPP 专章规定
7. 劳工	世贸组织尚未制定规则；联盟正在开展相关工作	TPP 专章规定
8. 妇女问题	世贸组织尚未制定规则；联盟在实践中领先	TPP 个别条文中涉及妇女权益
9. 人员流动	《服务贸易总协定》中作为服务贸易的形式，范围较窄；联盟中没有规则，但在实践中已采取互免签证措施	TPP 和亚太经合组织规则绑定，为商务人士流动提供便利
10. 知识产权	联盟没有类似于《与贸易有关的知识产权协定》的规则	TPP 专章规定，标准较高
11. 中小企业	世贸组织尚未制定相关规则；《附加议定书》个别条款涉及	TPP 专章规定，但比较简单
12. 竞争中性	联盟和世贸组织都未规定	TPP 专章规定，针对国企和制定垄断

第五章

太平洋联盟的发展前景
与对外关系

太平洋联盟（AP）的成立是拉美区域主义发展的又一次变异，它是智利、哥伦比亚、墨西哥和秘鲁为应对超大区域贸易协定的出现所作出的战略反应。在内容上，太平洋联盟充分借鉴了《跨太平洋伙伴关系协定》（TPP）规则，将自身打造成为可以随时接轨超大区域贸易协定的组织；但在形式上，太平洋联盟并没有选择和 TPP、《全面与进步跨太平洋伙伴关系协定》（CPTPP）融为一体，而是继续保持自身独立性。

组织的变异具有半盲目性。尽管组织可以审时度势以作出最优决策，但因为组织处在一个动态的系统中，所以最优决策未必意味着最佳的结果。组织的变异是否成功最终还是需要由环境选择机制来揭晓答案。[1]像所有国际关系理论一样，组织生态学视角下的区域主义理论很难准确预测太平洋联盟未来能否发展壮大，但通过对联盟所处的内外环境作评估，结合对拉美主要区域性国际组织的生态位分析，可以明确联盟未来的发展空间在哪里。

---

[1] 参见本书第二章第三节。

第一节

———

太平洋联盟的内外环境分析

汉南和弗里曼指出："管理者所进行的组织变革成功与否，主要取决于组织所处的环境。"[1]太平洋联盟能否持续发展壮大，并始终保持一定活力，同样受环境的制约。环境有内外之分。如本书第二章所述，所谓内生环境，是指组织和其他组织互动过程中形成的环境，这种环境要素和组织本身是相互建构的关系；所谓外生环境，是指相对独立于组织而存在的环境要素，它对于组织的影响是单向的。将该分析框架应用到太平洋联盟上，可以认为联盟的内生环境就是它和拉美其他区域性国际组织的关系，而外生环境是联盟四国的经济发展和政治稳定情况。[2]无论是内生环境还是外生环境，都和区域性国际组织所在的生态位紧密相连，因此本节将首先分析太平洋联盟的生态位，然后在此基础上考察其在外生环境和内生环境中的基本情况，最后探究联盟未来发展的空间。

一、太平洋联盟的生态位分析

汉南和弗里曼用四个维度来描述一个具体组织的生态位，分别是目标（goals）、权威形态（forms of authority）、核心技术（core technology）和市场战略（marketing strategy）[3]。如果将其应用到区域性国际组织分析中，"目标"是区域性国际组织的宗旨和自我定位；"权威形态"是区域性

---

[1]　[美]迈克尔·汉南、约翰·弗里曼：《组织生态学》，彭碧玉、李熙译，科学出版社 2014 年版，第 23 页。

[2]　严格地说，联盟四国的经济和政治情况和联盟是互相影响的，具有一定内生性，但是联盟对四个成员国政治经济的影响力不是决定性的，还取决于其他诸多因素，因而仍可以视其为外生环境因素。

[3]　Michael T. Hannan and John Freeman, "Structural Inertia and Organizational Change", *American Sociological Review*, Vol.40, No. 2, 1984.

国际组织创立之初的合法性来源和权力分布情况；"核心技术"是区域性国际组织的具体功能，对于区域贸易协定来说就是其各项规则制度；"市场战略"则对应区域性国际组织采取外向开放型战略还是内向封闭型战略。

就"目标"维度而言，太平洋联盟的自我定位在《太平洋联盟框架协议》第 3.1 条中已有清楚的表达，概括起来是：第一，建立一个深度一体化的地区经贸组织；第二，建成一个连接亚太地区的平台。由此可见，联盟既将自身定位为拉美区域性国际组织，同时也将目标设定为未来连接亚太的跨区域性国际组织。

就"权威形态"维度而言，由于太平洋联盟主要以新自由主义作为其经贸活动的指导理念，因而其合法性最初来源于四个成员国中的右翼力量。事实上，秘鲁总统当年之所以建立拉美太平洋之弧论坛（FAPLA），很大程度上是为了联合智利、秘鲁和哥伦比亚等国家的右翼力量，一起打破被拉美左翼孤立的局面。[1] 在权力分布上，联盟四国实力相对平均，没有明确的主导国，智利、秘鲁和墨西哥对联盟的影响力基本处于同一水平，而哥伦比亚稍弱一点。联盟组织化程度较低，主要依靠四国总统通过首脑峰会的形式来行使权威，因此联盟不需要主导国通过提供公共产品的方式来维持内部凝聚力。

就"核心技术"维度而言，太平洋联盟的制度主要是单一的经贸规则，对于安全和政治议题几乎没有涉及，而其社会议题（如劳工、性别平等、环保等）基本上附属于经贸议题。正如本书第四章所述，太平洋联盟的经贸规则和 TPP 相似度较高，在深度和广度上都超越了世贸组织规则，属于新一代国际经贸规则。

就"市场战略"维度而言，太平洋联盟属于开放型区域贸易协定，这点在本文第一章已有论述。太平洋联盟主要是对外开放型区域贸易协定，

---

[1] Carlo Dade and Carl Meacham, "The Pacific Alliance: An Example of Lessons Learned", *CSIS Report*, July 11, 2013, pp.2—3, https://csis-prod.s3.amazonaws.com/s3fs-public/legacy_files/files/publication/130711_CDadeCMeacham_PacificAlliance.pdf, 2022-12-31.

它的内部货物贸易额占其对外货物贸易总额的比率只有 1.5％（2018年）。[1]这就意味着，联盟四国的贸易大部分是和域外国家开展的。

一个特定的种群可能在一个维度上有较宽的生态位，而在另一个维度上有较窄的生态位。[2]通过上述对太平洋联盟生态位的四个维度的分析，可以进一步分析其基础生态位并测量其生态位的宽度。

在第一个维度下，太平洋联盟的基础生态位有两个：一是成员国内部的自由贸易区；二是成为连接亚太的平台。联盟已经牢牢占据第一个生态位，深度一体化的区域贸易协定已经基本建成。第二个生态位是联盟的长远目标，从文字表述上看，"连接亚太地区的平台"比较模糊，并没有清楚地表明联盟的战略目标，但通过本书第三章和第四章的分析可看出，联盟想参与或构建超大区域贸易协定。由此可见，相较欧盟这种综合性区域性国际组织而言，联盟的生态位偏窄，但是又比单纯的自由贸易区要宽。

在第二个维度下，就合法性来源来说，太平洋联盟的基础生态位是四个成员国中的右翼力量。虽然联盟也在变得更加多元，以在政治光谱中占据更多的生态位，比如哥伦比亚总统桑托斯在第十一届峰会中强调，联盟是一个超越政治时局、超越党派的稳固的联盟。[3]但桑托斯总统作如上强调本身恰恰说明联盟目前合法性来源还不够宽泛，需要更多的政治支持。由此可见，联盟四国右翼的支持无疑是其合法性来源的"基本盘"。一般而言，能够得到左、中、右各派普遍支持的组织不依靠意识形态产生凝聚力，合法性来源的生态位较宽广，而意识形态色彩越浓、越极端的组织，合法性来源的生态位就越窄。因此，相较玻利瓦尔联盟（ALBA）这种政治光谱上偏向极端的组织来说，太平洋联盟在这方面的生态位较宽，但相对政治光谱上居中或者完全不强调政治意识形态的区域性国际组织来说，联盟的

---

[1]　数据来源：联合国商品贸易统计数据库。
[2]　[美]迈克尔·汉南、约翰·弗里曼：《组织生态学》，彭碧玉、李熙译，科学出版社 2014年版，第 58 页。
[3]　XI Cumbre de la Alianza del Pacífico-Mensaje a Medios de Comunicación，1 de julio de 2016，http://www.youtube.com/watch?v＝TcaUD57EYBc，2022-12-31.

生态位较窄。在权力分布上，一方面联盟不依靠主导国提供区域公共产品，它的基础生态位是四国之间和谐稳定的关系。另一方面，联盟的组织化程度较低，缺少一套制度化的官僚体系架构，因此相对那些组织化程度比较高的组织，联盟的生态位较窄。

在第三个维度下，太平洋联盟的生态位相对欧盟这种综合性组织而言较窄，其基础生态位是经贸规则。虽然联盟正在试图适当拓宽其生态位，将环保、劳工、性别平等内容纳入其中，但它们并非联盟的"核心业务"。然而，由于联盟中包含了很多世贸组织中没有涵盖的规则，因此相较传统区域贸易协定，它的生态位更宽一些。

在第四个维度下，太平洋联盟的基础生态位在于它的外部市场，而非其内部市场，这和那些内向型、保护主义倾向比较明显的组织正好相反。与那些兼顾内外两个市场的区域贸易协定相比，联盟的生态位显然偏窄。

二、外生环境分析

生态位反映了组织对资源的需求情况，而环境决定了资源的供给情况。太平洋联盟首先要面临外生环境的选择，也就是说，外生环境能否给予其所需的资源将在很大程度上决定联盟的未来发展。鉴于世界是相互联系的，且能够影响联盟发展的外生环境因素众多，本节聚焦于那些能对联盟生态位产生直接影响的环境因素，即联盟四国的经济发展情况和政治稳定情况。

经济的好坏直接决定了区域性国际组织获得资源的多少，比如，玻利瓦尔联盟在石油价格处于高位时获得了很多经济资源，因而发展情况较好，但随着石油价格下降以及西方对委内瑞拉采取制裁措施，该联盟就无法获得稳定的物质资源了。同理，联盟四国的经济增长情况同样对联盟的发展至关重要，联盟之所以能够在成立后不久就取得快速发展，与四个成员国在成立之初经济发展情况较好有直接联系。另外，经济发展情况不是孤立的，如果其经济增长好于该地区的平均水平，那么区域性国际组织除了获得物质资源，还能获得更多的合法性资源。因此，考察太平洋联盟的经济环境，不能仅看联盟四国经济的绝对增量，还要对比其他国家，特别是新兴市场与拉美和加勒比地区的国家。

根据国际货币基金组织（IMF）预测，联盟四国 2023 年至 2027 年的GDP 增长将总体处于较低水平，没有一个国家的经济增长率能超过新兴市场和发展中国家的平均增长率。秘鲁和哥伦比亚的经济增长率相对较快，超过了拉美与加勒比地区的平均 GDP 增长率，在某些年份甚至可能超过世界平均水平。智利经济表现一般，每年 GDP 增长率不到 3%，在大部分年份低于世界平均水平和拉美与加勒比地区平均水平。墨西哥经济增长乏力，基本上在 2% 左右（见图 5.1）。

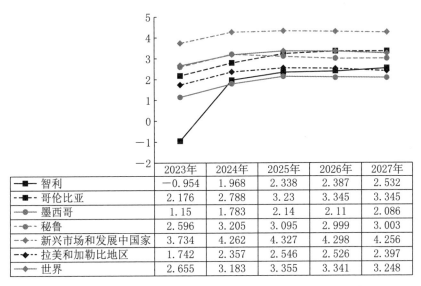

	2023年	2024年	2025年	2026年	2027年
■ 智利	−0.954	1.968	2.338	2.387	2.532
■ 哥伦比亚	2.176	2.788	3.23	3.345	3.345
● 墨西哥	1.15	1.783	2.14	2.11	2.086
● 秘鲁	2.596	3.205	3.095	2.999	3.003
◆ 新兴市场和发展中国家	3.734	4.262	4.327	4.298	4.256
◆ 拉美和加勒比地区	1.742	2.357	2.546	2.526	2.397
◆ 世界	2.655	3.183	3.355	3.341	3.248

资料来源：国际货币基金组织"世界经济展望数据库"2022 年 10 月版（IMF World Economic Outlook Database October 2022 Edition）。

图 5.1　太平洋联盟四国 GDP 增长率预期

就政治环境而言，联盟四国相互之间保持着良好的外交关系。智利和秘鲁之间曾有过长期的对抗，甚至在南太平洋战争（1879—1883 年）中大打出手，但两国已经捐弃前嫌，能够理性地管控双方分歧。正如图 5.1 所示，整个拉美和加勒比地区的经济增长率未来都将处于低位，一般而言，经济增长下降会影响政治的稳定性,因此拉美地区国际政治环境的不确定性可能会上升。

智利一直被认为是政治比较稳定的国家,但是2019年10月,智利因公交系统涨价所引发的骚乱暴露了智利国内政治的脆弱性。尽管智利的基尼系数正在缓慢降低,但是民众对于经济不平等现象依然感到不满。皮涅拉总统为了缓和国内抗议活动,采取了提高养老金、设立最低工资标准以及对高收入群体增加税收等措施,这些措施从政治光谱上看都是偏左的,强调国家对经济的干预。2021年12月,新兴左翼联盟"尊严制宪"候选人博里奇当选总统,并于2022年3月11日就职。智利新政府上台后,对民众诉求予以积极回应,稳步推进变革,基本稳定了智利国内形势。

哥伦比亚政治长期由右翼把持,在政府和哥伦比亚革命武装力量(FARC)签订协议后,政治局势基本保持了稳定。但2019年11月,哥伦比亚多个城市爆发了抗议游行,共有超过20万民众参与。他们反对私有化,要求政府增加民众福利、减轻公民税负。为了回应民众的诉求,杜克总统同样采取了一些经济上偏左的措施。2022年6月19日,左翼竞选联盟"历史联盟"候选人佩特罗当选哥伦比亚历史上首位左翼总统。佩特罗政府上台后,以建立"民生强国"为目标,着手进行了多领域社会改革。

墨西哥目前政治局势比较稳定,但是仍然存在很多隐患,尤其是其低迷的经济增长率。洛佩斯总统代表左翼的国家复兴运动党参加竞选时承诺将墨西哥的经济增长率提升到5%,但目前来看该承诺很难兑现,民众对此是否还能保持耐心是洛佩斯总统面临的重要挑战。

秘鲁政治基本稳定,但2019年政府和国会的矛盾、执政党和反对党的较量激化,导致秘鲁于2020年1月26日提前举行国会选举。2020年11月9日,国会通过对比斯卡拉总统的弹劾案。2021年7月20日,左翼自由秘鲁党候选人卡斯蒂略当选总统。秘鲁新政府上台后采取了一系列偏左的政策,包括提出建立"人民市场经济"、加强政府对经济调控、保障国家能资源主权、推广普惠医保、加大投入教育预算等。此外,秘鲁政坛腐败现象比较严重,比斯卡拉政府将经受各种考验。

就拉美政治来说，左右政治钟摆效应是一个显著的现象，2015 年拉美左翼执政周期到了拐点。联盟四国政治局势的变化也进一步印证了这个趋势。[1]目前，拉美各党较量的局面日益复杂，意味着拉美政治的不确定性有所上升，这也势必影响联盟四个成员国的国内政治。

通过上述分析可以看出，未来几年太平洋联盟总体上将面临较大的外生环境压力。

首先，相较从前，联盟四国在经济上面临的挑战有所上升。这种挑战直接作用于联盟在第一维度下的基础生态位，也就是说，如果联盟四国的经济出现问题，那就会直接影响到太平洋联盟作为区域贸易组织的活力。比如，拉美一体化市场（MILA）在墨西哥加入后，整合度不升反降，有学者甚至预测墨西哥今后可能退出该市场。[2]经济下滑一般会影响到证券市场，增加拉美一体化市场分裂的可能性，该市场一旦分裂，太平洋联盟的货币统一和金融一体化进程就将严重受挫。联盟以"推进缔约方经济增长、竞争力和发展"为组织宗旨，经济增长乏力将给联盟未来发展带来很多负面影响。

其次，相较成立之初，太平洋联盟未来面临的国内政治不确定性因素有所上升，这将直接作用于联盟在第二个维度的生态位，对联盟的合法性来源产生负面影响。太平洋联盟在合法性来源上的基础生态位是四国右翼的支持，但随着联盟四国在政治上总体"向左转"，联盟发展速度或将有所放缓。此外，当政治不确定性加剧时，太平洋联盟组织化程度较低的劣势也会暴露出来。

最后，墨西哥的政治经济局势可能会成为太平洋联盟最薄弱的环节。从经济上看，墨西哥未来的经济表现可能是联盟四国中最糟糕的，而经济

［1］　杨建民：《拉美政治中的"左""右"现象研究——拉美政治发展的周期与政策调整》，《拉丁美洲研究》2018 年第 1 期。
［2］　Juan Benjamín Duarte-Duarte，Laura Daniela Garcés-Carreño，Silvia Juliana Vargas-Ayala y Valentina María Vásquez-González，"Evaluación de la Integración Financiera entre los Países Pertenecientes al Mercado Integrado Latinoamericano"，*Editorial Universidad de Politécnica de Valencia*，INNODOCT 2018.

上的增长乏力可能孕育着政治上的动荡。另外，从合法性来源上看，2019年墨西哥左翼政府的上台已经对联盟造成些许负面影响。早在佩雷斯总统刚当选时，就有学者担心其左翼背景可能会对联盟不利[1]，而事实证明，佩雷斯总统对联盟的重视程度的确不如前任总统。在 2019 年 7 月举办的峰会上，墨西哥总统佩雷斯没有出席，而是派外交部长与会，这是太平洋联盟历史上第一次由外长代替总统出席峰会。

三、 内生环境分析

内生环境是组织与组织互动产生的内部环境。外生环境决定了组织对资源的可及性，而内生环境影响组织之间的资源分配情况。静态地看，内生环境是由生态位决定的，生态位分立、重叠、对立、互补、利用是组织间共存、竞争、冲突、共生和寄生关系的基础；动态地看，与组织有关的其他组织的盛衰情况同样会影响组织的发展。

（一）与太平洋联盟有关的区域性国际组织的生态位

在分析和太平洋联盟有关的其他区域性国际组织的生态位之前，首先要划定物种边界。太平洋联盟的本质是区域贸易协定，这就意味着非以促进贸易往来为宗旨的区域性国际组织和联盟在生态位上是分立的，可以认为是不同的物种。虽然边界外的互动对组织发展也有一定影响，但比起边界内互动的影响要小得多。因此本章将重点关注拉美范围内的区域经贸组织。此外，一些规模和影响力较小的组织也将被排除出研究范围之外，因为他们对塑造太平洋联盟内生环境的作用有限。

如此一来，美洲国家组织（OAS）和美洲国家首脑会议、拉美议会（PARLATINO）、玻利瓦尔联盟、南美国家联盟（UNASUR）和南美洲进

---

[1] Ana Maria Palacio, "The Pacific Alliance Recent Moves in Uncertain Times", *Pacific Alliance Blog*, https://pacificallianceblog.com/the-pacific-alliance-recent-moves-in-uncertain-times/, 2022-12-31.

步论坛（PROSUR）等以政治或安全议题为主的区域性国际组织就被排除在研究范围之外。虽然这些组织或多或少也涉及一些经济议题，比如玻利瓦尔联盟对石油贸易依赖很大，但是它主要是以政治和安全议题为主的组织，因此与太平洋联盟的生态位基本上是分立的。

拉美经济体系（SELA）主要是拉美国家维护权益的组织，在委内瑞拉的支持下，近些年以反对美国对古巴等国的经济制裁为主要活动；拉美和加勒比国家共同体（CELAC）不是一个建立在自由贸易区基础上的经济共同体，它主要是代表 33 个拉美和加勒比国家对外"用一个声音说话"的组织，比如它分别同中国和欧盟建立了中国-拉共体论坛（CCF）和拉共体-欧盟国家首脑会议。这些组织虽然关注经贸议题，但在性质上并非区域贸易协定，因而此处不展开分析其生态位。

中美洲共同市场（MCCA）、中美洲一体化体系（SICA）、东加勒比国家组织（OECS）、加勒比共同体和共同市场（CARICOM）、加勒比国家联盟（ACS）虽然以经济议题为主，但是它们将自身局限于中美洲和加勒比地区，未来也不太可能延伸到南美地区，因此本章不予讨论。

在做了以上限定后，分析范围限定在拉美一体化协会（ALADI）、南方共同市场和安第斯共同体（CAN）。此外，《全面与进步跨太平洋伙伴关系协定》（CPTPP）和《美墨加协定》（USMCA）因为和太平洋联盟的相关协定联系比较紧密，且本质上都属于区域贸易协定，因而也被纳入研究范围。

自从拉美自由贸易协会转变为拉美一体化协会之后，它的生态位也发生了转变，从单纯的区域贸易协定变为拉美双边和多边贸易协定的孵化器，而建立拉美共同市场成为其长远的目标。事实上，拉美一体化协会提供的关税优惠只覆盖了 10％的货物贸易[1]，而该协会框架却促成了许多拉美国家间建立经济互补协定（ECAs）[2]。由此可见，拉美一体化协会的基础

---

[1] Walter Mattli, *The Logic of Regional Integration：Europe and Beyond*, Cambridge：Cambridge University Press, 1999, p.142.

[2] 比如智利-阿根廷 ECA（1991 年签署）、智利-墨西哥 ECA（1991 年签署）、智利-哥伦比亚-委内瑞拉-玻利维亚 ECA（1993 年签署）等。

生态位已经转变为贸易协定孵化器。该协会的意识形态色彩不浓，合法性来源比较广泛，能够为大多拉美国家所接受。协会的基础性文件《蒙得维的亚条约》仅覆盖成员国内部在货物贸易上的自由化措施，且被世贸组织界定为部分覆盖的协定（Partial Scope Agreement），因此其规则覆盖的议题也相当有限，没有超越世贸组织深度和广度的规则。总体上，该协会是偏内向型的，以促进拉美内部一体化为目的，而不涉及成员国与域外国家之间的经贸往来。

南方共同市场（MERCOSUR）虽然和太平洋联盟没有相同的成员国，但是鉴于两者体量相当，且都有一定地区影响力，因而可能会对联盟的发展造成较大影响。南方共同市场以成立共同市场为目标，但该目标尚未实现，而南方共同市场真正占据的生态位是关税同盟，即对第三国建立35％的共同关税。[1]南方共同市场占据的另一个生态位是自由贸易区，但有学者认为南方共同市场的自由贸易区还没完全建立起来。[2]在第二个维度下，南方共同市场从诞生起就带有对抗美国主导拉美区域一体化的意图。从对最早抗衡《北美自由贸易协定》的拓展，到后来巴西、阿根廷等国对美洲自由贸易区的抵制都是如此，虽然这种对抗并非像委内瑞拉领导的玻利瓦尔联盟那样激烈，总体上是低烈度的。因此，在合法性来源上，南方共同市场的基础生态位是成员国内温和反美派的支持。由于南方共同市场存在时间较长，成员国中的右翼执政后，也能接受它，虽然会对其进行调整，但不会破坏其正常运行。其的主导国是巴西和阿根廷，这两国能否保持友好关系对它的运行非常重要。巴拉圭和乌拉圭的影响力相对较小。南方共同市场的组织化程度较太平洋联盟来说更高一些，设有秘书处、议会和仲裁法院，因此在权力分布生态位上比太平洋联盟宽一些，这有助于它在政

［1］ Claire Felter, Danielle Renwick and Andrew Chatzky, "Mercosur: South America's Fractious Trade Bloc", *CFR Backgrounder*, July 10, 2019, https://www.cfr.org/backgrounder/mercosur-south-americas-fractious-trade-bloc, 2022-12-31.

［2］ Chad P. Bown and and Patricia Tovar, "Mercosur Is Not Really a Free Trade Agreement, Let Alone a Customs Union", *PIIE Op-Eds*, September 17, 2016, https://www.piie.com/commentary/op-eds/mercosur-not-really-free-trade-agreement-let-alone-customs-union, 2022-12-31.

治动荡之时维持生命力。南方共同市场的经贸规则涵盖货物贸易和服务贸易，但总体上在深度和广度上没有超越世贸组织。由于南方共同市场受进口替代政策的持续影响，在贸易和金融领域开放度都不高，对地区外经济体树立了较高的贸易和投资壁垒，所以属于典型的内向型组织。2019 年 6 月，巴西总统博索纳罗访问阿根廷时，曾提议建立适用于南方共同市场的统一货币，但南方共同市场的一体化程度还不高，该设想恐怕难以实现。[1]近些年，在巴西和阿根廷中右翼政府的推动下，南方共同市场开始以更积极的姿态融入全球价值链。[2]2016 年，南方共同市场同南部非洲关税同盟（SACU）的自贸协定以及同墨西哥的自贸协定生效；2017 年，南方共同市场同埃及的自贸协定以及同智利的自贸协定生效。虽然这四个自贸协定开放度依然不是很高，内容仅涵盖货物贸易领域，但对其来说却是不小的进展。2019 年，南方共同市场和欧盟达成自贸协定更是为其对外开放注入了新的生机。2017 年至今，南方共同市场先后启动同加拿大、韩国、新加坡自贸谈判，并于 2022 年 7 月宣布同新加坡完成自贸谈判。

安第斯共同体（CAN）的目标是逐渐形成一个共同市场，但它基本是一个关税同盟。该共同体的合法性来源是其成员国内的左翼力量，以至于当其内部政治环境发生变化后，共同体就面临分离。1973 年，智利军事政变后采取了新自由主义政策，在 1976 年宣布退出安第斯集团（MCA）；2006 年，哥伦比亚和秘鲁右翼政府同美国签订自由贸易协定后，委内瑞拉就宣布退出共同体。共同体的组织化程度较高，仿照欧盟建立了安第斯议会、安共体委员会、安共体法院等机构，这有助于它在拉美政治剧变中维持生存。共同体在内部货物贸易上实现了较高的自由流通，但在服务贸易上还没有完全放开，仅规定了最惠国条款，规则的深度和广度都没有超越世贸组织。在对外战略上，共同体属于内向型区域贸易协定。1994 年，共同体建立了共同的对外关税壁垒，涵盖 90％的进口货物，但自由贸易区直

---

[1]　江时学：《南方共同市场或难以构建统一货币》，《21 世纪经济导报》2019 年 8 月 1 日。
[2]　王飞：《南共市更深融入全球价值链迎来机会窗口》，《世界知识》2019 年第 15 期。

到 2006 年秘鲁的重新加入才算正式建成，可见共同体更加注重对内的贸易保护。

《全面与进步跨太平洋伙伴关系协定》（CPTPP）的初衷是构建 21 世纪国际经贸规则，这点并没有随着美国退出《跨太平洋伙伴关系协定》（TPP）而发生改变。TPP 主要由美国主导，而没有美国参加的 CPTPP 则没有明确的主导国，当然，日本、澳大利亚和加拿大比其他国家影响力更大。TPP 在谈判过程中就遭到许多反全球化人士的反对，因此其合法性来源是成员国内支持全球化的力量。CPTPP 在合法性上的基础生态位同样是其成员国内支持全球化的力量。CPTPP 组织化程度较低，尚未建立常设秘书处，也没有计划建立其他官僚组织架构，从而延续了 TPP 的"轻治理"（light governance）战略。[1]从 CPTPP 的规则上看，CPTPP 搁置了 TPP 中争议性较大的 22 个条款，大多集中在投资和知识产权领域，但它仍然代表了新一代贸易协定的最高标准。[2]CPTPP 属于开放型区域贸易协定，倡导贸易和投资自由化，不主张对外建立贸易和投资壁垒。

《美墨加协定》（USMCA）对《北美自由贸易协定》作了大幅修订，但其性质没有发生改变，依然是区域贸易协定。美国特朗普政府上台后，提出"美国优先"政策，认为《北美自由贸易协定》造成不公平贸易，导致美国的工作岗位流失和贸易不平衡，因此需要对之进行大幅修改。虽然最初支持特朗普对该协定进行修改的人士主要是一些对全球化感到不满的团体，但鉴于《美墨加协定》的确对增进美国福利有很大好处，其合法性来源就比较广泛了。《美墨加协定》目前是美国两党都能接受的协定，美国国

[1] Rodrigo Polanco, "The TPP and its Relation with Regional and Preferential Agreements in Latin America", *WTI Working Paper*, No. 21/2016, December 2016, p.25, http://seco.wti.org/media/filer_public/f0/50/f05028f1-3424-45da-b91b-6eccf98463bd/the_tpp_and_regional_integration_in_latin_america_v_01_11_2016_seco_working_paper_with_cover.pdf, 2022-12-31.
[2] 白洁、苏庆义：《CPTPP 的规则、影响及中国对策：基于和 TPP 对比的分析》，《国际经济评论》2019 年第 1 期。

会在对其进行了一次修订后就顺利批准了，可见其在美国的合法性基础范围较广。对于加拿大和墨西哥，美国强大的规制能力和经济实力让它们只能选择遵从。[1]由此可见，美国的主导是《美墨加协定》在权威形态上的基础生态位。虽然《美墨加协定》在规则的广度和深度上都超越了世贸组织，但它在其原产地规则和劳工标准等条款都是为保护美国利益而设计的，体现了"美国优先"。[2]《美墨加协定》与《北美自由贸易协定》的不同之处在于，前者的文本中没有"自由"的字眼，而是设置了"毒丸条款"，为成员国同非市场经济国家签订自贸协定设置障碍，这在区域贸易协定发展史上非常罕见。[3]"毒丸条款"实际上意味着《美墨加协定》不对美国自认为的非市场经济国家开放，而超高的原产地标准和劳工标准同样具有很强的保护主义色彩，这使得该协定成为一个内向型的区域贸易协定。

表 5.1　太平洋联盟所属组织种群的生态位分析

组织或协定名称	第一维度目标	第二维度权威形态	第三维度核心技术	第四维度市场战略
拉美一体化协会	建立自由贸易区，最终建立拉美共同市场；成为拉美国家双边和多边贸易协定的孵化器	不依赖意识形态；没有主导国；组织化程度较低	仅涵盖货物贸易优惠；属于部分覆盖的协议	内向型
南方共同市场	建立自由贸易区；建立关税同盟；最终建立共同市场	合法性基础是成员国内温和的反美力量；依靠巴西和阿根廷共主导；组织化程度较高	涵盖货物贸易和服务贸易；规则深度和广度上没有超越世贸组织	内向型，对外壁垒较高，但近年来开始扩大对外开放力度

[1][3]　王学东：《从〈北美自由贸易协定〉到〈美墨加协定〉：缘起、发展、争论与替代》，《拉丁美洲研究》2019 年第 1 期。
[2]　洪朝伟、崔凡：《〈美墨加协定〉对全球经贸格局的影响：北美区域价值链的视角》，《拉丁美洲研究》2019 年第 2 期。

(续表)

组织或协定名称	第一维度目标	第二维度权威形态	第三维度核心技术	第四维度市场战略
安第斯共同体	建立自由贸易区；建立关税同盟；最终建立共同市场	合法性基础是成员国左翼力量；没有明确的主导国，但秘鲁贡献较多；组织化程度高	在货物贸易上实现自由贸易，服务贸易尚未实现；规则的深度和广度都没有超越世贸组织	内向型，对外壁垒较高
《全面与进步跨太平洋伙伴关系协定》	成立深度一体化的超大区域贸易协定；构建21世纪国际经贸规则	合法性来源于成员国内支持全球化的力量；没有明确的主导国，但日本、澳大利亚、加拿大贡献较大；组织化程度低	涵盖货物贸易和服务贸易，规则在深度和广度上超越世贸组织	开放型，倡导贸易自由化
《美墨加协定》	建立自由贸易区	合法性来源较广；由美国主导；组织化程度低	涵盖货物贸易和服务贸易，规则在深度和广度上超越世贸组织；在原产地规则、劳工标准等体现"美国优先"	内向型，加入"毒丸条款"

（二）太平洋联盟与其他区域性国际组织的关系

关于区域性国际组织间的关系，德特雷夫·诺尔特（Detlef Nolte）按照区域性国际组织成员（members）和职权（mandate）的重合与否的四种情形，分析了区域性国际组织之间的合作与冲突关系，他得出如下结论：第一，当两个区域性国际组织的成员和职权没有重叠时，它们发生冲突的可能性很小，而且这种局面会导致新的次区域治理复合体的诞生。第二，当成员国重叠，但职权不重叠时，组织间就会合作和分工。第三，当职权重叠而成员国不重叠时，组织间可能会争夺成员国，也可能保持分立，互不争夺成员国，而是划定势力范围，还可能在一些其他问题上保持合作。第四，当职权和成员都重叠时，双方既可能合作，也可能冲突，这取决于其他因素。[1]

表 5.2　诺尔特理论对区域性国际组织互动关系的示意图

	职权重叠	职权不重叠
成员国重叠	可能合作；也可能冲突	可能合作；不可能冲突
成员国不重叠	可能合作；也可能冲突	可能合作；冲突可能性很小

资料来源：Detlef Nolte, "Latin America's New Regional Architecture: A Cooperative or Segmented Regional Governance Complex?", *EUI Working Papers RSCAS 2014/89*, September 2014, p.9。

　　结合拉美区域性国际组织发展的实际情况，诺尔特提出的分析框架虽有一定说服力，但也存在很多问题。首先，该框架精确度较低，比如在职权和成员都重叠的情形下，组织间究竟是合作还是冲突，该框架无法给出明确答案；其次，职权的概念过于宽泛，未区分核心职权和非核心职权，而一般来说只有核心领域的职权重叠才更容易导致冲突[2]；最后，成员国之间的关系其实不仅是合作与冲突，还有更多的可能性没有被该框架纳入分析范围。

　　相比诺尔特的分析框架，组织生态学生态位理论能够更加深入细致地分析区域性国际组织间的关系。除了考察成员国重叠与否之外，生态位分析将模糊的"职权"细化为组织的四个生态位维度，并且提出生态位除了重叠外，还有分立、对立、互补和利用关系，因此它能够揭示组织间除合作与冲突之外更复杂的关系。

　　拉美一体化协会与太平洋联盟总体上是共生关系。在第一维度上，协会和联盟现阶段存在互补关系，作为自贸协定的孵化器，协会乐见联盟取

---

[1]　Detlef Nolte, "Latin America's New Regional Architecture: A Cooperative or Segmented Regional Governance Complex?", *EUI Working Papers RSCAS 2014/89*, September 2014, p.9, https://cadmus.eui.eu/bitstream/handle/1814/32595/RSCAS_2014_89.pdf, 2022-12-31.

[2]　Malte Brosig, "Governance between International Institutions: Analysing Interaction Modes between the EU, Council of Europe and OSCE", in David J. Galbreath and Carmen Gebhard (eds.), *Cooperation or Conflict? Problematizing Organizational Overlap in Europe*, London: Ashgate, 2010, p.37.

得成功，而后者的成功反过来也是协会的成果。在第二维度上，协会和联盟是分立关系，既无冲突也无重叠。在第三维度上，协会和联盟基本上是分立的，协会的优惠关税不影响联盟深度一体化规则的实施，反之亦然。在第四维度上，协会的内向和联盟的外向有一定对立，但是总体上并无大碍，因为协会的内向型特点并不是为了建立排他的关税同盟，因此它和联盟也不会有冲突。

南方共同市场和太平洋联盟在成员国上没有重叠，两者表现为共存关系，但鉴于这两个组织成员之间互动较为频繁，两者的实际关系较为复杂。假设未来两者在成员国上存在重叠，那么在第一维度下，南方共同市场构建关税同盟的目标和太平洋联盟构建自贸区的目标则相对立，必定会影响到其中一个组织的活力。然而，南方共同市场同样也是自由贸易区，这点和联盟在生态位上具有潜在的互补性。近些年，随着南方共同市场宣布要大幅降低对外关税，并且逐步放开关税同盟的一些限制性政策，其和联盟的合作面有所上升。[1]在第二维度下，南方共同市场和联盟潜在的生态位对立较大。联盟的合法性基础是信奉新自由主义的右翼，而南方共同市场的基本盘是秉持温和反美立场的左翼，一旦两者中任何一方在拉美地区"扩张"并侵入另一方"领地"，双方就有可能发生冲突。比如，玻利维亚作为南方共同市场尚未完成"入市"程序的正式成员国曾对太平洋联盟非常敌视。莫拉莱斯曾公开指责太平洋联盟反映了美国的利益，是美国企图结束南方共同市场进一步整合的政治军事组织。[2]在第三和第四维度下，由于南方共同市场正在逐步转向开放，也逐渐尝试拥抱新一代的经贸规则，因而双方在生态位上可能会重叠。但是，南方共同市场主要向大西洋方面

---

[1] 例如，2016 年 10 月 4 日，南方共同市场的成员国乌拉圭和太平洋联盟的成员国智利签署了自由贸易协定；2017 年 4 月 7 日，在阿根廷布宜诺斯艾利斯举办世界经济论坛期间，太平洋联盟与南方共同市场举行了第一次部长级会晤；2018 年 7 月 24 日，太平洋联盟与南方共同市场举办了第一届峰会。

[2] Sergio Herld, "The Pacific Alliance is Gearing up for a Fight", *Al Jazeera*, 5 Jul 2019, https://www.aljazeera.com/ajimpact/pacific-alliance-gearing-fight-190704144644916.html, 2022-12-31.

开放，而太平洋联盟主要面向亚太地区开放，因此有学者认为，拉美地区将很可能分裂为新自由主义主导的"太平洋导向"国家和拉美左翼主导的"大西洋主义"国家。[1]如果太平洋联盟和南方共同市场未来真的朝着这个方向发展，则两者之间将呈现出一种在分立基础上的竞争关系。

安第斯共同体（CAN）在第一维度上和太平洋联盟存在对立关系，主要是共同体的关税同盟政策与联盟的自由贸易区存在冲突。在第二维度上，共同体和联盟也存在对立。在第三维度上，共同体和联盟基本上是分立的，互不影响对方的规则实施。在第四维度上，共同体的内向型战略和联盟的外向型战略相对立。因此，总体上共同体和联盟存在冲突关系，但鉴于共同体在联盟成立之前就已衰落，因此两者的冲突并不明显。然而，由于秘鲁和哥伦比亚都是共同体的成员，如果这两国左翼政府同时上台（虽然可能性不大），则共同体可能会重新获得活力，这对联盟会造成一定影响。

《全面与进步跨太平洋伙伴关系协定》（CPTPP）和太平洋联盟的关系是太平洋联盟寄生于该协定。表面上，在第一、第三和第四维度下，双方生态位有重叠，该协定和联盟的目标都指向超大区域贸易协定，但前者是自主构建，而后者则是参与构建。换言之，联盟目前并不会另起炉灶主导一个新的超大区域贸易协定，而是利用该协定这个平台实现"借船出海"。在第二维度下，该协定和联盟基本是分立的。

《美墨加协定》（USMCA）和太平洋联盟的关系总体上是竞争和对立的。除了在第二维度下，双方生态位基本是分立的之外，在其他维度都有不同程度的重叠或对立。在第一维度下，《美墨加协定》和太平洋联盟在生态位上存在重叠，《美墨加协定》使得墨西哥的贸易活动进一步转到与美加之间，对太平洋联盟来说会造成一定的贸易转移。在第三和第四维度下，"美国优先"的理念和"毒丸条款"的设计会限制联盟和其他成员建立贸易关系，从而影响联盟连接亚太的目标。如果联盟想要和中国签署自贸协定，

---

［1］ Rubrick Biegon, "The United States and Latin America in the Trans-Pacific Partnership: Renewing Hegemony in a Post-Washington Consensus Hemisphere?", *Latin American Perspectives*, Vol.44, Issue 4, 2017.

按照《美墨加协定》的现行规则，美国可以从中作梗，通过将中国认定为非市场经济国家而逼迫墨西哥选边站队。由此可见，《美墨加协定》实际上强制把联盟和美国作了捆绑，使得美国在不成为联盟成员国的情况下，依然可以对其施加影响力。对于联盟来说，和美国建立更紧密的联系虽有很多好处，但是它却限制了联盟开展同亚太国家合作的自由度。

综合来看，太平洋联盟的内生环境总体尚可，基本适合联盟的生存和发展，不存在与联盟在生态位上严重对立且异常活跃的组织，而这主要得益于联盟面向亚太开放的战略目标，它使得联盟可以同拉美其他区域性国际组织错位发展，找到自己的拓展空间。如果联盟停止面向亚太开放，那么它就失去了存在的意义，因为有拉美一体化协会（ALADI）和安第斯共同体足矣。

然而，与太平洋联盟成立之初相比，其内生环境略有恶化，主要是因为《美墨加协定》为太平洋联盟向亚太的开放设置了障碍。在未来几年，拉美一体化协会和安第斯共同体大概率不会出现太大变动，南方共同市场和太平洋联盟的关系可能会保持共存，但若拉美左右势力对比发生强烈变化，二者之间可能会出现此消彼长的态势。CPTPP 和《美墨加协定》在未来几年存在变动的可能性，这或将影响到太平洋联盟的内部生态环境。

四、 太平洋联盟的发展前景

通过对太平洋联盟的内外环境分析，可以初步判断，未来联盟的发展前景是以 CPTPP 为依托，广泛同亚太地区国家建立经贸关系网络，参与到超大区域贸易协定的构建之中。

首先，太平洋联盟会更加积极地同其域外国家开展自由贸易协定谈判。正如前文所述，联盟在第一维度上的基础生态位是四国内部自由贸易区，该生态位已经被其牢牢占据，但是连接亚太的生态位还有待进一步发展。同时，在第四维度上，联盟的基础生态位却在外部市场，这就产生了一对内部矛盾，如要解决这对矛盾，联盟需要尽快同区域外国家签订自由贸易协定，将基础生态位转变为超大区域贸易协定。在可见的将来，联盟的内部贸易不会有太大增长，主要原因有二：第一，联盟四个成员国的资源禀赋相似，出口产品的互补性不强。第二，联盟四个成员国地理上的联系不够紧密。联盟在地理范围上呈长条状，四个国家只有两处接壤（哥伦比亚和秘鲁边界线、智利和秘鲁边界线），墨西哥处于北美洲与其他三国都不接壤。[1]鉴于这两个因素都是长期稳定的因素，加之联盟四国内部经贸规则自由化程度已经相当高，因此继续巩固内部经贸所带来的边际收益非常小，而继续走外向型发展道路是较为明智的选择。事实上，从太平洋联盟这些年的发展来看，它正在朝着这个方向努力。[2]此外，鉴于太平洋联盟和CPTPP在生态位上形成了寄生关系，联盟首先同CPTPP成员国建立更紧密的关系相对成本较低，近些年来，联盟确立的（候选）联系国中，有四个（澳大利亚、加拿大、新西兰、新加坡）是CPTPP成员。

其次，太平洋联盟会继续保持独立性。尽管联盟内部贸易额微不足道，但它存在的意义在于占据一个不同于CPTPP的生态位，从而使自身保持独立，不被CPTPP所吞噬。联盟保持相对独立性的价值在于分散风险。如果CPTPP未来发展遇到问题，联盟仍然可以服务成员国之间的内部贸易往来，或是利用自己已经建立起来的经贸关系网络，维持事实上的超大区域贸易协定。值得一提的是，截至2022年12月31日，CPTPP仅对联盟中的墨西哥和秘鲁生效。智利虽然签署了CPTPP，但没有完成批准程序，故CPTPP尚未对其生效，这在很大程度上表明联盟中智利对CPTPP依然比较谨慎。

最后，太平洋联盟的正式成员可能会增加，但不会大幅增加。根据《太平洋联盟框架协议》中的规则，加入联盟的门槛并不高，但是某个国家

---

[1] Craig Van Grasstek, "Concluding Remarks: The PacificAlliance-Stocktaking and the Way-Forward", in Pierre Sauvé, Rodrigo Polanco Lazo and José Manuel Álvarez Zárate (eds.), *The Pacific Alliance in a World of Preferential Trade Agreements: Lessons in Comparative Regionalism*, Cham: Springer, 2019, p.261.

[2] 详见本章第二节。

达到加入门槛并不意味着联盟有义务接纳其为成员国，最终决定权还是在四个创始成员国手中。联盟的明智之举是把成员国的数量限定为少数几个国家，因为联盟成员国数量一旦增加，在现行制度安排下，其决策交易成本会上升，结构惰性也就随之增加，灵活性下降，不适合联盟参与超大区域贸易协定。联盟主要的决策机构是峰会，一旦有新成员加入，则各国总统作出一致决策的难度就会上升，从而影响联盟的决策效率。鉴于联盟以参与或构建超大区域贸易协定为目标，它在知识产权等领域的规则构建还不完整，仍需要保持联盟组织单一性和灵活性的特征，因此，以首脑峰会作为事实上的"立法"机构是目前比较适合联盟发展的制度，联盟不宜向法律化和组织化的方向发展。此外，由于联盟与南方共同市场在合法性来源的生态位上存在对立，它最多和南方共同市场的部分成员通过签订自贸协定来开展合作，而不会吸纳南方共同市场成员国为正式成员国，因为这样做不但致使联盟内部不确定性增加，而且会使得联盟和南方共同市场之间的冲突显性化。如联盟与厄瓜多尔的自贸协议谈判进展顺利，厄瓜多尔有望成为联盟成员国。待条件成熟时，巴拿马和哥斯达黎加也可能开启加入联盟的谈判。巴拿马、哥斯达黎加和厄瓜多尔都不是拉美地区大国，其影响力有限，加入联盟后不会对联盟在第二维度下的生态位造成冲击。从这个意义上说，联盟基本不会考虑接纳全球大国或拉美地区大国作为其新的成员。

第二节

———

太平洋联盟与亚太主要经济体的关系

通过对联盟生态位分析及其内外环境分析可知，如果联盟偏安一隅，仅以经营成员国内部经贸往来为目标，则其未来发展前景黯淡。联盟的生态位决定了它的未来是同亚太国家一起编织一个经贸关系网络。本节将梳理联盟同亚太主要经济体的关系，分析其对外关系发展现状。

一、太平洋联盟与其（候选）联系国的关系

2017 年 3 月在比尼亚德尔马举行的"亚太区域经济一体化高级别对话会"中，智利提出了"联系国"的概念，这一新类别旨在方便太平洋联盟与第三国开展自由贸易协定谈判。[1]2017 年 6 月，联盟在墨西哥城举行第 17 届部长会议期间，四国外交部长和财政部长共同签署文件并设立联盟联系国机制。同年 9 月，联盟将新加坡、澳大利亚、新西兰、加拿大列为（候选）联系国。区域性国际组织同他国开展自贸谈判一般无需给后者冠以"联系国"的名称，联盟之所以这样做，其实是表达了对后者的重视，正因为此，联盟在其官网上专门设置了联系国栏目。

（一）新加坡

新加坡是太平洋联盟重要的合作伙伴，双方货物贸易额（2021 年）达 46.47 亿美元。[2]2017 年，新加坡被列为联盟候选联系国之后便与之开展谈判，旨在实现更高程度的经贸合作。新加坡与太平洋联盟开展自由贸易谈判拥有良好的基础[3]，因此进展较为顺利。2019 年，新加坡贸易与工业部高级政务部长徐芳达在秘鲁首都利马参加第 14 届联盟峰会相关活动时表示，新加坡正与太平洋联盟商签自由贸易协定，为两国经贸合作提供更多便利，为多个行业投资提供机会。2020 年 12 月，第 15 届联盟峰会宣布与新加坡的自贸谈判已经完成。2022 年 1 月，在第 16 届联盟峰会上，双方

---

[1] 截至 2022 年底，太平洋联盟共有 1 个联系国（新加坡）和 5 个候选联系国（加拿大、澳大利亚、新西兰、韩国、厄瓜多尔）。

[2] 数据来源：联合国商品贸易统计数据库。

[3] 智利和新加坡是《跨太平洋战略伙伴关系协定》（TPSEP）的成员国，该协定于 2006 年生效；智利、秘鲁和新加坡之间的双边自贸协定也已经于 2009 年生效；新加坡、智利、墨西哥和秘鲁又都是 CPTPP 的成员国，其中，CPTPP 对墨西哥（2018 年 12 月 30 日）和秘鲁（2021 年 9 月 19 日）生效。

签署自贸协定。同时，太平洋联盟也宣布新加坡成为联系国。

（二）澳大利亚

在 TPP 谈判阶段，澳大利亚就认为，它与太平洋联盟开启自由贸易协定谈判有助于参与和落实 TPP。[1]在成为联盟候选联系国之前，澳大利亚就与它保持了密切的经贸往来。2016 年，澳大利亚出口至联盟的商品与服务总价值达到 58 亿美元，同年，澳大利亚对联盟四国的投资额达 96 亿美元。[2]除了哥伦比亚之外，澳大利亚和联盟其他三个成员国都已达成自贸区协定[3]，与联盟整体达成自贸协定并不是十分困难，因此澳大利亚成为联盟候选联系国后，便立即开启与后者的自贸协定谈判。2018 年，澳大利亚参加了在墨西哥举行的太平洋联盟峰会，旨在进一步推进澳大利亚与联盟四国的自由贸易协定谈判。澳大利亚外交贸易部长认为，达成澳大利亚与太平洋联盟的自贸协定将为澳大利亚出口以及澳企开拓新市场提供新机遇，并且这也是澳方实现更强劲经济计划的一部分。[4]2020 年 12 月，第十五届联盟峰会表示将于 2021 年完成与澳大利亚的自贸协定谈判，然而由于疫情等原因的影响，截至 2022 年 12 月底，双方尚未签署自贸协定。

（三）新西兰

同澳大利亚一样，新西兰也将太平洋联盟视为其开展合作的重要伙伴。

---

[1][2] Australia's DFAT, "Pacific Alliance Free Trade Agreement", July 28, 2017, https://dfat. gov. au/trade/agreements/negotiations/pacificalliancefta/Documents/pacific-alliance-fta-fact-sheet.pdf, 2022-12-31.

[3] 除了 CPTPP 之外，澳大利亚与智利双边自贸协定 2009 年就已生效。

[4] 参见 "Australia one step closer to Pacific Alliance free trade agreement", *Dynamic Export*, July 23, 2018, https://www.dynamicexport.com.au/export-market/articles-export-markets/Australia-one-step-closer-to-Pacific-Alliance-free-trade-agreement/, 2020-5-1; "Pacific Alliance FTA", 22 July 2018, https://dfat.gov.au/news/news/Pages/pacific-alliance-fta.aspx, 2022-12-31。

新西兰认为联盟是其进入拉美地区的重要途径，并且计划将双方合作领域从单纯的经贸往来扩展到教育、旅游、能源、民间外交等多个领域。[1]虽然联盟和新西兰的农产品贸易额并不高，且存在一定竞争关系，但新西兰认为，它可以利用其在农业技术上的优势与联盟开展合作。[2]鉴于新西兰和除哥伦比亚现在没有以外的联盟国家都已达成自由贸易协定，新西兰和联盟自贸协定谈判的重点同样是在于与哥伦比亚达成自贸协定，并进一步降低与其他三国之间的贸易壁垒。

（四）加拿大

在成为太平洋联盟候选联系国之前，加拿大已经与联盟经贸联系比较紧密，它与联盟成员国都达成了自由贸易协定。2017年，加拿大与联盟四国的贸易额占其与拉美和加勒比地区整体贸易往来的79%，投资额占其对拉美和加勒比地区投资的68.2%。[3]加拿大成为联盟候选联系国后，国内也有主张应该与联盟建立更为紧密的合作关系的呼声，尤其是当特朗普宣布要修改北美自由贸易协定后，加拿大国内有观点认为加拿大与太平洋联盟的合作是塑造其贸易未来的重要渠道。[4]目前，加拿大和太平洋联盟的自贸协定谈判仍在进行中，双方致力于超越加拿大与联盟四国双边自贸协

［1］ The Ministry of Foreign Affairs and Trade（New Zealand），"Pacific Alliance is a pathway to Latin America"，https://www.mfat.govt.nz/en/countries-and-regions/latin-america/pacific-alliance/，2022-12-31.

［2］ Legal Team New Zealand，"New Zealand-Pacific Alliance Trade：Where is it headed?"，May 5，2019，*Biz Latin Hub*，https://www.bizlatinhub.com/new-zealand-pacific-alliance-trade/，2022-12-31.

［3］ 数据来源：加拿大政府官网，https://www.international.gc.ca/world-monde/international_relations-relations_internationales/pacific_alliance-alliance_pacifique/index.aspx?lang=eng，2022-12-31。

［4］ Carlo Dade and Naomi Christensen，"Our Participation in a Next-generation Trade Agreement within North America is Unlikely：Joining the Pacific Alliance Will Enable us to Pick up This Agenda Again"，*Policy Opinions*，December 12，2017，https://policyoptions.irpp.org/magazines/december-2017/the-pacific-alliance-canadas-best-option-for-trade-in-asia/，2022-12-31.

定，实现更深层次的整合。

加拿大与太平洋联盟的合作还扩展到经贸合作的延伸领域。2016 年，加拿大与太平洋联盟达成《加拿大与太平洋联盟成员国联合声明》，宣布就贸易促进、教育培训、中小企业、科技创新、负责任的自然资源发展和企业社会责任、环境与气候变化等议题开展培训。在此基础上，加拿大还与太平洋联盟建立了一系列合作计划，包括市场准入便利化、联盟中小企业出口便利化、联盟挖掘产业的就业技能培训等。双方还设立了"加拿大-太平洋联盟奖学金"，以加强人才交流。[1]

（五）厄瓜多尔

作为拉美近邻，厄瓜多尔一直与太平洋联盟保持着密切的经贸关系。作为安第斯共同体的成员，厄瓜多尔与哥伦比亚和秘鲁存在自贸协定，厄瓜多尔与智利同为拉美一体化协会（LAIA）成员，与墨西哥在 1983 年签署过一个双边贸易协定。

2018 年后，厄瓜多尔与太平洋联盟的互动更加频繁。2018 年 7 月，太平洋联盟第 13 届峰会宣布启动厄瓜多尔成为候选联系国的讨论。2019 年 7 月第十四届太平洋联盟峰会宣布接纳厄瓜多尔为候选联系国，2020 年 12 月，双方开启自贸协定谈判。2022 年 1 月，第 16 届首脑会议决定启动厄瓜多尔成为联盟正式成员国的谈判。当前，厄瓜多尔入盟谈判的焦点主要在它与墨西哥的谈判。2022 年 5 月，经历了 9 轮谈判后，双方取得实质性进展，有望尽快达成自贸协定。

（六）韩国

自 2013 年起，韩国成为太平洋联盟观察员国，并积极谋求全面推进与

[1] "Plataforma de Movilidad Estudiantil y Académica de la Alianza del Pacífico（AP）Presenta la II Convocatoria del Programa de Becas Canadá-AP", 22 de enero de 2020, https://alianzapacifico.net/plataforma-de-movilidad-estudiantil-y-academica-de-la-alianza-del-pacifico-ap-presenta-la-ii-convocatoria-del-programa-de-becas-canada-ap/, 2022-12-31.

联盟的合作，双方经贸关系进入了快速发展期。2018 年 7 月，太平洋联盟第 13 届峰会宣布，将考虑接纳韩国成为联盟候选联系国。[1]2019 年 7 月，太平洋联盟第 14 届峰会宣布将就韩国获得联盟候选联系国地位开启谈判。

太平洋联盟与韩国之间的经贸关系之所以在短时间内得到迅速发展，主要有以下三点原因：

首先，太平洋联盟与韩国具有良好的合作基础。早在联盟成立之前，智利和秘鲁分别和韩国签订了自由贸易协议。以韩国和智利的自贸协定为例，该协定使得智利获得韩国汽车、电子产品等工业制成品，而韩国则为智利的原材料、新鲜水果等初级产品提供了出口市场。根据统计，自智利和韩国于 2003 年签订自贸协定后的十年中，智利对韩出口新增 248 种产品，新增 370 家企业参与对韩出口贸易，增长幅度高达 128％。[2]此外，智利与韩国的自贸协定还帮助智利开辟了新的贸易领域。例如，智利三文鱼和水果在签订自贸协定后对韩国出口年均增长 30％。

其次，太平洋联盟与韩国加强经贸往来，符合双方的利益。对于联盟来说，和韩国建立更紧密的经贸关系除了有利于它实现构建面向亚太经贸平台的目标，还有利于它学习韩国的先进管理制度。以贸易便利化中"单一窗口"（single window）制度为例：在太平洋联盟经贸规则中，"单一窗口"是其贸易便利化措施中的重要内容，涉及联盟国家内部的行政体制改革，而韩国在该领域的制度与服务处于全球领先水平。因此，联盟可以通过与韩国的合作，借鉴韩国在促进双方贸易便利化的先进经验，帮助成员

［1］ Ministry of Foreign Affairs（Republic of Korea），"Rok-Pacific Alliance Cooperation Forum to Take Place"，December 11，2018，http://www.mofa.go.kr/eng/brd/m_5676/view.do? seq＝320279&amp；srchFr＝&amp；srchTo＝&amp；srchWord＝&amp；srchTp＝&amp；multi_ itm_seq＝0&amp；itm_seq_1＝0&amp；itm_seq_2＝0&amp；company_cd＝&amp；company_ nm＝，2022-12-31.

［2］ Rosario Santa Gadea，"Analysis of Experiences in Trade and Investment between LAC and Korea：The Case of Member Countries of the Pacific Alliance"，IDB，August 2015，p.35，https://publications.iadb.org/en/analysis-experiences-trade-and-investment-between-lac-and-korea-case-member-countries-pacific，2022-12-31.

国提升贸易潜力。[1]

对于韩国来说，太平洋联盟现在已是韩国在拉美区域贸易和投资往来的重要枢纽。早在2013年，韩国对联盟成员国的投资就达到11亿美元，占据韩国总体对外投资额的20％。[2]成为联盟联系国有利于韩国进一步编织好与拉美地区的自由贸易协定网络，将原本单独的自由贸易协定升级为多边、整合的贸易网络。韩国尚未与联盟中最大的经济体墨西哥签订贸易协定，如果韩国可以在此次谈判中成为联盟联系国，将在实际上构成与墨西哥的贸易协定，进而获得出口便利。[3]

最后，太平洋联盟与韩国加强经贸往来有助于双方拓展合作潜力。如果韩国成为联盟联系国，双方将有更强动力优化物流运输基础设施。由于水果等农产品是联盟与韩国贸易往来中的重要交易货物，而水果等商品特性对冷藏物流货运要求较高。根据以往韩国和智利的经验，两国之间海运需要25—38天。如果联盟和韩国之间实现自由贸易，就会倒逼双方在交通基础设施、冷链运输上进行全流程合作，从而优化货运流程，有效缩短时间。[4]此外，如果韩国成为联盟联系国，还可以促进双方中小企业合作，进而激发联盟成员国中小企业的国际化潜力。太平洋联盟中有大量的中小企业，大多集中于食品和农产品产业，如咖啡、水果等领域。这些中小企

---

[1] Rosario Santa Gadea, "Analysis of Experiences in Trade and Investment between LAC and Korea: The Case of Member Countries of the Pacific Alliance", IDB, August 2015, pp.55—57, https://publications.iadb.org/en/analysis-experiences-trade-and-investment-between-lac-and-korea-case-member-countries-pacific, 2022-12-31.

[2] Taekyoon Lim and Si Un Yi, "The Emergence of the Pacific Alliance and Implications for Korea", KIEP World Economy Update, December 11, 2014, Vol. 4, No. 37, https://pacificallianceblog.com/wp-content/uploads/2018/01/2014-Lim-Yi-The-Emergence-of-the-Pacific-Alliance-and-Implications-for-Korea-.pdf, 2022-12-31.

[3] Jung Suk-yee, "South Korea Expected to Become Associate Member of Pacific Alliance", Business Korea, January 21, 2018, http://www.businesskorea.co.kr/news/articleView.html?idxno=20265, 2022-12-31.

[4] Rosario Santa Gadea, "Analysis of Experiences in Trade and Investment between LAC and Korea: The Case of Member Countries of the Pacific Alliance", IDB, August 2015, p.51, https://publications.iadb.org/en/analysis-experiences-trade-and-investment-between-lac-and-korea-case-member-countries-pacific, 2022-12-31.

业将获益于太平洋联盟与韩国的制度性合作，通过双方政府之间搭建的渠道进入韩国市场。[1]

二、太平洋联盟与东盟的关系

太平洋联盟非常重视同东南亚国家联盟（ASEAN）的合作，因为两者如果能建立更紧密的联系，则将组织起一个涵盖 9 亿人口的巨大市场，有效提升联盟的市场能级，进一步提高联盟的影响力及其成员国的经济水平。

太平洋联盟和东盟的合作主要通过共同召开外长会议的形式开展。2011 年 5 月 19 日，哥伦比亚外交部长代表联盟四国外长致信东盟各国外长，提议在联合国大会上共同召开东盟-太平洋联盟外长会议，探讨双方合作的可能性。该提议随后得到东盟的积极回应，并最终得以落实。2014 年和 2015 年，在纽约举行的联合国大会上，太平洋联盟和东盟举行了数次部长级会议，商议如何建立双方的合作机制、议题和战略。[2]2016 年 5 月10—11 日，太平洋联盟和东盟在泰国曼谷举行工作会议，旨在依据各自的一体化过程建立合作框架，并预期在当年下半年举行的第三次部长级会议上通过。同时，双方举行了"东盟-太平洋联盟关系：机遇与挑战"圆桌论坛，探讨如何进一步推动东盟与太平洋联盟之间的互利合作。[3]2016 年 9

[1] Rosario Santa Gadea, "Analysis of Experiences in Trade and Investment between LAC and Korea: The Case of Member Countries of the Pacific Alliance", IDB, August 2015, pp.60—67, https://publications.iadb.org/en/analysis-experiences-trade-and-investment-between-lac-and-korea-case-member-countries-pacific, 2022-12-31.

[2] Juan Pablo Prado Lallande, "The Pacific Alliance: Improving Trade and Cooperation between Latin America and Asia-Pacific", ISA Asia-Pacific Conference, July 2016, p.11, http://web.isanet.org/Web/Conferences/PA%20Hong%20Kong%202016/Archive/c3b2fd2b-06a2-4b82-b9d8-412f5af8ec41.pdf, 2022-12-31.

[3] "ASEAN and the Pacific Alliance to Forge Closer Cooperation", 11 May 2016, https://asean.org/asean-pacific-alliance-forge-closer-cooperation/, 2022-12-31.

月，第三届东盟-太平洋联盟部长级会议顺利通过《东盟-太平洋联盟合作框架》（ASEAN-Pacific Alliance Framework for Cooperation），将经济合作、教育与人文交流、科技与创新、可持续发展等四个务实合作领域列为优先领域。[1]2017 年 1 月，"东盟-太平洋联盟全球价值链"研讨会在智利圣地亚哥举行，会议讨论了公私伙伴关系（PPP）和全球价值链的重要性以及促进中小企业发展等一系列问题，强调了在经济低迷和保护主义下，加强区域经济一体化对促进全球经济增长、促进公平发展、为人民带来更大的福祉。[2]2019 年 9 月 28 日，第六届东盟-太平洋联盟部长级会议审议《东盟-太平洋联盟 2017—2019 工作计划》实施情况，同意将其延长一年至2020 年 12 月。双方强调扩大合作领域，在贸易自由化、智慧城市、数字经济、灾害管理、可再生能源、互联互通、气候变化等领域加强合作。为此，会议要求研究制定新的工作计划，并加强在贸易、旅游和人文交流方面实现互联互通。[3]2020 年 9 月 28 日，东盟与太平洋联盟举行线上会议，就加强应对新冠肺炎疫情等问题交流了意见。[4]2021 年 11 月 24 日，东盟与太平洋联盟通过《东盟-太平洋联盟工作计划（2021—2025）》，确定将经济合作、教育和文化、科技和创新、智能城市和连接、环境和可持续发展以及疫情后复苏等议题作为双方未来合作重点。[5]

---

[1] "Overview of ASEAN-Pacific Alliance Relations"，17 December 2019，https：//asean.org/storage/2012/05/Overview-of-ASEAN-Pacific-Alliance-Relations_as-of-17Dec2019.pdf，2022-12-31.

[2] "ASEAN, Pacific Alliance To Strengthen Cooperation"，3 May 2017，https：//asean.org/asean-pacific-alliance-to-strengthen-cooperation/，2022-12-31.

[3] "6th ASEAN-Pacific Alliance Ministerial Meeting"，28 September 2019，https：//asean.org/6th-asean-pacific-alliance-ministerial-meeting/，2022-12-31.

[4] "Alianza del Pacífico y ASEAN se reúnen para estrechar relaciones en medio de la pandemia de COVID-19"，29 de septiembre 2020，https：//alianzapacifico.net/alianza-del-pacifico-y-asean-se-reunen-para-estrechar-relaciones-en-medio-de-la-pandemia-de-covid-19/，2022-12-31.

[5] "ASEAN-Pacific Alliance Work Plan 2021—2025"，24 de noviembre de 2021，https：//alianzapacifico.net/wp-content/uploads/2021/11/Final-Draft-ASEAN-Pacific-Alliance-WP-2021-2025.pdf，2022-12-31.

三、 太平洋联盟与日本的关系

日本和联盟四个成员国本就保持着较好的政治与经济合作关系，这为联盟和日本的关系奠定了基础。2012 年 9 月，日本外相玄叶光一郎与联盟四国外长举行会谈时表示，日方重视同联盟建立双赢关系，重视亚太市场，愿强化政治对话，建立高级别对话机制。[1]此后，日本加快了同联盟合作的步伐，于 2013 年 1 月成为联盟观察员国，并在 2018 年 9 月同联盟举行了部长级会议。

从双方的贸易关系来看，太平洋联盟是日本重要的矿产、能源、食品的来源地。日本出口到联盟的货物则多为工业制成品，特别是汽车和电子设备，双方贸易互补性很强。

从双方的投资关系来看，日本主要瞄准太平洋联盟国家的矿产资源与当地市场。在智利，日本财团三井物产不断加大投入，在 2018 年以 4.21 亿美元增持了卡塞罗内斯铜矿（Caserones Mine）的股份，持股份额从 7.43％增长至 11.03％。[2]事实上，该铜矿公司对日本与智利关系十分重要，日本政府还出席了该公司的奠基仪式。2014 年 8 月，日本首相安倍访问智利期间，为此专程同智利商界领袖举行非正式会晤，出席卡塞罗内斯铜矿（Caserones Mine）的奠基仪式。在墨西哥，日本的国际石油开发帝石公司（INPEX）于 2018 年 2 月宣布，要和美国页岩气公司一同开发位于墨西哥湾南部深水区域的勘探矿区。这是该公司继墨西哥湾北部海域后获得的第二个矿区。在秘鲁，2016 年日本三井财团也积极向当地能源矿产进军，不断对矿山资源追加投资；与之类似，2018 年日本三菱商事也进一步追加 6 亿美元的投资，扩张股权，巩固自身在当地矿山的地位。为继续保持日本汽车及工业

---

[1] "Japan-Pacific Alliance Foreign Ministers' Meeting", 27 September 2012, https://www.mofa.go.jp/region/latin/j_pa_fmm_1209.html, 2022-12-31.

[2] 本文涉及日本的贸易细节与投资数据皆来自日本贸易振兴机构（JETRO）发布的《世界贸易投资报告》的历年统计。

产品在当地的市场占有率，日本还积极在太平洋联盟国家部署驻地工厂。在哥伦比亚，日本五十铃汽车在当地投资设立面向商用车的二手发动机公司，使得当年日本对哥伦比亚的直接投资额较上年大幅增长约3.4倍，达到6 300万美元。在墨西哥，日本的制造业投资也在增加，与汽车相关产业的发展仍在继续。日本工业涂料制造商欧威尔于2018年2月在瓜纳华托州（Guanajuato）设立当地法人。日本安防公司CBC株式会社2018年1月在墨西哥城设立驻点机构，开展监控摄像头事业和汽车相关事业。

从双方政治关系来看，在理念上，双方合作愈发强调价值观的重要性。在2018年9月的日本-太平洋联盟部长级会谈中，日本外相河野太郎明确指出："日本与太平洋联盟的合作基础建立在双方的民主、人权、市场经济、自由开放的海洋秩序、自由贸易等共有价值观之上。"[1]这一观点随后被写入了双方的战略合作文件之中。2019年7月，日本和太平洋联盟签署《日本与太平洋联盟联合宣言与行动计划》，特别强调双方将致力于民主、人权、法治、自由贸易和可持续发展的基础上深化合作。在行动上，双方更加重视务实合作的重要性。在《行动计划》中，双方强调将加强在科技创新、贸易与投资、防灾、绿色发展和可持续发展目标、支持中小企业、教育与学术交流、女性发展等7个领域的合作。[2]

四、太平洋联盟与美国的关系

正如第三章所述，太平洋联盟的诞生和美国密不可分。有证据表明，联盟的前身拉美太平洋之弧论坛（FAPLA）的创立和美国有直接关系。根据"维基解密"披露的档案资料显示，2007年，小布什政府的助理国务卿

[1] "Japan-Pacific Alliance Ministerial Meeting", 29 September, 2018, https://www.mofa.go.jp/la_c/m_ca_c/page3e_000940.html, 2022-12-31.

[2] "Pacific Alliance to Boost Cooperation With Japan in Areas of Common Interest", *EFE*, 6 July, 2019, https://www.efe.com/efe/english/world/pacific-alliance-to-boost-cooperation-with-japan-in-areas-of-common-interest/50000262-4017215, 2022-12-31.

托马斯·香农（Thomas Shannon）曾向哥伦比亚官员表达支持论坛的建立。[1]

美国与太平洋联盟的合作总体上呈现出先热后冷的特点。美国一度试图与联盟在经济、社会和政治等领域开展全面合作，将联盟转化为其在拉美地区施加重要影响力的棋子，但是随着美国国内领导层的更替，美国对联盟的关注度有所降低。联盟成立初期，美国对其非常重视。在2013年5月23日，美国副总统拜登在会见哥伦比亚总统桑托斯时表示，美国愿意以观察员身份加入联盟。[2]之后不久，美国便成为太平洋联盟的观察员国。美国著名智库国际与战略研究中心还曾建议美国政府成为联盟成员国。[3]但是自从2016年特朗普上台后，美国对太平洋联盟的兴趣有所下降。美国智库在近年出版联盟相关的报告数量也不多。拜登政府上台后，将对外经贸政策的重点放在"印太"和欧洲，分别构建起"印太经济框架"（IPEF）和美欧"跨大西洋贸易和技术理事会"（TTC），而联盟在美国贸易政策中的地位相对下滑。

美国对联盟兴趣的下降主要体现在双方政治上的沟通逐渐减少，但双方经贸往来近些年来总体上呈上升态势。双方货物贸易额从2016年的5 909亿美元，增至2021年的7 459亿美元。[4]

美国和联盟四个成员国都有自由贸易协定，这构成美国和联盟经贸合作的良好基础，确保美国在今后很长时间将依然同联盟保持密切的经贸往来。美国和联盟的贸易绝大部分是由美墨双边贸易产生的，货物贸易额高达6 648亿美元（2021年），美国和智利、哥伦比亚和秘鲁的货物贸易额较

---

［1］　转引自 Rubrick Biegon，"The United States and Latin America in the Trans-Pacific Partnership：Renewing Hegemony in a Post-Washington Consensus Hemisphere？"，*Latin American Perspectives*，Vol.44，Issue 4，2017。

［2］［3］　Carl Meacham，"Why Should the United States Join the Pacific Alliance？"，July 10，2013，https://www.csis.org/analysis/why-should-united-states-join-pacific-alliance，2022-12-31.

［4］　数据来源：联合国商品贸易统计数据库。

小，加起来仅为811亿美元（2021年）。[1]美国对墨西哥的直接投资存量同样可观，达到1 009亿美元（2019年），而对智利直接投资为251亿美元（2019年），对哥伦比亚为83亿美元（2019年），对秘鲁为75亿美元（2019年）。[2]由此可见，美国和联盟关系的重中之重是美墨关系。正如前文所述，《美墨加协定》的生效进一步强化了美墨关系，同时也为美国未来插手太平洋联盟事务打入一个楔子，是美国"封闭的泛美主义"的最新体现。[3]

五、太平洋联盟与中国的关系

太平洋联盟成立不久，就同中国在商业、文化、旅游等方面加强了合作，有效推进了双方经贸关系的发展。[4]

在商业领域，太平洋联盟通过举办贸易和投资论坛、建立联合商会、推动地方合作等方式，开展了许多富有成效的活动。自2013年至2019年，联盟四国驻华使馆先后在北京、上海、南京、香港等多地联合举办了8届贸易和投资促进论坛，向中国企业界推介其农业、制造业、基础设施建设、矿业和自然资源、新能源等领域的投资项目。2013年11月，太平洋联盟第七届中拉企业家高峰会成立"中国-太平洋联盟联合商会"，旨在促进人员交往、物流服务和投资等方面开展机制性的交流与合作。2014年，太平洋联盟举行企业创业与创新论坛（LAB4＋）和第二届大型圆桌商贸会（Macrorrueda），参加中国国际食品饮料展等商贸活动。

在文化领域，太平洋联盟积极开展城市外交和民间外交，注重发展友好城市网络，并通过宣传影视作品向中国民众推介自己的文化。2015年9月墨西哥阿塔迈拉与南京秦淮区结为国际友好合作城市，2017年6月智利

---

[1] 数据来源：联合国商品贸易统计数据库。
[2] 数据来源：美国贸易代表办公室网站，https://ustr.gov/countries-regions/americas。
[3] 关于"封闭的反美主义"，参见谢文泽：《百年未有之大变局中的中拉关系》，《人民论坛》2020年第2期。
[4] 黄放放：《太平洋联盟与中国的经贸关系——回顾与展望》，《国际展望》2019年第3期。

圣地亚哥与广州结为国际友好城市，2018 年 7 月秘鲁利马与上海结为友好城市；2015 年 11 月，联盟在上海举办电影展，并免费向中国影迷开放，吸引了许多当地民众参与。

在旅游领域，太平洋联盟将中国视为其发展旅游业的首要市场，在太平洋联盟经济合作框架下，为行业内商业伙伴创造合作契机。[1]2015 年 10 月 13 日，联盟首次在澳门举办旅游推介会，于 2016 年和 2017 年分别在北京、上海、广州和香港多次举办旅游路演。此外，联盟举办的三届旅游对接论坛先后邀请 36 家中国旅游商家参会，并举行会见面谈，以期打开中国市场。[2]

通过开展丰富多样的活动，太平洋联盟的整体优势在其同中国的经贸关系中得到体现。[3]联盟与中国的双边货物贸易额从 2011 年的 855 亿美元增加到 2021 年的 2 098 亿美元。[4]南方共同市场同中国的货物贸易额一度是拉美次区域合作组织中最高的，但 2014 年后，太平洋联盟与中国的货物贸易额超过了南方共同市场与中国的货物贸易额。2021 年，南方共同市场与中国的贸易额为 1 896 亿美元，比中国与太平洋联盟货物贸易额低了 202 亿美元。[5]鉴于南方共同市场的经济体量大于太平洋联盟，这就更加凸显出联盟和中国在贸易上的紧密程度。在投资领域，中国对联盟的直接投资存量从 2011 年的 12 亿美元上升到 2021 年的 48 亿美元，上涨了 4 倍。[6]

太平洋联盟与中国的经贸关系之所以能够实现如此快速发展既有各自国内政治经济的需要，也是双方合作共赢的努力结果，总的来说有以下三

［1］《太平洋联盟国家寻求增加中国游客入境人数》，http：//www.myvacation.cn/space/yj_detailNpN1NbidN101164.htm，2020-05-01。

［2］《太平洋联盟旅游路演展开，有望启动四国整合推广之制》，https：//www.sohu.com/a/169701003_594364，2020-05-01。

［3］黄放放：《太平洋联盟与中国的经贸关系——回顾与展望》，《国际展望》2019 年第 3 期。

［4］数据来源：联合国商品贸易统计数据库。

［5］由于南方共同市场自 2017 年 8 月起无限期暂停委内瑞拉成员国资格，故计算时未计入委内瑞拉，仅将阿根廷、巴西、乌拉圭和巴拉圭计入。数据来源：联合国商品贸易统计数据库。

［6］数据来源：中国商务部"走出去"公共服务平台。

个主要原因。

第一，战略上的相向而行为双方经贸合作提供了良好的政策支持。[1]太平洋联盟成立后，其成员国领导人频繁访问中国，表达了深化同中国合作的迫切意愿。[2]智利、秘鲁、墨西哥分别于 2012 年 6 月、2013 年 4 月和 6 月将与中国的双边关系提升为战略伙伴关系，并以此为引领，拓展并深化各领域合作。2017 年 5 月，在"一带一路"国际合作高峰论坛上，中国邀请了智利和阿根廷两国参会，并在论坛公报中明确指出，"一带一路"倡议对拉美开放。2018 年 1 月，中国-拉共体论坛第二届部长级会议发表了《关于"一带一路"倡议的特别声明》，确认了拉美和加勒比国家是海上丝绸之路的自然延伸和"一带一路"国际合作不可或缺的参与方。由此可见，太平洋联盟与中国经贸关系的迅速发展，很大程度上是顺应中拉合作全面向前推进之势。

新冠疫情爆发后，太平洋联盟与中国的联系并未中断。2020 年 11 月，太平洋联盟轮值主席国智利线上举行第二届同观察员国合作论坛东亚和大洋洲区域会议，中国代表出席开幕式并致辞；2021 年 4 月，王毅国务委员兼外长应邀为太平洋联盟成立 10 周年线上纪念活动作视频致辞。

第二，经济上的优势互补为双方经贸合作夯实了物质基础。[3]正如原中国驻哥伦比亚大使汪晓源所言："太平洋联盟四国经济充满活力，市场机制比较健全，开放程度相对较高，与中国经济互补性强，双方开展经贸务实合作可谓适逢其时、前景广阔。"[4] 2020 年，中国对太平洋联盟出口最多的货物是电器和电子产品，该货物种类分别位居中国出口至联盟四国产品种类的贸易额之首；中国从联盟进口最多的是矿石和能源类货物，主要

---

[1] 黄放放：《太平洋联盟与中国的经贸关系——回顾与展望》，《国际展望》2019 年第 3 期。

[2] 太平洋联盟成立后，墨西哥总统曾于 2014 年、2016 年和 2017 年三次访华；秘鲁总统曾于 2013 年、2014 年和 2016 年三次访华；智利总统曾于 2014 年和 2017 年访华，其中 2017 年访华是应邀参加"一带一路"国际合作高峰论坛；哥伦比亚总统曾于 2012 年和 2019 年访华。

[3] 黄放放：《太平洋联盟与中国的经贸关系——回顾与展望》，《国际展望》2019 年第 3 期。

[4] 《驻哥伦比亚大使汪晓源出席哥伦比亚 EAFIT 大学拉美"太平洋联盟"专题研讨会》，2015 年 8 月 24 日，中国外交部，https://www.fmprc.gov.cn/web/gjhdq_676201/gjhdqzz_681964/tpylm_683648/zwbd_683668/t1290878.shtml，2022-12-31。

来自智利、哥伦比亚和秘鲁三国。2021 年，中国从智利进口铜矿石（2603 HS92）、精炼铜和铜合金（7403 HS92）以及铁矿石（2601 HS92）占进口总额的 74.23％，从哥伦比亚进口原油（2709 HS92）占进口总额的 80.78％，从秘鲁进口铜矿石（2603 HS92）、精炼铜和铜合金（7403 HS92）以及铁矿石（2601 HS92）占进口总额的 73.44％。[1]

第三，发展上的理念契合为双方经贸合作凝聚了价值共识。[2]太平洋联盟秉持的开放的区域主义和务实的发展理念，恰恰与中国对外开放基本国策相契合。中国之所以能够实现经济飞速发展，与对外开放战略密不可分。自改革开放以来，中国积极同世界各国开展经贸往来，取得了丰硕的成果。随着中国实力的提升，中国不仅成为资本输入大国，也成为资本输出大国。继续实行积极主动的开放政策，支持开放、透明、包容、非歧视性的多边贸易体制将是中国未来始终坚持的理念，这正好与太平洋联盟所追求的开放性理念相一致。

截至 2022 年底，中国已经与智利和秘鲁达成自由贸易协定。在 2017 年 11 月，中国还和智利签订了《关于修订〈自由贸易协定〉及〈自由贸易协定关于服务贸易的补充协定〉的议定书》，实现了自贸协定的升级。2018 年 11 月，中国和秘鲁宣布结束自贸协定升级联合研究并启动自贸协定升级谈判。中国与哥伦比亚和墨西哥之间尚未达成自由贸易协定。2012 年，中国商务部和哥伦比亚贸易工业旅游部签署了合作备忘录，承诺就开展双边自由贸易协定联合可行性研究。中国和墨西哥尚未启动自由贸易协定研究或谈判。

六、主要发现

通过分析太平洋联盟与亚太主要经济体之间的关系，不难看出它在发展对外关系上基本符合其生态位为之预设的发展前景。

---

[1]　数据来源：联合国商品贸易统计数据库。
[2]　黄放放：《太平洋联盟与中国的经贸关系——回顾与展望》，《国际展望》2019 年第 3 期。

太平洋联盟成立后和亚太主要经济体都加强了经贸关系。作为整体，联盟发展了四个联系国，并开启了关于韩国成为联盟联系国的谈判工作。如果进展顺利，这五个国家将成为联盟编织亚太经贸网络的基础。联盟还在亚太主要经济体内开展了诸多商业推广活动，旨在促进贸易和投资往来。在国别层面，自联盟成立后，智利同越南、泰国和印尼先后签订了自由贸易协定；秘鲁同日本也签订了自由贸易协定；中国同智利自由贸易协定实现了升级，而中国同秘鲁的升级版自由贸易协定也在商谈过程中（参见附录三）。

太平洋联盟在倚重 CPTPP 拓展亚太经贸网络的同时，又保持了适当的独立自主。CPTPP 的签署极大促进了新加坡、澳大利亚、新西兰和加拿大与太平洋联盟的经贸关系的发展，为它们成为太平洋联盟联系国创造了条件。CPTPP 的签署还大大促进了太平洋联盟与东南亚联盟国家的经贸关系。从国别层面来看，在 CPTPP 签署之前，太平洋联盟和东南亚联盟国家之间的贸易协定非常少（参加附录五），而在 CPTPP 签署之后，联盟与文莱、马来西亚和越南的经贸纽带迅速得以加强。或许是对 CPTPP 依然有疑虑，联盟中智利虽然签署但并未批准 CPTPP，它们利用 CPTPP 生效条款，暂时免于履行 CPTPP 的相关义务。鉴于联盟的部分（候选）联系国是 CPTPP 中具有较大影响力的国家，对于智利来说，待联盟和它的几个（候选）联系国最终达成自由贸易协定之后再接受 CPTPP 规则的约束，其实是一个稳妥的选择。从这个意义上说，联盟为智利承担 CPTPP 义务提供了一定缓冲。

本章小结

本章运用组织生态学中的生态位理论，对太平洋联盟的生态位及其所在内外环境进行了分析。联盟的生态位决定了它对资源的基本需求：联盟所处的外生环境决定了资源供给量，而联盟所处的内生环境决定了资源在相关组织间的分配情况。

通过分析可以发现，未来几年，太平洋联盟或将面临较大的外生环境压力。联盟在经济上面临的挑战有所上升，四国国内政治不确定性因素有所增多，而墨西哥的政治经济情况可能会拖累联盟的总体发展。

太平洋联盟与拉美一体化协会总体上是共生关系；太平洋联盟和南方共同市场呈现出一种分立基础上的竞争关系；太平洋联盟同安第斯共同体存在一定竞争关系，但鉴于安第斯共同体在太平洋联盟成立后一直处于低谷而联盟的发展却蒸蒸日上，因而这种竞争关系没有显现出来；太平洋联盟和CPTPP存在寄生关系，后者是前者连接亚太的重要依托；太平洋联盟与《美墨加协定》存在竞争关系，后者虽然有助于加强联盟同北美的联系，但却限制了联盟向亚太开放的自由度。

由此可见，太平洋联盟的内生环境总体尚可，基本适合联盟的生存和发展，不存在与联盟在生态位上严重对立的组织。但是与联盟成立之初相比，其内生环境略有恶化，这主要是因为《美墨加协定》为太平洋联盟向亚太的开放设置了障碍。

综合内外两个环境，未来几年将是太平洋联盟发展的关键时期，它需要与时间赛跑，在保持独立性和现有制度的基础上，以CPTPP为依托，广泛同亚太地区国家建立经贸关系网络，参与到超大区域贸易协定的构建之中。事实上，近些年来，太平洋联盟的确在朝着这个方向努力，联盟的对外关系以经贸合作为核心，以开展自贸协定谈判为优先。目前，联盟已将新加坡、澳大利亚、新西兰和加拿大列为联系国，其优先地位甚至超越了候选成员国；太平洋联盟与日本、东盟、美国和中国同样建立了较为紧密的经贸关系，但或许因现阶段时机未成熟，自贸协定谈判尚未开展。如果按照这个思路进一步发展，正在由联盟打造的亚太经贸网络或许可以成为推动构建亚太自由贸易区的一个新途径。2014年的亚太经合组织（APEC）北京峰会发布了《亚太经合组织推动实现亚太自贸区北京路线图》，各国领导人一致认为，亚太自贸区应建立在已有和正在谈判中的区域贸易安排基础之上。[1]目前学术界普遍认为，亚太自贸区的构建有三种路径：TPP/

---

[1]《北京纲领：构建融合、创新、互联的亚太——亚太经合组织第二十二次领导人非正式会议宣言》，附件一，2014年11月11日，https://www.fmprc.gov.cn/web/gjhdq_676201/gjhdqzz_681964/lhg_682278/zywj_682290/t1209862.shtml，2022-12-31。

CPTPP 主导、《区域全面经济伙伴关系协定》主导和中美双边投资协定带动。[1]而从太平洋联盟的未来发展前景看，由联盟正在编织的亚太自贸网络完全契合构建亚太自贸区的设想。

东南亚联盟"小马拉大车"的模式证明由小国带动地区合作是可行的，因此太平洋联盟推动亚太自贸区并非天方夜谭。但是，联盟如果走这条路径，那么它所面临的最大阻力在于美国，特别是美国"封闭的泛美主义"和联盟"开放的区域主义"之间的兼容性问题会越来越突出。《美墨加协定》虽然会使美国和太平洋联盟建立更加紧密的关系，但它也限制了联盟面向亚太发展的自由度，这或将成为联盟未来面临的重要挑战。

---

[1] 参见胡加祥:《亚太自贸区法律框架构建路径研究》，《交大法学》2019 年第 2 期。

结　论

太平洋联盟（AP）是当前拉美最重要的次区域合作组织之一，也是观察分析区域经贸合作在全球化时期特点的重要窗口。为深入研究联盟，本书将组织生态学引入区域主义理论，系统分析了联盟的成立背景、制度规则、对外关系和未来发展前景。运用组织生态学的视角本质上是将联盟置于整个区域贸易协定的进化过程中，考察联盟与内外环境的互动，而非孤立、静止地研究联盟。通过研究，以下对绪论部分提出的四个问题提供更深层、更系统的解答。

一、研究结果概述

第一，超大区域贸易协定谈判对太平洋联盟的创建具有直接促进作用，这是联盟成立的深层背景。本书的研究表明，超大区域贸易协定是区域贸易协定进化的最新阶段，或将成为全球经济发展的新趋势。一方面，传统区域贸易协定的优势正随着其数量的增长而逐渐丧失，它给国家带来的相对收益日益减少；另一方面，受全球价值链深度整合的驱使，经济发展的内在动力要求国际经贸规则向着范围更广、自由度更高的方向发展，而世界贸易组织这样的全球多边经济治理体系却因受到诸多羁绊而难有作为。这两方面因素共同驱动了地区层面国际经贸规则的创新、拓展和深化，使得区域贸易协定进化成为超大区域贸易协定。

拉美是整个国际体系的分体系，拉美区域主义发展进程始终和全球区域主义发展进程紧密相连。像《跨太平洋伙伴关系协定》（TPP）、《综合性经济贸易协定》（CETA）和《跨大西洋贸易与投资伙伴关系协定》（TTIP）等超大区域贸易协定的谈判都不同程度地影响了拉美区域贸易协定的发展，它们就如"鲶鱼效应"所描述的一般，为拉美区域主义发展带来了新动力，直接催生了太平洋联盟。由此可见，联盟和其四个成员国已有的六对自贸协定在功能和意义上有很大差异，联盟不是浪费资源的重复建设，它立足于当下，但着眼于未来。

第二，太平洋联盟的经贸规则是为其对接超大区域贸易协定而服务的。联盟的经贸规则主要体现在《太平洋联盟框架协议附加议定书》及其修正议定书中，其规则和TPP规则相似度很高，在深度和广度上基本都超越了世贸组织规则，体现出新一代国际经贸规则的一些特征。相较南方共同市场等拉美传统区域贸易协定，联盟的自由化程度更高，也更加外向和开放，这有利于其融入全球价值链。按照联盟现行规则，它对接和参与超大区域贸易协定已不存在制度上的障碍。

第三，太平洋联盟较低的组织化程度确保它具有高度的灵活性和决策效率，可以根据国际局势的发展变化适时调整策略。正如本书第三章所述，在理想状态下，超大区域贸易协定必将成为新的发展趋势，但在现实中，其发展依然面临许多不确定性因素。为了对冲这种不确定性因素所带来的风险，联盟不设秘书处，并以首脑峰会作为事实上的"立法"机构，让其始终保持"轻资产负担"，从而确保组织的高灵活度。另外，从联盟的生态位及其发展轨迹来看，联盟不以追求成为像欧盟这样的综合性区域治理机构为目标，故而也就不宜向高度组织化的方向发展。简言之，联盟的模板不是欧盟，因而没有必要建立高度复杂的官僚机构。事实上，联盟对吸纳正式成员国比较谨慎，因为正式成员国的增加会使决策成本上升，而结构惰性也将随之增加。在可见的未来，联盟最多会吸纳一些拉美小国成为正式成员国，它基本不会考虑接受全球或区域大国加入。

第四，结合太平洋联盟的生态位，综合其所在的内外环境，可以判断出联盟未来几年需要在保持现有独立性的基础上，以《全面与进步跨太平洋伙伴关系协定》（CPTPP）为依托，广泛同亚太地区国家建立经贸关系网络，参与到超大区域贸易协定的构建之中。事实上，近些年来，联盟的确在朝着这个方向努力，它已经与新加坡签署了自贸协定，与澳大利亚、新西兰和加拿大的自贸协定谈判也在进行中，同日本、东盟和中国都建立了较为紧密的经贸往来。除非面临大国的强压，否则联盟未来将独立于CPTPP之外，因为保持独立性有利于它分散风险，即便CPTPP将来发生重大变化，联盟仍可以凭借自身建立的经贸网络继续参与全球价值链。

二、今后的研究目标

本书尝试将组织生态学引入区域主义理论只是一个尝试，还存在三点有待进一步探索。

第一，组织生态学是一个艰深且复杂的理论体系，并且它仍在不断向前发展，将认知心理学和文化社会学纳入其中，并强调对组织间网络（interorganizational network）的研究。[1]本书只触及了组织生态学的基本原理，并未对其进行深度挖掘。从组织生态学的研究现状来看，它的应用型研究大多聚焦于商业组织，且基本上都会采用定量的研究方法，通过建模的方式来评估组织和组织种群的"出生"与"死亡"。在方法论上，在下一阶段研究中需要将定量与定性相结合，更加精确地分析拉美区域性国际组织生态位的重叠情况和区域贸易协定的数量增长情况。事实上，整个国际关系学对组织生态学的借鉴才起步，未来还有很多研究值得开展。

第二，限于篇幅，本书将研究对象限定在区域贸易协定，视其为组织的一个物种。在下一步，其实还可以拓宽研究对象的范围，将拉美地区涉及政治和安全的组织也纳入考察范围，因为它们的发展进程同样符合组织

---

[1] 参见 Glenn R. Carroll and Michael T. Hannan, "Organizational Ecology", in James D. Wright（ed.）, *International Encyclopedia of the Social & Behavioral (2nd Edition)*, Vol.17, Amsterdam: Elsevier Ltd., 2015, p.361。

生态学的逻辑。

第三，限于研究资源，关于太平洋联盟成立的深层背景及其未来发展方向是通过理论推导出来的，缺少一手资料的佐证。有些学者从"维基解密"的档案中找到了美国在太平洋联盟成立过程中的影响[1]，这固然具有一定说服力，但"维基解密"档案本身的真实性能否保证还存在问题，再加上仅从档案文件中的只言片语中，难以形成研究所需的"证据链"。在今后的研究中，还需要增加对一手资料的搜集，如有机会，还要通过访谈调研法，和那些曾经参与联盟谈判、设计联盟制度规则以及参与联盟实际运作的人士进行更多的交流。

三、 余论: 太平洋联盟研究给我们的启示

21 世纪初，卡赞斯坦提出，世界是由地区组成的世界。[2]在当时来看，卡赞斯坦这句话未免有些超前，然而在 20 年之后的今天，这个判断似乎越来越符合当今世界的真实图景。目前，全球多边层面的经贸规则创制进展缓慢，发达国家和发展中国家的分歧根深蒂固。随着世贸组织上诉机构因美国的百般阻挠而瘫痪，全球层面的经济治理体系更是受到沉重打击。经贸规则发展在全球层面步履维艰，但在地区层面却正如火如荼地开展。因此，未来经贸规则的创新很可能是在区域贸易协定（特别是超大区域贸易协定）的谈判过程中孕育。超大区域贸易协定带来的规则创新影响巨大，对每个国家来说都既是机遇又是挑战。传统的区域性国际组织给域外国家带来的负面效应主要体现在关税和非关税壁垒所造成的贸易转移上，而超大区域贸易协定则将带来全球价值链的重构。[3]虽然超大区域贸易协定是

---

[1] 参见 Rubrick Biegon, "The United States and Latin America in the Trans-Pacific Partnership: Renewing Hegemony in a Post-Washington Consensus Hemisphere?", *Latin American Perspectives*, Vol.44, Issue 4, 2017。

[2] 卡赞斯坦:《区域主义与亚洲》,《世界经济与政治》2000 年第 10 期。

[3] 陈淑梅、高敬云:《后 TPP 时代全球价值链的重构与区域一体化的深化》,《世界经济与政治论坛》2017 年第 4 期。

否会成为未来国际经贸规则发展的必然趋势还有待观察，但像太平洋联盟这样通过建立深度一体化规则，为参与或构建超大区域贸易协定打好基础无疑是明智之举。

中国已经注意到区域经贸规则的重要性。[1]中国正积极推进"一带一路"建设，利用并维护《区域全面经济伙伴关系协定》（RCEP）创造的红利，积极对接CPTPP和《数字经济伙伴关系协定》（DEPA）等高标准国际经贸规则。但总体而言，中国既有的自由贸易协定主要侧重于关税削减和市场准入，在对接新一代经贸规则方面比较滞后，在经贸规则建构方面少有作为。[2]因此，借鉴太平洋联盟的经验，在符合条件的情况下，对中国现有的自贸协定进行升级，使其符合超大区域贸易协定发展的潮流，是一个非常迫切的任务。

当前，以美国为首的西方国家正在积极布局，企图在地区经贸层面开展"规则制华"。这项进程从美国当年推动构建TPP时就已初露端倪，而如今在《美墨加协定》中加入"毒丸条款"则更加昭然若揭。从这个意义上说，从小布什、奥巴马再到特朗普和拜登政府，虽然在对华战略遏制的内容上各有不同，但在战略目标上却基本一致。由于美墨加协定"毒丸条款"的存在，中国与太平洋联盟要开展自由贸易协定谈判就变得异常困难，因为美国可以通过认定中国为"非市场经济"国家来逼迫墨西哥在中美之间选边站队。中国和墨西哥之间的相互依存度本就不高。世界银行研究显示，相较G7国家来说，墨西哥对中国的经济依存度要低很多[3]，如果墨西哥不得不在《美墨加协定》和"中国-太平洋联盟自贸区"之间做取舍，

---

[1]　这点在中国共产党的文件中得到了充分体现。党的十七大就提出要"实施自由贸易区战略"；十八大进一步指出要"加快实施自由贸易区战略"；十八届三中全会更加明确要"形成面向全球的高标准自由贸易区网络"；十九大指出，中国要"促进自由贸易区建设，推动建设开放型世界经济"；二十大提出"构建面向全球的高标准自由贸易区网络"。

[2]　刘彬：《"规则制华"政策下中国自由贸易协定的功能转向》，《环球法律评论》2020年第1期。

[3]　World Bank，"Trade Integration as a Pathway to Development?"，*Semiannual Report of the Latin America and Caribbean Region*，October 2019，p.24，https://openknowledge.worldbank.org/bitstream/handle/10986/32518/9781464815164.pdf，2020-02-01.

大概率会选择前者。事实上，"毒丸条款"不仅限制了中国和联盟达成自由贸易协定，更为中国加入 CPTPP 设置了障碍。由此可见，美国通过《美墨加协定》的规则设置，充分发挥了区域贸易协定的地缘政治功能：即便美国不是 CPTPP 成员国，它依然可以为他国加入 CPTPP 设置障碍；即便美国不是太平洋联盟正式成员国，它依然可以影响太平洋联盟未来发展走势。

为了应对以美国为首的西方国家"规则制华"，中国除了继续同美欧在多边、地区和双边层面开展谈判外，或许还可以通过加强和太平洋联盟这样的中小型区域性国际组织的合作，从而收到四两拨千斤的效果。如果中国同太平洋联盟的合作能有实质性突破，那么对于打破"规则制华"、对于中拉整体合作、对于中国推动构建超大区域贸易协定进而融入全球价值链来说，都将产生积极影响。

诚然，中国现在寻求加入太平洋联盟不太现实。除了中国自身的政策考量外，联盟的生态位决定了它对吸纳成员国（特别是体量较大的国家）会比较谨慎，因为成员国的增加会使联盟决策成本上升，从而使得组织的结构惰性也随之增加。在可见的未来，联盟可能会吸纳一些拉美小国（如厄瓜多尔）成为成员国，但基本不会考虑接受全球或地区大国入盟。由于《美墨加协定》的存在，中国现阶段和太平洋联盟建立自由贸易协定比较困难，但机会之窗并没有完全关闭，中国仍应当积极加强同联盟开展更广泛、更深层次的合作。

中国可用好太平洋联盟观察员国身份。对于观察员国的地位和作用，联盟并没有清晰的界定，但这也意味着，观察员国的身份具有很大的延展空间，可以成为中国与联盟建立互利互助的共生关系的基础。具体而言，第一，中国应继续支持联盟的发展，同联盟相向而行，以推进建设亚太自由贸易区为目标，拓展亚太经贸网络；第二，中国应探索与联盟经贸合作的新增长点，加强在数字经济、电子商务、文化产业和新基建领域的合作，实现经贸合作全面升级，逐渐改变目前双方经贸关系中的不平衡现象；第三，中国应加大人才培养，拓展与联盟国家之间的文化交流，降低双方经贸往来的交易成本。[1]

　　"谋而无道，其行不远。"[2]在"美国优先"的指导思想下，美国在赚取《美墨加协定》制度收益的同时，也必将付出巨大的维护成本。对于中国来说，继续以推动构建人类命运共同体为目标，以开放包容的胸怀开展对拉美尤其是对太平洋联盟四国的外交，总会有收获的一天。

---

[1]　黄放放：《太平洋联盟与中国的经贸关系——回顾与展望》，《国际展望》2019年第3期。
[2]　杨洁勉：《美国实力变化和国际体系重组》，《国际问题研究》2012年第2期。

附　录

附录一

《太平洋联盟
框架协议》*

序言

哥伦比亚共和国、智利共和国、墨西哥合众国和秘鲁共和国，以下简称"缔约方"；

启于 2011 年 4 月 28 日《利马首脑宣言》，建立太平洋联盟，旨在构建深度一体化区域，寻求货物、服务、资本和人员自由流动的逐步推进；

考虑到 2011 年 12 月 4 日在梅里达的首脑声明，特别是承诺签署太平洋联盟成立条约；

相信区域经济一体化是拉丁美洲国家推动经济发展和可持续社会发展的重要手段之一，可促进提高人民生活质量并有助于解决那些影响该地区发展的问题，如贫困、排外以及持续的社会不平等；

决定在拉丁美洲加强不同的一体化方案，如区域协作和衔接，旨在引导开放的区域主义，使得缔约方有效参与全球化世界，并与其他地区化倡议相联系；

意识到该一体化进程，将基于缔约方现行的双边、地区和多边层面

---

* 《太平洋联盟框架协议》无官方翻译，此处为本书作者自译。

的经济、贸易和一体化协议，并将有助于深化它们的经济和贸易关系；

重申《马拉喀什建立世界贸易组织协定》、1980 年《蒙得维的亚条约》以及诸多缔约方之间自由贸易和一体化协定中所确立的权利和义务，它们为促进和推动我们的经济一体化提供了一个极好的平台；

考虑到哥伦比亚共和国和秘鲁共和国的安第斯共同体成员国的地位，以及国家由此作出的承诺；

致力于为经济主体提供一个可预见的法律框架，发展货物和服务贸易及投资，以促进其在缔约方贸易和经济关系中的积极参与；

决心在缔约方之间建立明确和互利的规则，为增长最大化、贸易流动多样化、经济竞争力和发展提供必要条件；

深信促进缔约方之间人员自由流动的重要性，作为一个机制，有助于为竞争力和经济发展创造更好的条件；

意识到需要促进国际合作来提高缔约方自身的竞争力和经济发展；

考虑到缔约方在发展和包容性经济增长以及加强共同的民主价值观和原则方面取得的进展；

重申参与太平洋联盟的基本要求，即有效的法治、各自的宪法秩序、国家权力分离，以及促进、保护、尊重和保障人权和基本自由；

确定创建太平洋联盟的意愿，作为一个协商一致和利益汇聚的空间，以及一个面向亚太地区开展政治对话和拓展的机制；

决议重申各国人民之间友谊、团结与合作的特殊纽带。

达成如下协议：

第一条　太平洋联盟宪章

缔约方创建太平洋联盟作为区域一体化的区域。

第二条　民主与法治

缔约方确立参与太平洋联盟的基本要求如下：

（一）法治、民主与各自宪法秩序的有效性。

（二）国家权力分离。

（三）保护、促进、尊重和保障人权和基本自由。

第三条　宗旨

（一）太平洋联盟的宗旨如下：

1. 以参与和协商一致的方式建立一个深度一体化的区域，以逐步推进资产、服务、资本和人员的自由流动；

2. 推动缔约方的经济增长、竞争力和发展，以实现更大的社会福利，克服社会经济的不平等，促进居民的社会包容性；

3. 成为一个平台，以促进缔约方实现政治衔接、经济和商业一体化并携手走向世界（特别是亚太地区）。

（二）为了实现本条款指出的宗旨，将开展以下活动：

1. 实现货物和服务贸易自由化，以巩固缔约方之间的自由贸易区；

2. 推进资本自由流动，促进缔约方之间的投资；

3. 发展贸易和海关事务便利化措施；

4. 促进移民部门和领事机构之间的合作，便于缔约方人员流动和迁徙；

5. 协调防治和遏制跨国有组织犯罪，以加强缔约方的公共安全和司法权威；

6. 通过发展合作机制和推动 2011 年 12 月构建的太平洋合作平台，助力缔约方的一体化整合。

第四条　部长理事会

（一）缔约方设立部长理事会，由各国外交部部长和负责对外贸易的部长，或其他指定人员组成。

（二）部长理事会应具有下列职权：

1. 通过决定，制定本框架协议和太平洋联盟主席声明中设想的具体目标和行动；

2. 确保遵守和正确执行本款第 1 项中所确立的决定；

3. 定期评估执行本款第 1 项中所确立的决定所取得的成果；

4. 在考虑到太平洋联盟宗旨的情况下，修改依照本款第 1 项所采取的决定；

5. 批准太平洋联盟的活动方案，包括会议日期、地点和议程；

6. 制定太平洋联盟与第三国或其他一体化机构关系的政策方针；

7. 在适当的时候，召集根据《利马宣言》成立的高级别小组（GAN）会议；

8. 视情况设立工作组，实现太平洋联盟的各项宗旨和执行行动；

9. 采取其他行动和措施以确保太平洋联盟宗旨的实现。

（三）部长理事会应制定规则和程序，并按照本框架协议第五条（太平洋联盟的决定和其他协议的通过）作出决策。

（四）部长理事会常务会议每年举行一次，可应缔约方之一的要求召开特别会议。

（五）召开部长理事会需要所有缔约方出席。

第五条 太平洋联盟的决定和其他协议的通过

部长理事会的决定和太平洋联盟其他协定将以协商一致的方式通过，为了实现太平洋联盟的宗旨，也可考虑其他的处理方式。

第六条 太平洋联盟的决定和其他协议的性质

在太平洋联盟范围内依据本框架协议通过的部长理事会决议和其他协定，将成为太平洋联盟法律体系的组成部分。

第七条 轮值主席国

（一）太平洋联盟轮值主席国由各个缔约方依次行使，按字母顺序，于每年的 1 月份轮换。

（二）轮值主席国的职权

1. 组织召开总统会议；

2. 协调部长理事会和太平洋联盟高级别小组会议；

3. 备存会议记录和其他文件；

4. 向部长理事会提交太平洋联盟活动方案设想，包括会议的日期、地点和议程；

5. 代缔约方处理太平洋联盟的事务，开展具有共同利益的行动；

6. 行使部长理事会明确授予的其他权力。

第八条 与其他协议的关系

在太平洋联盟范围内通过的部长理事会决议和其他协定，不得取代或变更缔约方之间现有的双边、区域或多边的经济、贸易和一体化协议。

第九条 与第三方的关系

（一）太平洋联盟将促进有关区域或国际利益问题的倡议和行动指南，并努力巩固与国家和国际组织的联系机制。

（二）在部长理事会决定前，国际组织可以支持和促进太平洋联盟宗旨的实现。

第十条 观察员国

（一）申请成为太平洋联盟观察员国的国家，经部长理事会决议一致同意，可以被接纳。

（二）部长理事会给予申请国观察员国地位时，应确定其加入的条件。

第十一条 新缔约方的加入

（一）本框架协议应向申请加入的国家开放，并要求其与每个缔约方签订自由贸易协定。接受新成员国加入须经部长理事会全票通过。

（二）本框架协议自加入申请书提交之日六十天起对加入国生效。

第十二条 争端解决

（一）缔约方应尽一切努力，通过协商或其他方式，对有关本框架协议条款的解释或适用的任何争议达成满意的解决方案。

（二）在本框架协定签署之日起六个月内，缔约方应就部长理事会决议和太平洋联盟范围内通过的其他协议的争端解决制度进行谈判。

第十三条 生效

本框架协定自缔约方交存最后一份批准书之日起六十天后生效。

第十四条　收存

哥伦比亚政府将担任本框架协议的收存方。

第十五条　修正

（一）任何缔约方可以对本协议提出修正案，修正建议书应提交轮值主席国，由其通知其他缔约方，供部长理事会审议。

（二）部长理事会通过的修正案应按照第十三条（生效）规定的程序生效，并应构成本框架协议的组成部分。

第十六条　有效期和退出

（一）本框架协议永久有效。

（二）任何缔约方可以书面通知收存方退出本协议，收存方将通知其他缔约方。

（三）退约应在收存人收到通知之日起六个月后生效。

第十七条　最后条款

（一）在本框架协议生效时，巴拿马共和国和哥斯达黎加共和国作为观察员国，是太平洋联盟的一部分。

（二）2012 年 6 月 6 日，在智利共和国的安托法加斯塔帕瑞纳签署，收存方保存西班牙语的原件，向所有缔约方提供本框架协议的正式认证的副本。

附录二

本书所涉拉美区域组织发展图示

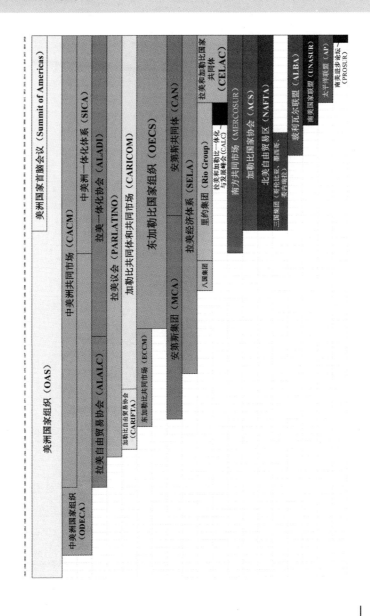

附录三

太平洋联盟成员国与
亚太主要国家贸易协定

	智 利	哥伦比亚	墨西哥	秘 鲁
新加坡	《跨太平洋战略经济伙伴关系协定》(2005) CPTPP（2018） 太平洋联盟-新（2022）	太平洋联盟-新（2022）	CPTPP（2018） 太平洋联盟-新（2022）	CPTPP（2018） 太平洋联盟-新（2022）
澳大利亚	澳-智（2008） CPTPP（2018）		CPTPP（2018）	CPTPP（2018）
新西兰	《跨太平洋战略经济伙伴关系协定》(2005) CPTPP（2018）		CPTPP（2018）	CPTPP（2018）
加拿大	加-智（1996） CPTPP（2018）	加-哥（2008）	《北美自由贸易协定》(1994) CPTPP（2018） 《美墨加协定》(2020)	加-秘（2008） CPTPP（2018）
韩国	智-韩（2003）	哥-韩（2013）		秘-韩（2011）
文莱	《跨太平洋战略经济伙伴关系协定》(2005) CPTPP（2018）		CPTPP（2018）	CPTPP（2018）

（续表）

	智　利	哥伦比亚	墨西哥	秘　鲁
柬埔寨				
印度尼西亚	智-印尼（2017，仅货物贸易）			
老　挝				
马来西亚	智-马（2010，仅货物贸易） CPTPP（2018）		CPTPP（2018）	CPTPP（2018）
缅　甸				
菲律宾	《贸易谈判议定书》（PTN）（1971，仅覆盖部分货物贸易）		PTN（1971，仅覆盖部分货物贸易）	PTN（1971，仅覆盖部分货物贸易）
泰　国	智-泰（2013）			
越　南	智-越（2011，仅货物贸易） CPTPP（2018）		CPTPP（2018）	CPTPP（2018）
日　本	智-日（2007） CPTPP（2018）		墨-日（2004） CPTPP（2018）	CPTPP（2018）
美　国	智-美（2003）	哥-美（2006）	《北美自由贸易协定》（1994） 《美墨加协定》（2020）	秘-美（2006）
中　国	智-中（2005，仅货物贸易） 智-中（2008，仅服务贸易） 智-中（2017，升级）			秘-中（2009）

注：括号内为签署年份。更新至 2022 年 12 月 31 日。

参考文献

中文著作

　　［美］保罗·J.克鲁格曼、茅瑞斯·奥伯斯法尔德、马克·J.梅里兹：《国际经济学：理论与政策》，丁凯等译，中国人民大学出版社 2016 年版。

　　曹建明、贺小勇：《世界贸易组织》，法律出版社 2011 年版。

　　程卫东、李靖堃译：《欧洲联盟基础条约：经〈里斯本条约〉修订》，社会科学文献出版社 2010 年版。

　　［英］达尔文：《物种起源》，周建人、叶笃庄、方宗熙译，商务印书馆 1995 年版。

　　［美］达龙·阿西莫格鲁、戴维·莱布森、约翰·李斯特著，卢远瞩、尹训东译：《经济学（微观部分）》，中国人民大学出版社 2016 年版。

　　［法］法布里斯·哈拉：《欧洲一体化史（1945—2004）》，彭姝祎、陈志瑞译，中国社会科学出版社 2005 年版。

　　［英］弗里德利希·冯·哈耶克：《法律、立法与自由》（第 1 卷），邓正来等译，中国大百科全书出版社 2000 年版。

　　［英］弗里德利希·冯·哈耶克：《知识的僭妄》，邓正来译，首都经济贸易大学出版社 2014 年版。

　　郭树勇：《建构主义与国际政治》，长征出版社 2001 年版。

　　［美］赫伯特·西蒙：《管理行为》，詹正茂译，机械工业出版社 2013 年版。

　　江时学：《拉美发展模式研究》，经济管理出版社 1996 年版。

　　［美］卡尔·多伊奇：《国际关系分析》，周启鹏等译，世界知识出版社 1992 年版。

　　［美］肯尼思·华尔兹：《国际政治理论》，信强译，上海人民出版社 2003 年版。

　　［英］理查德·道金斯：《盲眼钟表匠》，王道还译，中信出版社 2014 年版。

　　梁磊等主编：《组织生态学理论与应用》，科学出版社 2012 年版。

　　林华、王鹏、张育媛编著：《拉丁美洲和加勒比地区国际组织》，社会科学文献出版社 2010 年版。

　　［美］罗伯特·阿克塞尔罗德：《合作的进化》，吴坚忠译，上海人民出版社 2007 年版。

　　［美］罗伯特·基欧汉：《霸权之后：世界政治经济中的合作与纷争》，苏长和、信强、何曜译，上海人民出版社 2006 年版。

　　［美］罗伯特·基欧汉：《新现实主义及其批判》，郭树勇译，北京大学出版社 2002 年版。

　　［美］罗伯特·吉尔平：《全球资本主义的挑战：21 世纪的世界经济》，杨宇光、杨炯译，上海人民出版社 2001 年版。

　　［美］罗伯特·杰维斯：《系统效应：政治与社会生活中的复杂性》，李少军等译，上海人民出版社 2008 年版。

　　［美］罗纳德·奇尔科特：《替代拉美的新自由主义》，江时学译，社会科学文献出版社 2004 年版。

　　马嫚：《区域主义与发展中国家》，中国社会科学出版社 2002 年版。

　　［美］迈克尔·汉南、约翰·弗里曼：《组织生态学》，彭碧玉、李熙译，科学出版社 2014 年版。

倪世雄等：《当代西方国际关系理论》，复旦大学出版社 2001 年版。

［法］皮埃尔·热尔贝：《欧洲统一的历史与现实》，丁一凡等译，中国社会科学出版社 1989 年版。

秦亚青编：《权力·制度·文化——国际关系理论与方法研究文集》，北京大学出版社 2005 年版。

［美］塞缪尔·亨廷顿：《变革社会中的政治秩序》，李盛平、杨玉生等译，华夏出版社 1988 年版。

［美］斯蒂芬·P.罗宾斯、蒂莫西·A.贾奇：《组织行为学》，孙健敏、李原、黄小勇译，中国人民大学出版社 2012 年版。

宋玉华等：《开放的区域主义与亚太经济合作组织》，商务印书馆 2001 年版。

唐世平：《国际政治的社会演化：从公元前 8000 年到未来》，董杰昊、朱鸣译，中信出版集团 2017 年版。

［美］托马斯·库恩：《科学革命的结构》，金吾伦、胡新和译，北京大学出版社 2003 年版。

王飞：《南方共同市场》，社会科学文献出版社 2019 年版。

王萍：《走向开放的区域主义——拉丁美洲一体化研究》，人民出版社 2005 年版。

吴白乙、刘维广编：《拉美黄皮书：拉丁美洲和加勒比发展报告（2011—2012）》，社会科学文献出版社 2012 年版。

吴白乙、刘维广编：《拉美黄皮书：拉丁美洲和加勒比发展报告（2012—2013）》，社会科学文献出版社 2013 年版。

吴白乙、刘维广编：《拉美黄皮书：拉丁美洲和加勒比发展报告（2013—2014）》，社会科学文献出版社 2014 年版。

吴白乙、刘维广编：《拉美黄皮书：拉丁美洲和加勒比发展报告（2014—2015）》，社会科学文献出版社 2015 年版。

吴白乙、刘维广编：《拉美黄皮书：拉丁美洲和加勒比发展报告（2015—2016）》，社会科学文献出版社 2016 年版。

吴白乙、刘维广、蔡同昌编：《拉美黄皮书：拉丁美洲和加勒比发展报告（2010—2011）》，社会科学文献出版社 2011 年版。

席桂桂：《制度内选择行为与东亚经济一体化的路径选择》，暨南大学出版社 2017 年版。

邢瑞磊：《比较区域主义：概念与理论演化》，中国政法大学出版社 2014 年版。

徐宝华：《拉美经济与地区经济一体化发展》，中国社会科学出版社 2016 年版。

徐世澄：《拉丁美洲政治》，中国社会科学出版社 2006 年版。

阎学通、孙学峰：《国际关系研究实用方法》，人民出版社 2001 年版。

杨洁勉：《中国特色大国外交的理论探索和实践创新》，世界知识出版社 2019 年版。

杨洁勉等：《大体系：多极多体的新组合》，天津人民出版社 2008 年版。

杨洁勉等：《大整合：亚洲区域经济合作的趋势》，天津人民出版社 2007 年版。

余劲松：《国际投资法》，法律出版社 2018 年版。

俞正梁、陈玉刚、苏长和：《21 世纪全球政治范式》，复旦大学出版社 2005 年版。

袁东振：《拉美国家政党执政的经验与教训研究》，中国社会科学出版社 2016 年版。

袁东振、刘维广编：《拉美黄皮书：拉丁美洲和加勒比发展报告（2016—2017）》，社会科学文献出版社 2017 年版。

袁东振、刘维广编：《拉美黄皮书：拉丁美洲和加勒比发展报告（2017—2018）》，社会科学文献出版社 2018 年版。

袁东振、刘维广编：《拉美黄皮书：拉丁美洲和加勒比发展报告（2018—2019）》，社会科学文献出版社 2019 年版。

张海冰：《欧洲一体化制度研究》，上海社会科学院出版社 2005 年版。

郑先武：《区域间主义治理模式》，社会科学文献出版社 2014 年版。

中国社会科学院拉丁美洲研究所编：《当代中国拉丁美洲研究》，中国社会科学出版社 2017 年版。

中国社会科学院世界经济与政治研究所：《〈跨太平洋伙伴关系协定〉文本解读》，中国社会科学出版社 2016 年版。

庄起善主编：《世界经济新论》，复旦大学出版社 2008 年版。

左品：《南方共同市场一体化研究》，复旦大学出版社 2016 年版。

中文论文

艾米娜·塔赫森：《美洲玻利瓦尔替代计划：超越新自由主义》，许峰译，《国外理论动态》2011 年第 4 期。

白洁、苏庆义：《CPTPP 的规则、影响及中国对策：基于和 TPP 对比的分析》，《国际经济评论》2019 年第 1 期。

柴瑜、孔帅：《太平洋联盟：拉美区域经济一体化的新发展》，《南开学报》（哲学社会科学版）2014 年第 4 期。

陈靓、黄鹏：《WTO 现代化改革——全球价值链与多边贸易体系的冲突与协调》，《国际展望》2019 年第 1 期。

陈淑梅、高敬云：《后 TPP 时代全球价值链的重构与区域一体化的深化》，《世界经济与政治论坛》2017 年第 4 期。

陈志阳：《拉美和亚太区域经济合作新动向：太平洋联盟成立之探析》，《拉丁美洲研究》2012 年第 6 期。

程大中、姜彬、魏如青：《全球价值链分工与自贸区发展：内在机制及对中国的启示》，《学术月刊》2017 年第 5 期。

储玉坤：《"美洲倡议"面面观》，《国际展望》1991 年第 10 期。

郭德琳：《安第斯共同体的新步伐》，《拉丁美洲研究》2002 年第 1 期。

江学时：《构建中国与拉美命运共同体路径思考》，《国际问题研究》2018 年第 2 期。

江时学：《新自由主义、"华盛顿共识"与拉美国家的改革》，《当代世界与社会主义》2003 年第 6 期。

蒋璇芳、张庆麟：《欧盟外国直接投资审查立法研究——从产业政策的角度》，《上海对外经贸大学学报》2019 年第 2 期。

韩琦：《简论拉美新自由主义的演变》，《拉丁美洲研究》2004 年第 2 期。

贺钦：《拉美替代一体化运动初探——以玻利瓦尔联盟-人民贸易协定为例》，《拉丁美洲研究》2012 年第 3 期。

贺双荣：《太平洋联盟的建立、发展及其地缘政治影响》，《拉丁美洲研究》2013 年第 1 期。

贺小勇：《中国尽早加入〈政府采购协定〉的法律建议》，《经贸法律评论》2019 年第 6 期。

洪朝伟、崔凡：《〈美墨加协定〉对全球经贸格局的影响：北美区域价值链的视角》，《拉丁美洲研究》2019 年第 2 期。

胡加祥：《亚太自贸区法律框架构建路径研究》，《交大法学》2019 年第 2 期。

黄放放：《太平洋联盟与中国的经贸关系——回顾与展望》，《国际展望》2019 年第 3 期。

姜南：《第二次世界大战与欧洲联合运动的兴起》，《世界历史》2015 年第 4 期。

江时学：《新自由主义、"华盛顿共识"与拉美国家的改革》，《当代世界与社会主义》2003 年第 6 期。

蒋璇芳、张庆麟：《欧盟外国直接投资审查立法研究——从产业政策的角度》，《上海对外经贸大学学报》2019 年第 2 期。

井润田、刘丹丹：《组织生态学中的环境选择机制研究综述》，《南大商学评论》2013 年第 2 期。

[美] 卡赞斯坦：《区域主义与亚洲》，《世界经济与政治》2000 年第 10 期。

李大伟：《类 TPP 原产地规则条款对中国参与全球价值链的影响研究》，《宏观经济研究》2017 年第 12 期。

李罡：《拉美经济改革理论基础辨析——新自由主义经济学与拉美经济改革》，《拉丁美洲研究》2008 年第 6 期。

李慧：《拉美政治生态变化下的美洲玻利瓦尔联盟》，《拉丁美洲研究》2016 年第 6 期。

李慧：《论政治生态的变迁对拉美一体化进程的影响——以美洲玻利瓦尔联盟和太平洋联盟为例》，《西南科技大学学报》（哲学社会科学版）2017 年第 5 期。

李明月：《试析全球治理的非正式化与私有化发展》，《国际展望》2015 年第 5 期。

李仁方：《从市场共享到产业融合：中国与太平洋联盟的经贸合作》，《西南科技大学学报》（哲学社会科学版）2016 年第 3 期。

李巍：《国际秩序转型与现实制度主义理论的生成》，《外交评论》2016 年第 1 期。

李巍、罗仪馥：《从规则到秩序——国际制度竞争的逻辑》，《世界经济与政治》2019 年第 4 期。

刘彬：《"规则制华"政策下中国自由贸易协定的功能转向》，《环球法律评论》2020 年第 1 期。

刘均胜、沈铭辉：《太平洋联盟：深度一体化的一次尝试》，《亚太经济》2014 年第 2 期。

楼项飞：《太平洋联盟：运行特点与发展前景》，《国际问题研究》2017 年第 4 期。

芦思姮：《论太平洋联盟兴起的外部动因与内部约束——基于新制度经济学视角》，《西南科技大学学报（哲学社会科学版）》2017 年第 4 期。

吕越、金泷蒙、沈铭辉：《包容性区域一体化协定的模式探究——基于亚太地区 FTA 原产地规则比较》，《国际经贸探索》2018 年第 2 期。

牛海彬：《试论新时期中拉关系的战略性》，《拉丁美洲研究》2013 年第 3 期。

彭璧玉：《结构惰性、组织变革与产业组织存活》，《华南师范大学学报》（社会科学版）2013 年第 5 期。

秦亚青：《行动的逻辑：西方国际关系理论"知识转向"的意义》，《中国社会科学》2013 年第 12 期。

苏长和：《共生型国际体系的可能——在一个多级世界中如何建构新型大国关系》，《世界政治与经济》2013 年第 9 期。

苏庆义：《中国是否应该加入 CPTPP》，《国际经济评论》2019 年第 4 期。

石瑞元：《拉美区域一体化模式和机制的变化及其今后的发展趋势》，《世界经济与政治》1995 年第 11 期。

唐世平：《国际政治的社会进化：从米尔斯海默到杰维斯》，《当代亚太》2009 年第 4 期。

唐世平：《社会科学的基础范式》，《国际社会科学杂志》2010 年第 1 期。

王飞：《南共市更深融入全球价值链迎来机会窗口》，《世界知识》2019 年第 15 期。

王疆、何强、陈俊甫：《种群密度与跨国公司区位选择：行为惯性的调节作用》，《国际贸易问题》2015 年第 12 期。

王鹏：《国际投资仲裁的多边改革与中国对策》，《国际政治研究》2018 年第 2 期。

王学东：《从〈北美自由贸易协定〉到〈美墨加协定〉：缘起、发展、争论与替代》，《拉丁美洲研究》2019 年第 1 期。

谢文泽：《百年未有之大变局中的中拉关系》，《人民论坛》2020 年第 2 期。

熊李力：《共生型国际体系还是竞合型国际体系——兼议亚太地区国际体系的历史与现实》，《探索与争鸣》2014 年第 4 期。

徐世澄：《拉美学者对后新自由主义和新发展主义的探索》，《毛泽东邓小平理论研究》2011 年第 4 期。

杨建民：《拉美政治中的"左""右"现象研究——拉美政治发展的周期与政策调整》，《拉丁美洲研究》2018 年第 1 期。

俞培果：《拉美经济一体化的发展与趋势研究——基于商业周期相关分析》，《西南科技大学学报》（哲学社会科学版）2016 年第 2 期。

张茂明：《欧洲一体化理论中的政府间主义》，《欧洲研究》2001 年第 6 期。

张明德：《拉美新兴大国的崛起及面临的挑战》，《国际问题研究》2012 年第 5 期。

外文著作

Alejandro Foxley y Patricio Meller (eds.), *Alianza del Pacífico: En el Proceso de Integración Latinoamerica*, Santiago-Chile: CIEPLAN, 2014.

Alexander Wendt, *Quantum Mind and Social Science*, Cambridge: Cambridge University Press, 2015.

Arturo Oropeza García y Alicia Puyana Mutis (eds.), *La Alianza del Pacífico. Relevancia Industrial y Perspectivas en el Nuevo Orden Global*, Ciudad de México: UNAM, 2017.

Autar Krishen Koul, *Guide to the WTO and GATT: Economics, Law and Politics*, Singapore: Springer, 2018.

Bela Balassa, *The Theory of Economic Integration*, London: George Allen & Unwin, 1969.

Benedict Kingsbury et al., (eds.), *Megaregulation Contested: Global Economic Ordering after TPP*, Oxford: Oxford University Press, 2019.

Bill McKelvey, *Organizational Systematics*, Berkeley and Los Angeles: University of California Press, 1982.

David J. Galbreath and Carmen Gebhard (eds.), *Cooperation or Conflict? Problematizing Organizational Overlap in Europe*, London: Ashgate, 2010.

David Mitrany, *A Working Peace System: An Argument for the Functional Development of*

International Organization, London: Royal Institute for International Affairs, 1943.

Eduardo Pastrana Buelvas, *La Alianza del Pacífico: La Alianza del Pacífico: De cara a los Proyectos Regionales y las Transformaciones Globales*, Bogatá: Fundación Konrad Adenauer, 2015.

Eduardo Pastrana Buelvas y Hubert Gehring (eds.), *La Alianza del Pacífico: Mitos y Realidades*, Fundación Konrad Adenauer, KAS, Colombia, Cali: Editorial Universidad Santiago de Cali, 2014.

Ernst B. Haas, *The Uniting of Europe: Political, Social, and Economic Forces, 1950—1957*, Stanford: Stanford University Press, 1958.

European Union, *The ABC of EU Law*, Luxmbourg: Publications Office of the European Union, 2017.

Fabián Novak y Sandra Namihas, *Alianza del Pacífico: Situación, Perspectivas y Propuestas para su Consolidación*, Lima: IDEI-PUCP, 2015.

Geoffrey M. Hodgson and Thorbjørn Knudsen, *Darwin's Conjecture: The Search for General Principles of Social and Economic Evolution*, Chicago and London: The University of Chicago Press, 2010.

Glenn R. Carroll, *Ecological Models of Organizations*, Cambridge: Ballinger Publishing Company, 1988.

Heiner Hänggi (eds.), *Interregionalism and International Relations*, London and New York: Routledge, 2006.

Herbert R. Barringer, George I. Blanksten and Raymond W. Mack (eds.), *Social Change in Developing Areas: A Reinterpretation of Evolutionary Theory*, Cambridge: Schenkman Publishing Company, 1965.

Imre Lakatos and Alan Musgrave (eds.), *Criticism and the Growth of Knowledge: Proceedings of the International Colloquium in the Philosophy of Science, London, 1965*, Cambridge: Cambridge University Press, 1970.

Isabel Rodríguez Aranda y Edgar Vieira Posada (eds.), *Perspectivas y oportunidades de la Alianza del Pacífico*, Bogotá: CESA, 2015.

Isaiah Berlin, *The Hedgehog and the Fox: An Essay on Tolstoy's View of History (2nd Edition)*, Princeton and Oxford: Princeton University Press, 2013.

Jagdish Bhagwati, Pravin Krishna, and Arvind Panagariya (eds.), *The World Trade System: Trends and Challenges*, Cambridge MA: MIT Press, 2016.

Jagdish Bhagwati, *Termites in the Trading System: How Preferential Agreements Undermine Free Trade*, Oxford and New York: Oxford University Press, 2008.

Jagdish N. Bhagwati, Pravin Krishna, and Arvind Panagariya (eds.), *The World Trade System: Trends and Challenges*, Cambridge MA: MIT Press, 2016.

Jaime de Melo and Arvind Panagariya (eds.), *New Dimensions in Regional Integration*, Cambridge: Cambridge University Press, 1993.

James D. Wright (ed.), *International Encyclopedia of the Social & Behavioral (2nd Edition)*, Vol.17, Amsterdam: Elsevier Ltd., 2015.

Jeffrey T. Checkel (ed.), *International Institutions and Socialization in Europe*, Cambridge: Cambridge University Press, 2007.

Jocob Viner, *The Custom Union Issue*, Oxford: Oxford University Press, 2014.

John E. Spillan and Nicholas Virzi, *Business Opportunities in the Pacific Alliance: The Economic Rise of Chile, Peru, Colombia, and Mexico*, Cham-Switzerland: Palgrave Macmillan, 2017.

Joseph S. Nye, Jr., *International Regionalism: Readings*, Boston: Little, Brown and Company, 1968.

José U. Mora Mora y María Isabel Osorio-Caballero (eds.), *Alianza del Pacífico: Nuevos Retos e Implicaciones para Latinoamérica*, Cali: Pontificia Universidad Javeriana Cali, 2017.

Juan Fernando Palacio, *El Sentido de la Alianza del Pacífico: Claves de su Trascendencia y Retos*, Medellín: Fondo Editorial Universidad EAFIT, 2014.

Judith L. Goldstein, Miles Kahler, Robert O. Keohane and Anne-Marie Slaughter, (eds.), *Legalization and World Politics*, Cambridge, Massachusetts and London: The MIT Press, 2001.

Karl Meilke and Tim Josling (eds.), *Handbook of International Food and Agricultural Policies, Volume III: International Trade Rules for Food and Agricultural Products*, Singapore: World Scientific Publishing Co Pte Ltd, 2018.

Louise Fawcett and Andrew Hurrell (eds.), *Regionalism in World Politics: Regional Organization and International Order*, Oxford: Oxford University Press, 1995.

Marcel Nelson, *A History of FTAA: From Hegemony to Fragmentation in the Americas*, New York: Palgrave Macmillan, 2015.

Marshall Scott Poole and Andrew H. Van de Ven (eds.), *Handbook of Organizational Change and Innovation*, Oxford: Oxford University Press, 2004.

Matthias Herdegen, *Principles of International Economic Law (Second Edition)*, Oxford: Oxford University Press, 2016.

Matt Ridley, *The Evolution of Everything: How New Ideas Emerge*, Sydney, Toronto and Auckland: Harper Collins Publisher, 2015.

Michael N. Barnett and Martha Finnemore, *Rules for the World: International Organizations in Global Politics*, Ithaca and London: Cornell University Press, 2004.

PíaRiggirozzi and Diana Tussie (eds.), *The Rise of Post-Hegemonic Regionalism: The Case of Latin America*, Dordrecht: Springer, 2012.

Pierre Sauvé, Rodrigo Polanco Lazo and José Manuel Álvarez Zárate (eds.), *The Pacific Alliance in a World of Preferential Trade Agreements—Lessons in Comparative Regionalism*, Cham: Springer, 2019.

Richard E. Feinberg, *Summitry in the Americas: A Progress Report*, Washington D.C.: Institute for International Economics, 1997.

Roy E. Green (ed.), *The Enterprise for the Americas Initiative: Issues and Prospects for a Free Trade Agreement in the Western Hemisphere*, Westport: Praeger, 1993.

Shiping Tang, *The Social Evolution of International Politics*, Oxford: Oxford University Press, 2013.

Stanley Hoffman (ed.), *The State of War: Essays on the Theory and Practice of International Relations*, New York: Frederick A. Praeger, 1965.

Thilo Rensmann (ed.), *Mega-Regional Trade Agreements*, Cham: Springer, 2017.

Walter Mattli, *The Logic of Regional Integration: Europe and Beyond*, Cambridge: Cambridge University Press, 1999.

Zuleika Arashiro, *Negotiating the Free Trade Area of the Americas*, New York: Palgrave Macmillian, 2011.

外文论文和研究报告

Alejandro Foxley, "Regional Trade Blocs: The Way to the Futures?", *Carnegie Endowment for International Peace*, 2010.

Amitav Acharya, "How Ideas Spread: Whose Norms Matter? Norm Localization and Institutional Change in Asian Regionalism", *International Organization*, Vol.58, Issue 2, 2004.

Amitendu Palit, "Mega-regional Trade Agreements and Non-participating Developing Countries: Differential Impacts, Challenges and Policy Options", *Competition & Change*, Vol.21, Issue 5, 2017.

Andrew Moravcsik, "Preferences and Power in European Community: A Liberal Intergovernmentalist Approach", *Journal of Common Market Studies*, Vol.31, No.4, 1993.

Andrés Rivarola Puntigliano, "Global Shift: The UN System and the New Regionalism in Latin America", *Latin American Politics and Society*, Vol.49, No.1, 2007.

Augusto Wagner Menezes Teixeira, "Regionalismo y Seguridad Sudamericana: ¿Son Relevantes el Mercosur y la Unasur?", *Iconos. Revista de Ciencias Sociales*, Núm. 38, septiembre 2010.

Australia's DFAT, "Pacific Alliance Free Trade Agreement", July 28, 2017.

Baraba Kotschwar, "What Does the Pacific Alliance Mean for Canadian Trade and Investment?", Canada in the Hemisphere Perspective Paper, *Canadian Council for the Americas*, May 2015.

Benjamin Creutzfeldt, "China's Engagement with Regional Actors: The Pacific Alliance", *Wilson Center Latin American Program Report*, July 2018.

Camilo Pérez Restrepo and Adriana Roldan-Pérez, "Is the Pacific Alliance a Potential Pathway to the FTAAP?" *Philippine Journal of Development*, Vol.41 & 42, No.1 & 2, 2014—2015.

Carlo Dade and Carl Meacham, "The Pacific Alliance: An Example of Lessons Learned", *CSIS Report*, July 11, 2013.

Carlos Malamud, "La Alianza del Pacífico: Un Revulsivo para la Integración Regional en América Latina", *Reporte de Real Instituto Elcano*, 27 de junio de 2012.

Catherine Ortiz Morales, "La Alianza del Pacífico Como Actor Regional: Factores de Éxito para la Cohesión Regional hacía la Proyección Internacional", *Desafíos (Bogatá)*, Vol.29, Núm. 1, 2017.

Cheryl Shanks, Harold K. Jacobson and Jeffrey H. Kaplan, "Inertia and Change in the Constellation of International Governmental Organizations, 1981—1992", *International Organization*,

Vol.50，Issue 4，1996.

Detlef Nolte, "Latin America's New Regional Architecture: A Cooperative or Segmented Regional Governance Complex?", *EUI Working Papers RSCAS 2014/89*, September 2014.

Detlef Nolte, "The Pacific Alliance: Nation-Branding through Regional Organisations", *GIGA Focus*, No.4, August 2016.

Diana María Ariza Villar y María Fernanda Díaz Moya, "Mercado Integrado Latinoamericano (MILA): ¿Objetivos no Cumplidos?", *Tesis de MBA*, *Universidad EAFIT*, Bogotá, 2015.

Edith Laget, Alberto Osnago, Nadia Rocha and Michele Ruta, "Deep Trade Agreements and Global Value Chains", *Policy Research Working Paper*, 8491, June 2018.

Elena C. Díaz Galán, "La Alianzadel Pacífico: Características y Dimensiones de Un Nuevo Proceso de Integración en América Latina", *Revista Electrónica Iberoamericana*, Vol.9, No 2. 2015.

Elsa Sardinha, "The New EU-Led Approach to Investor-State Arbitration: The Investment Tribunal System in the Comprehensive Economic Trade Agreement (CETA) and the EU Vietnam Free Trade Agreement", *ICSID Review*, Vol.32, No.3, 2017.

Ernst B. Haas and Philippe C. Schimitter, "Economics and Differential Patterns of Political Integration: Projections about Unity in Latin America", *International Organization*, Vol.18, Issue 4, 1965.

Ernst B. Haas, "International Integration: The European and the Universal Process", *International Organization*, Vol.15, Issue 4, 1961.

Ernst B. Haas, "Turbulent Fields and the Theory of Regional Integration", *International Organization*, Vol.30, Issue 2, 1976.

Félix Peña, "El Mercosur y los Acuerdos de Integración Económica en América Latina: ¿Qué Lecciones Pueden Extraerse de la Experiencia Acumulada?", *Archivos del Presente*, año 2, N°24, 1996.

Fredrik Erixon and Matthias Bauer, "A Transatlantic Zero Agreement: Estimating the Gains from Transatlantic Free Trade in Goods", *ECIPE Occasional Paper*, No.4, 2010.

Ganeshan Wignaraja, Dorothea Ramizo and Luca Burmeister, "Asia-Latin America Free Trade Agreements: An Instrument for Inter-Regional Liberalization and Integration?" *ADBI Working Paper Series*, No.382, September 2012.

Gert Rosenthal, "Un Informe Crítico a 30 Años de Integración en América Latina", *Nueva Sociedad*, No.113, 1991.

Gilberto Aranda y Sergio Salinas, "ALBA y Alianza del Pacífico: ¿Choques de Integraciones?", *Universum (Talca)*, Vol.30, No.1, 2015.

Göttingen Hermann Sautter, "LAFTA's Successes and Failures", *Intereconomics*, Vol.7, Issue 5, 1972.

Ignacio Bartesaghi, "El Mercosur y la Alianza del Pacífico, ¿Más Diferencias que Coincidencias?", *Revista Digital Mundo Asia Pacífico MAP del Centro de Estudio de Asia Pacífico*, *Universidad EAFIT*, Vol.3, Núm. 1, enero-junio 2014.

Isabel Rodríguez Aranda, "Nuevas Configuraciones Económicas en el Asia-Pacífico y sus Consecuencias para América Latina: desde el APEC a la Alianza del Pacífico", *Dados (Rio de Janei-*

ro）, Vol.57, No.2, abr./jun. 2014.

Jason Marczak y Samuel George, "La Alianza del Pacífico 2. 0: Próximos Pasos Para la Integración", *Atlantic Council Report*, 2016.

Jędrzej Górski, "CPTPP and Government Procurement", *Transnational Dispute Management*, Vol.16, Issue 5, 2019.

Jeffrey D. Wilson, "Mega-Regional Trade Deals in the Asia-Pacific: Choosing between the TPP and RCEP?" *Journal of Contemporary Asia*, Vol 45, No.2, 2015.

Jeffrey T. Checkel, "Why Comply? Social Learning and European Identity Change", *International Organization*, Vol.55, Issue 3, 2001.

José Bernardo García, Camilo Pérez-Restrepo and María Teresa Uribe Jaramillo, "Understanding the Relationship between Pacific Alliance and the Mega-Regional Agreements in Asia-Pacific: What We Learned from the GTAP Simulation", *Universidad EAFIT（Colombia）*, 2018.

José Briceño Ruiz, "La Iniciativa del Arco del Pacífico Latinoamericano. Un nuevo actor en el escenario de la integración regional", *Nueva Sociedad*, No.228, julio-agosto 2010.

José Briceño Ruiz, "Times of Change in Latin American Regionalism", *Contexto Internacional*, Vol.40, No.3, 2018.

Joseph S. Nye, "Comparative Regional Integration: Concept and Measurement", *International Organization*, Vol.22, Issue 4, 1968.

Joseph S. Nye, "Comparing Common Markets: A Revised Neo-Functionalist Model", *International Organization*, Vol.24, Issue 4, 1970.

Juan Benjamín Duarte-Duarte, Laura Daniela Garcés-Carreño, Silvia Juliana Vargas-Ayala y Valentina María Vásquez-González, "Evaluación de la Integración Financiera entre los Países Pertenecientes al Mercado Integrado Latinoamericano", *Editorial Universidad de Politécnica de Valencia*, INNODOCT 2018.

Juan Pablo Prado Lallande, "The Pacific Alliance: Improving Trade and Cooperation between Latin America and Asia-Pacific", *ISA Asia-Pacific Conference*, July 2016.

Julia Ya Qin, "Defining Nondiscrimination under the Law of the World Trade Organization", *Boston University International Law Journal*, Vol.23, No.2, 2005.

Kenneth W. Abbott, Jessica F. Green and Robert O. Keohane, "Organizational Ecology and Institutional Change in Global Governance", *International Organization*, Vol.70, Issue 2, 2016.

Kerry Chase, "Multilateralism Compromised: The Mysterious Origins of GATT Article XXIV", *World Trade Review*, Vol.5, Issue 1, 2006.

Leonardo Campos Filho, "New Regionalism and Latin America: The Case of MERCOSUL", Institute of Latin American Studies of London University, Research Paper 51, 1999.

María del Carmen Vásquez Callo and Camilo Pérez Restrepo, "Patent Cooperation Mechanismsin the Pacific Alliance: An Initial Assessment of the Effectiveness of the Patent Prosecution Highway for Intra-regional Trade Integration", *World Trade Institute Working Paper*, No.16, 2016.

Marcus Taylor, "Latin America: Power Contestation and Neo-liberal Populism", *Policy Studies*, Vol.31, Issue 1, 2010.

Mario Barrera and Ernst B. Haas, "The Operationalization of Some Variables Related to Regional Integration: A Research Note", *International Organization*, Vol.23, Issue 1, 1969.

Matteo Dian, "The Strategic Value of the Trans-Pacific Partnership and the Consequences of Abandoning it for the US Role in Asia", *International Politics*, Vol.54, Issue 5, 2017.

Michael T. Hannan and John Freeman, "Structural Inertia and Organizational Change", *American Sociological Review*, Vol.40, No.2, 1984.

Michael T. Hannan and John Freeman, "The Population Ecology of Organizations", *American Journal of Sociology*, Vol.82, No.5, 1977.

Miriam Gomes Saraiva and José Briceño Ruiz, "Argentina, Brasil e Venezuela: As Diferentes Percepções Sobre a Construção do Mercosul", *Revista Brasileira de Política Internacional*, Vol.52, No.1, 2009.

OEAP, "Estudio sobre Comercio de Servicio en la Alianza del Pacífico", *Observatorio Estratégico de la Alianza del Pacífico-OEAP*, febrero de 2017.

OECD, "Igualdad de Género en la Alianza del Pacífico: Promover el Empoderamiento Económico de la Mujer", *Paris: Éditions OCDE*, 2016.

Osvaldo Rosales and Sebástian Herreros, "Mega-regional Trade Negotaitions: What is at State for Latin America", *Inter-American Dialogue*, January 2014.

Peter A. Hall and Rosemary C. R. Taylor, "Political Science and the Three New Institutionalism", *Political Studies*, Vol.44, Issue 5, 1996.

PWC, "El Futuro de la Alianza del Pacífico: Intergración para un crecimiento productivo", *Reporte de PWC*, 2016.

Rafael Leal-Arcas, "Proliferation of Regional Trade Agreements: Complementing or Supplanting Multilateralism?", *Chicago Journal of International Law*, Vol.11, No.2, 2011.

Raúl Bernal-Meza, "Alianza del Pacífico versus ALBA y MERCOSUR: Entre el desafío de la convergencia y el riesgo de la fragmentación de Sudamérica", *PESQUISA & DEBATE*, Vol.26, No.1, 2015.

Robert D. Putnam, "Diplomacy and Domestic Politics: The Logic of Two-Level Games", *International Organization*, Vol.42, Issue 3, 1988.

Robert O. Keohane, "Reciprocity in International Relations", *International Organization*, Vol.40, Issue 1, 1986.

Rodrigo Polanco, "The TPP and its Relation with Regional and Preferential Agreements in Latin America", *WTI Working Paper*, No.21/2016, December 2016.

Rubrick Biegon, "The United States and Latin America in the Trans-Pacific Partnership: Renewing Hegemony in a Post-Washington Consensus Hemisphere?", *Latin American Perspectives*, Vol.44, Issue 4, 2017.

Samuel George, "The Pacific Pumas: An Emerging Model for Emerging Markets", *Bertelsmann Foundation Report*, November 2014.

Stanley Hoffmann, "Obstinate or Obsolete? The Fate of the Nation-State and the Case of Western Europe", *Daedalus*, Vol.95, Issue 3, 1966.

Terry L. Amburgey and Hayageeva Rao, "Organizational Ecology: Past Present and Future Directors", Academy of Management Journal, Vol.39, No.5, 1996.

Tom Chodor and Anthea McCathy-Jones, "Post-Liberal Regionalism in Latin America and the Influence of Hugo Chávez", *Journal of Iberian and Latin American Research*, Vol.19, Issue 2, 2013.

W. Graham Astley and Andrew H. Van de Ven, "Central Perspectives and Debates in Organization Theory", *Administrative Science Quarterly*, Vol.28, No.2, 1983.

William P. Avery and James D. Cochrane, "Innovation in Latin American Regionalism: The Andean Common Market", *International Organization*, Vol.27, Issue 2, 1973.

WTO, "World Trade Report 2015".

WTO, "World Trade Report 2016: Levelling the trading field for SMEs", 2016.

WTO, "World Trade Report 2019: The Future of Service Trade", 2019.

政策文件

ALADI, Convenio de Pagos y Créditos Recíprocos: Aspectos básicos, Montevideo, octubre de 2013.

Alianza del Pacífico Visión 2030, 24 de julio de 2018.

Acuerdo Marco de la Alianza del Pacífico, 6 de junio de 2012.

Council of the European Union Decision, 6052/19, 9 April 2019.

Declaración Conjunta de las Oficinas de Propiedad Intelectual de la Alianza del Pacífico, 20 de noviembre de 2015.

Declaración de Cádiz, 17 de noviembre de 2012.

Declaración de Cali, 23 de mayo de 2013.

Declaración de Cali, 30 de junio de 2017.

Declaración de Lima, 28 de abril de 2011.

Declaración de Lima, 6 de julio de 2019.

Declaración de los Presidentes de la Alianza del Pacífico en materia de Cambio Climático en la COP 20/CMP 10, Lima, 10 de diciembre de 2014.

Declaración de Paracas, 3 de julio de 2015.

Declaración de Puerto Varas, 1 de julio de 2016.

Declaración de Santiago, 26 de enero de 2013.

Decisión N°2: Reglas y Procedimientos de la Comisión de Libre Comercio, 28 de junio de 2017.

Declaration on Global Electronic Commerce, 20 May 1998.

General Agreement on Tariffs and Trade 1947.

General Agreement on Tariffs and Trade 1994.

Nuevo acuerdo comercial entre la Unión Europea y el Mercosur: Acuerdo de principio, Bruselas, 1 de julio de 2019.

Protocolo Adicional al Acuerdo Marco de la Alianza del Pacífico, 10 de febrero de 2014.

Primer Protocolo Modificatorio del Protocolo Adicional al Acuerdo Marco de la Alianza del Pacífico, 3 de julio de 2015.

Segundo Protocolo Modificatorio del Protocolo Adicional al Acuerdo Marco de la Alianza del Pacífico, 1 de julio de 2016.

Text of the Trans-Pacific Partnership.

网络资源

《大英百科全书》：https://www.britannica.com。

东南亚国家联盟官方网站（ASEAN）：https://asean.org/。

国际货币基金组织世界经济展望数据库（IMF：WEO database）：https://www.imf.org/external/pubs/ft/weo/2019/02/weodata/index.aspx。

拉美一体化市场官方网站（MILA）：http://mercadomila.com。

联合国贸发会议投资政策中心数据库（UNCTAD Investment Policy Hub）：https://investmentpolicy.unctad.org/international-investment-agreements。

联合国贸易商品统计数据库（UN Comtrade）：http://comtrade.un.org。

美洲连接（ConnectAmericas）平台网站：https://connectamericas.com/es/。

太平洋联盟官方网站（AP）：https://alianzapacifico.net。

世界贸易组织贸易便利化协议数据库（TFAD）：https://tfadatabase.org/。

世界贸易组织区域贸易协定数据库（WTO RTAs Database）：http://rtais.wto.org/UI/PublicMaintainRTAHome.aspx。

世界银行公开数据库（WBOPENDATA）：https://data.worldbank.org。

西班牙皇家语言学院词典（DREA）：https://www.rae.es/recursos/diccionarios。

新华网：http://news.xinhuanet.com。

中华人民共和国商务部网站：http://www.mofcom.gov.cn/。

中华人民共和国外交部网站：https://www.fmprc.gov.cn/web/。

图书在版编目(CIP)数据

太平洋联盟研究:基于区域组织生态理论/黄放放
著.—上海:格致出版社:上海人民出版社,2023.8
(国际展望丛书)
ISBN 978 - 7 - 5432 - 3425 - 3

Ⅰ.①太…　Ⅱ.①黄…　Ⅲ.①国际经济组织-研究-
拉丁美洲　Ⅳ.①F173

中国国家版本馆 CIP 数据核字(2023)第 071358 号

责任编辑　刘　茹　顾　悦
封面设计　人马艺术设计•储平

国际展望丛书•全球治理与战略新疆域

太平洋联盟研究
——基于区域组织生态理论

黄放放 著

出　　版　格致出版社
　　　　　　上海人民出版社
　　　　　　(201101　上海市闵行区号景路 159 弄 C 座)
发　　行　上海人民出版社发行中心
印　　刷　上海商务联西印刷有限公司
开　　本　720×1000　1/16
印　　张　17
插　　页　2
字　　数　238,000
版　　次　2023 年 8 月第 1 版
印　　次　2023 年 8 月第 1 次印刷
ISBN 978 - 7 - 5432 - 3425 - 3/D•180
定　　价　78.00 元